Nicht nur eine Frage des guten Geschmacks!

Maximiliane Wilkesmann ·
Uwe Wilkesmann

Nicht nur eine Frage des guten Geschmacks!

Die Organisation der Spitzengastronomie

Maximiliane Wilkesmann
Dortmund, Deutschland

Uwe Wilkesmann
Dortmund, Deutschland

ISBN 978-3-658-30544-4   ISBN 978-3-658-30545-1   (eBook)
https://doi.org/10.1007/978-3-658-30545-1

Die Deutsche Nationalbibliothek verzeichnet diese Publikation in der Deutschen National-
bibliografie; detaillierte bibliografische Daten sind im Internet über http://dnb.d-nb.de abrufbar.

Einbandabbildung: Deblik, Copyright: Adobe Stock, Bildnummer 247320576

Lektorat: Katrin Emmerich
Springer ist ein Imprint der eingetragenen Gesellschaft Springer Fachmedien Wiesbaden GmbH
und ist ein Teil von Springer Nature.
Die Anschrift der Gesellschaft ist: Abraham-Lincoln-Str. 46, 65189 Wiesbaden, Germany

VORWORT VON JAN HARTWIG

Sehr verehrte Leserinnen und Leser,

ein gutes Buch ist wie ein tolles Essen: spannend, unterhaltsam und nie langweilig. Es kann inspirieren und zum Nachdenken anregen. Jeder Biss bzw. jede Seite macht Appetit auf mehr. Mein Ziel ist es, mit meinen Kreationen in Erinnerung zu bleiben. Das Gleiche erwarte ich von einem tollen Buch.

Als man mich fragte, das Vorwort für dieses Buch zu schreiben, musste ich nicht lange überlegen. Die Autoren brennen für ihre Wissenschaft wie ich für das Kochen. Diese positive »Besessenheit« und die Passion, unsere Berufe als Berufung zu empfinden, eint und verbindet uns.

Vor Ihnen liegt ein hochinteressantes Buch, in dem erstmals das breite Spektrum der Spitzengastronomie in den Fokus genommen wird und Antworten auf zahlreiche Fragen gegeben werden, die sich viele meiner Gäste und Sie, liebe Leserinnen und Leser dieses Buches, bestimmt schon einmal gestellt haben:

- ◦ **Sterne fallen nicht vom Himmel**
  Wie funktioniert das eigentlich mit den Sternen?
  Warum ist diese Auszeichnung besonders viel wert?
  Wovon hängt es ab, Sterne zu erkochen?
  Warum tun wir Sterneköche uns den Stress überhaupt an?
  Wie kommen wir immer wieder auf neue Ideen?
- ◦ **Spitzengastronomie ist ein Mannschaftssport**
  Welche Rolle spielt das Team?
  Wie hat sich das Verhalten der Chefs im Team verändert?
  Wie gelingt ein perfekter Abendservice?

Welchen (wirtschaftlichen) Herausforderungen müssen wir uns tagtäglich stellen?

◦ **Die Gäste sind zwar König, aber wir erwarten auch etwas von ihnen**
Warum sind No-Shows ein No-Go?

◦ **Immer up to date**
Welche Rolle spielen Instagram, Kitchen Impossible & Co?

Als ich diese Zeilen schrieb, befanden wir uns mitten in der Corona-Krise. Die Welt, wie wir sie alle kannten, war und ist nicht mehr dieselbe. Auch die anfänglichen Auswirkungen für die Spitzengastronomie während des Lockdowns werden im Buch thematisiert.

Alles in allem bietet das Buch eine gelungene Analyse, welche die Situation von uns Spitzenköchinnen und Spitzenköchen pointiert darstellt. Nicht nur Sie, liebe Leserinnen und Leser, erfahren viele neue Dinge, sondern auch ich habe in diesem Buch die ein oder andere interessante Neuigkeit entdeckt.

Trotz des wissenschaftlichen Anspruchs der beiden Autoren gelingt es ihnen, die Situation der Spitzengastronomie verständlich und unterhaltsam auf den Punkt zu bringen.

Ich wünsche Ihnen viel Spaß beim Lesen.

Herzlichst,

Jan Hartwig
Chef de Cuisine des Restaurants Atelier im Bayerischen Hof in München (ausgezeichnet mit 3 Michelin Sternen, 19 Gault&Millau Punkten und 10+ Pfannen im Gusto)

VORWORT DER AUTOREN

Seit gut zwei Jahren forschen wir – aus reiner Freude an feinem Essen – zur Organisation der Spitzengastronomie im deutschsprachigen Raum. Die deutsche Spitzengastronomie kannte in den letzten Jahren nur eine Richtung: Es ging stetig bergauf. Allein in den letzten 15 Jahren hat sich, wie wir im Buch zeigen, die Anzahl der im Guide Michelin ausgezeichneten 1- und 2-Sternerestaurants im Durchschnitt verdreifacht und die Anzahl der 3-Sternerestaurants verdoppelt. Bis zur Corona-Krise – so eine Quintessenz unseres Buches – konnte man in Deutschland als Gast »besser« essen gehen, als je zuvor. Gerade in Deutschland gab es im Gegensatz zu Frankreich lange Zeit keine Kultur, feines Essen wertzuschätzen und auch durchaus mehr Geld dafür in die Hand zu nehmen. Insofern ist die neue Esskultur in Deutschland nach wie vor ein zartes Pflänzchen.

Unser ursprünglicher Plan bestand darin, die Vergabe der Sterne in Deutschland durch den Restaurantführer Guide Michelin im Frühjahr 2020 abzuwarten, die neuesten Entwicklungen in das Buchmanuskript einzubauen und dann dem Verlag das fertige Manuskript zu übergeben. Doch schon die Verleihung der Sterne durch den Guide Michelin stand wortwörtlich unter einem anderen Stern. Sie fand aufgrund der Ausbreitung des Corona-Virus nicht wie geplant am 3. März 2020 als Gala mit exklusiv geladenen Gästen in Hamburg statt, sondern sie wurde kurzerhand am selben Tag vormittags wenig feierlich als Live-Stream auf Facebook übertragen.

Keine Woche später war klar, dass nach Italien, Spanien und Frankreich auch in Deutschland massive Einschränkungen des öffentlichen Lebens aufgrund der Corona-Pandemie drohen. Im Zuge derer wurde zunehmend der Betrieb von Restaurants eingeschränkt. Die verschiedenen Bundes-, Landes- und Kommunalregelungen (z. B. zunächst stark eingeschränkte

Öffnungszeiten, Mindestabstände zwischen Tischen) machten es den Restaurantbesitzern und dem Personal nicht leicht, mit den Einschränkungen umzugehen, zumal diese in sehr kurzen Zeitabständen immer wieder verschärft wurden. Ab dem 20. März 2020 wurden alle Restaurants in Deutschland zur Schließung, dem sogenannten Corona-Shutdown, gezwungen. Doch schon vorher reagierten einige Gastronomen, weil die Gäste aus Angst vor einer Ansteckung fernblieben und Reservierungen immer öfter storniert wurden. Uns wurde schnell klar, dass die Corona-Pandemie die Gastronomie massiv treffen wird und wir wollten wissen, wie Spitzengastronomie mit diesen unerwarteten Herausforderungen umgeht. Mit Hilfe einer Online-Befragung zu Beginn des Corona-Shutdowns haben wir versucht, die Lage und die Stimmung in der Spitzengastronomie einzufangen. Die Ergebnisse haben wir in diesem Buch als zusätzliches Kapitel ergänzt. Wir hoffen und wünschen allen Akteuren der Spitzengastronomie, dass sich dieses zarte Pflänzchen nach der Krise rasch erholt und unser Buch dazu beitragen kann, einen Einblick in die faszinierende Welt der Spitzengastronomie zu geben.

Dortmund im Mai 2020

INHALT

DIE AUTOREN

Maximiliane und Uwe Wilkesmann sind ein Forscherehepaar und arbeiten als Professoren an der Technischen Universität Dortmund. Maximiliane Wilkesmann hat die Heisenberg-Professur für Arbeits- und Organisationssoziologie an der Fakultät Sozialwissenschaften inne. Uwe Wilkesmann ist Direktor des Zentrums für HochschulBildung und Inhaber des Lehrstuhls für Organisationsforschung und Weiterbildungsmanagement. Dem Thema dieses Buches haben sie sich aus reiner Freude an der Spitzengastronomie zugewandt.

AMUSE-BOUCHE – EIN KLEINER GRUSS VOM SCHREIBTISCH

Es war Liebe auf den ersten Biss – diese Amuse-Bouches[1] hatten uns direkt verzaubert! Vielleicht haben Sie diese kleinen himmlisch ausschauenden, köstlichen, mundgerechten Häppchen, die es in vornehmen Restaurants zur kulinarischen Einstimmung auf ein fein komponiertes Menü gibt, auch schon einmal selbst probiert? Im Prinzip sind Amuse-Bouches so etwas wie die Vorvorspeise. Nun handelt es sich bei unserem Gruß vom Schreibtisch leider nicht um eine dieser kulinarischen Gaumenfreuden, dennoch möchten wir Sie auf die Entstehung dieses Buches gerne ein wenig einstimmen und neugierig machen auf das, was Sie im Buch erwartet.

Was sollen wir um den heißen Brei reden? Wir geben es einfach direkt und ganz unverblümt zu: Wir gehen gerne fein essen! All diejenigen, die schon einmal in einem Sternerestaurant zu Gast waren, werden uns beipflichten, dass ein solcher Besuch immer wieder ein Erlebnis der ganz besonderen Art ist. Die Geschmacksexplosionen, die dort zu erleben sind, und die Optik der dargebotenen Speisen, bei denen jeder Teller einem Kunstwerk gleicht, faszinieren uns immer wieder aufs Neue. Begleitet wird das Ganze in der Regel in einem stilvollen Ambiente von einem äußerst aufmerksamen Service, der die Gäste durch den Abend förmlich schweben lässt. Im Gegensatz zu den »normalen« Gästen tragen wir leider das »Berufsrisiko« aller Soziologinnen und Soziologen in uns. Dieses spezielle Berufsrisiko besteht darin, dass wir uns durch unser Studium und unsere tagtägliche Arbeit eine »soziologische Brille« antrainiert haben, durch die wir mehr oder weniger alles Mögliche (un-)bewusst betrachten. Das liegt daran, dass die Soziologie das soziale Handeln von Menschen verstehen und erklären will.[2] Im Prinzip kann es uns überall erwischen, dass wir denken: »Hmm, wie lässt sich das erklären, was hier gerade passiert?« Hinzu kommt, dass wir beide uns schwerpunktmäßig mit der Erforschung von Organisationen beschäftigen. Sie werden sich vermutlich schon vorstellen können, dass uns beim Besuch von Gourmetrestaurants ganz beiläufig sehr viele Fragen in den Sinn gekommen sind.

UNSER MENÜ

Wenn wir bei den Sterneköchinnen und Sterneköchen anfangen, haben diese aus unserer Sicht zwei widersprüchliche Herausforderungen zu meistern: Zum einen müssen sie jeden Abend ein Menü in höchster Qualität und Präzision abliefern, wobei jeder Teller, der die Küche verlässt, mehr oder weniger gleich perfekt sein muss. Hier ist also im Alltag eine strenge Routine erforderlich, die die gleichbleibende Qualität in Geschmack und Optik garantiert. Zum anderen müssen neue Gerichte entwickelt werden, weil spätestens vierteljährlich ein neues Menü erwartet wird. Diese Neuerungen erfordern ein enormes Maß an Kreativität. Hier stellen sich schon die ersten Fragen, die wir spannend finden: Wie werden diese widersprüchlichen Herausforderungen in der Praxis gemeistert? Wie werden die Abläufe in der Küche organisiert, damit Kreativität und Routine gleichzeitig funktionieren? Wie läuft dieser kreative Prozess überhaupt ab? Gibt es Unterschiede zwischen 1-, 2- und 3-Sterneköchinnen und Sterneköchen? Und schließlich: Um auf dieses Niveau zu gelangen, werden viel Blut, Schweiß und Tränen vergossen. Was treibt Köchinnen und Köche überhaupt an, sich auf dieses Kochniveau zu begeben und all diese Strapazen auf sich zu nehmen?

Doch nicht nur die Organisation innerhalb der Küche ist wichtig, sondern auch die Organisation des Service. Wer als Gast vergleichsweise viel Geld für ein Essen ausgibt, will natürlich ein außergewöhnliches Gesamterlebnis genießen. Dafür ist es wichtig, dass der Service perfekt, aber unaufdringlich funktioniert, wobei der Gast nur einen reibungslosen und stilvollen Ablauf erleben soll und nichts von den Mühen und Absprachen, die diesen ermöglichen. Wie ist der Service organisiert? Mit welchen Tricks und Mitteln wird ein perfekter Abend sichergestellt?

Zu guter Letzt ist Essen bekanntlich Geschmackssache und somit äußerst subjektiv. Dennoch gibt es Restaurantführer, die festlegen, welche Restaurants zur Spitzenklasse gehören und welche nicht. Viele Hobbygourmets reisen mit einem Restaurantführer in der Hand und besuchen gezielt Spitzenrestaurants, um sich dort kulinarisch verwöhnen zu lassen. So wird ein eigener Markt der Spitzengastronomie geschaffen, der ohne die Restaurantführer gar nicht existieren würde. Auch hier stellen sich interessante Fragen: Wie kommen die Restaurantführer zu ihrem Urteil und warum werden deren Urteile von den Gästen und den Köchinnen bzw. Köchen gleichermaßen akzeptiert? Letztere richten zum Teil ihre ganze Berufskarriere danach aus, eine besondere Auszeichnung in Form von Sternen, Punkten, Mützen, Hauben etc. in den Restaurantführern zu erhalten. Dafür arbeiten sie sehr lange und ausdauernd und das für ein Gehalt und mit Arbeitszeiten, die alles andere als attraktiv sind. Was treibt sie dennoch an? Was motiviert sie, nach derartigen Auszeichnungen zu streben? Neben den Restaurantführern hat sich in den sozialen Medien ein eigenes Genre der Gourmet- und Foodblogger entwickelt, die über ihre Restauranterlebnisse berichten. Zusätzlich posten die Köchinnen und Köche ihre eigenen Fotos auf Instagram, um zum Beispiel ihre neusten Kreationen zu zeigen. Auch hier interessiert uns, welche Rolle die sozialen Medien für die Spitzengastronomie spielen.

Alle diese Fragen, die uns bei den Besuchen von Spitzenrestaurants und bei der Beschäftigung mit der Thematik gekommen sind, werden wir in diesem Buch behandeln und beantworten. Dazu starten wir mit einer kurzen Einführung zur Entwicklung der Esskultur und der Spitzengastronomie am Beispiel von Deutschland. Anschließend werden wir im weiteren Kapitel die externe Organisation der Spitzengastronomie betrachten und die verschiedenen Restaurantführer und ihre Bewertungsformen vorstellen, um die Frage zu beantworten, warum diese Restaurantführer im Allgemeinen und der Guide Michelin im Besonderen einen so hohen Stellenwert genießen und ihr Urteil von mehr oder weniger allen Beteiligten akzeptiert wird. Im darauffolgenden Teil beschäftigen wir uns mit der internen Organisation der Spitzengastronomie und zeigen zum einen, wie mit Routine und Kreativität im Alltag umgegangen wird. Zum anderen beantworten wir die Frage nach der sozialen Herkunft, den Führungsstilen, der Motivation und dem Selbstverständnis von Köchinnen und Köchen in der Spitzengastronomie. Viele Spitzenköchinnen und Spitzenköche beklagen sich über die wirtschaftlich schwierige Konstellation im Profigeschäft. Im internationalen Vergleich ist ein Menü in einem deutschen Spitzenrestaurant nämlich relativ preiswert. In einem abschließenden Ausblick widmen wir uns daher noch der Frage der Wirtschaftlichkeit, der Rolle von Gästen und von (neuen) Medien in der Spitzengastronomie. Zusätzlich ergänzt haben wir ein Kapitel zur Corona-Krise.

Um das Feld der Spitzengastronomie unterhaltsam, aber gleichermaßen wissenschaftlich fundiert zu erklären, laden wir Sie herzlich ein, die Infokästchen in den einzelnen Kapiteln zu lesen. Dort erklären wir möglichst

»mundgerecht« die Grundidee der zugrunde gelegten soziologischen Konzepte. So erhalten Sie die Chance, sich ebenfalls die soziologische Brille aufzusetzen, durch die wir tagtäglich blicken. Unser Buch ist aber auch ohne soziologischen Tiefgang lesbar. In diesem Fall überspringen Sie einfach die Infokästchen. Selbstverständlich haben wir für unsere Ausführungen die Regeln guter wissenschaftlicher Praxis beachtet und wissenschaftliche Methoden verwendet, deren Datengrundlagen wir kurz im nächsten Abschnitt beschreiben.

UNSERE WISSENSCHAFTLICHEN ZUTATEN

Einen ersten Blick hinter die Kulissen der Gastronomie hat uns ein Freund ermöglicht, der Küchenchef in einem renommierten Hotel ist. Der komplexe Ablauf der sehr großen Hotelküche, die sich über mehrere Etagen erstreckt, hat uns von der Organisation der Abläufe direkt fasziniert. Für die tiefergehende Beschäftigung mit der externen und internen Organisation der Spitzengastronomie haben wir nicht nur wissenschaftliche Abhandlungen zu einzelnen Themenbereichen gesichtet, sondern auch die vielfältigen Veröffentlichungen in Form von Autobiographien und Biographien von und über Köchinnen und Köche gelesen, von denen wir am Ende des Buches eine Auswahl als Lesetipps zusammengestellt haben. Ebenso finden sich im Internet und in den sozialen Medien viele Informationen zu dem Thema, die in unser Buch eingeflossen sind. Weitere Quellen waren die Porträts in Fernsehserien (z.B. Chef's Table) oder die Dokumentationen über das Restaurant »El Bulli« (Geschichte eines Traums).

Die wichtigsten Quellen waren aber 25 Interviews, die wir mit Spitzenköchinnen und -köchen und Personen aus dem Service sowie Chefredakteuren von Restaurantführern und Journalisten geführt haben. Gerade im Bereich der Küche ist die Spitzengastronomie immer noch sehr männlich geprägt. Unter den aktuellen 2-Sterneköchen in Deutschland gibt es mit Douce Steiner eine Frau und unter den 3-Sterneköchen gibt es keine Frau. Aus diesem Grund ist unsere Auswahl an interviewten Personen ungewollt männlich dominiert. Die geführten Interviews, welche einen gleichen Kern an Fragen beinhalteten, dauerten zwischen 32 und 80 Minuten (Ø 52 Minuten). Alle Interviews durften wir mit der Erlaubnis der Interviewten aufzeichnen, sodass wir diese im Anschluss verschriftlichen und analysieren konnten. Nach den Interviews bestand in einigen Fällen die Möglichkeit, die Küche und den Servicebereich vor Ort zu besichtigen und

Tab. 1   Verteilung der Interviewpartnerinnen und -partner

Interviewpartner	Anzahl der Interviews
3-Sterneköche	4
2-Sterneköche	4
1-Sterneköche	3
Köche mit »Teller« Auszeichnung*	2
Sous-Chefs	3
Maîtres aus 1-, 2- und 3-Sternerestaurants (inklusive Sommeliers)	6
Journalisten/Guide Herausgeber	3
Gesamt (davon weiblich)	25 (4)

* Bei der Auszeichnung »Teller« des Guide Michelin handelt es sich um Köchinnen und Köche, die Qualitätsprodukte fachkundig zubereiten. Oftmals sind diese ausgezeichneten Köchinnen und Köche auf dem Weg zum ersten Stern.

uns einen eigenen Eindruck von der Atmosphäre, von der räumlichen Organisation und den dadurch bedingten Arbeitsabläufen zu machen. Alle Interviews fanden im deutschsprachigen Raum statt, d. h. neben Deutschland haben wir auch Interviews in Österreich und in der Schweiz geführt. Die Verteilung der 25 Interviewpartnerinnen und Interviewpartner ist der Tabelle 1 zu entnehmen. Wir möchten uns an dieser Stelle bei all unseren Interviewpartnerinnen und Interviewpartnern bedanken, die ihre kostbare Zeit für unser Projekt zur Verfügung gestellt haben. Zusätzlich haben wir 28 öffentlich zugängliche Interviews von Sterneköchinnen und Sterneköchen ausgewertet, die unsere selbst geführten Interviews ergänzen.

In unserem Interview-Sample sind die 2- und 3-Sterneköche überrepräsentiert. Diese Auswahl haben wir bewusst getroffen, da diese besonders viel über ihren Weg an den Himmel der Sternegastronomie erzählen können. Ergänzend dazu haben wir zwei Interviews mit Köchen geführt, die bisher eine Teller-Auszeichnung, aber (noch) keine Sterne-Auszeichnung erhalten haben, um die Sichtweise von ambitionierten Köchen zu erfragen. Für unsere Recherchen haben wir zudem die Chefredaktionen aller deutschen Restaurantführer angeschrieben. Bei jenen Restaurantführern, deren Verantwortliche nicht zu einem Interview zur Verfügung standen, haben wir Informationen mit Hilfe von frei verfügbaren Quellen zusammengetragen.

Darüber hinaus wurde von uns eine Datenbank mit allen 429 Köchinnen und Köchen erstellt, die in Deutschland zwischen 2004 und 2019 entweder ein, zwei oder drei Sterne erkocht haben. Die Datenbank umfasst insgesamt 3 122 Einträge, in denen auch Informationen zum Ausbildungs- oder Praktikumsort, Geburtsjahr, Geschlecht, Erwerbsstatus (selbstständig oder angestellt) und möglichen Sternegewinnen bzw. Sterneverlusten enthalten sind. Sie beruht auf Internetrecherchen zu den Lebensläufen aller Sterneköche sowie Angaben der Guide Michelin Redaktion.

Außerdem haben wir vielfältige teilnehmende Beobachtungen durchgeführt, indem wir in Sternerestaurants essen gegangen sind und so bis zum Erscheinen dieses Buches mittlerweile 64 Sterne »gegessen« haben. Dort haben wir nicht nur die Abläufe und Atmosphäre während des Abendservice beobachtet, sondern uns auch mit Personen aus dem Service unterhalten oder – bei dem Konzept des Chefs Table – auch mit dem Chefkoch oder dem Sous-Chef Gespräche während des Abends geführt. Diese Gespräche fanden zusätzlich zu den bereits erwähnten Interviews statt und sind natürlich nicht aufgezeichnet worden. An dieser Stelle möchten wir betonen, dass dies ein von uns selbst finanziertes Forschungsprojekt war. Wir haben also alle unsere besternten Restaurantbesuche aus eigener Tasche bezahlt. Die kulinarischen Hochgenüsse und die äußerst angenehm gestalteten Abende waren uns aber jeden Cent wert!

Wir hoffen, dass wir mit diesem Buch einen spannenden Einblick in die Funktionsweise der externen und internen Organisation der Spitzengastronomie geben können und vielen Leserinnen und Lesern – falls noch nicht erfolgt – einen Anlass liefern, den kulinarischen Hochgenuss in der Spitzengastronomie (wieder) einmal zu genießen.

EINE KURZE GESCHICHTE DER ESSKULTUR UND DER SPITZENGASTRONOMIE

GESCHICHTE DER ESSKULTUR

Essen ist ein notwendiger Akt für alle Menschen, um überleben zu können. Dies beginnt schon in der hilflosen Situation als Baby. Das Stillen des Kleinkindes ist der erste soziale Akt des Menschen in seinem Leben. Er findet als Zusammenspiel zwischen Mutter und Kind statt. Sein Leben lang bleibt der Mensch darauf angewiesen, sich täglich sein Essen zu besorgen und dieses zu sich zu nehmen. Diese grundlegende Tat allen Lebens ist die Keimzelle für gemeinsame Handlungen und damit der Entstehung von Gesellschaft und Kultur. Schon in der Steinzeit haben sich Menschen zusammengetan und ihre Handlungen koordiniert, um zu jagen oder sammeln zu gehen, um dann später das Essen zuzubereiten und anschließend gemeinsam zu verzehren. Zwar findet dies häufig in Gemeinschaft statt, dennoch bleibt das Essen selbst ein egoistischer Akt, wie der Soziologe Simmel schon 1910 schrieb. Was jemand isst, kann niemand anderes mehr essen (Simmel 1910 [2017], S. 69). Jedes Stück Fleisch, jedes Gemüse, jede Frucht kann nur einmal gegessen werden. Dennoch ist das Essen gleichzeitig eine äußerst soziale Veranstaltung. Das gemeinsame Essen in der Familie hat der Psychologe Duke et al. (2003) mit seinem Team eingehend untersucht und dabei festgestellt, dass dieser Vorgang nicht nur der Nahrungsaufnahme dient, sondern auch dazu, den heranwachsenden Kindern die Familiengeschichte näher zu bringen. Dieses Ritual erhöht das Selbstwertgefühl der Kinder und macht sie resistenter gegen Stress. Das gemeinsame Essen stellt somit eine wichtige Keimzelle familiären und gesellschaftlichen Lebens dar.

Was liegt also näher, als die Essenszubereitung und die Nahrungsaufnahme mit Regeln zu versehen und zu einem geregelten und später auch

© Der/die Herausgeber bzw. der/die Autor(en), exklusiv lizenziert durch Springer Fachmedien Wiesbaden GmbH, ein Teil von Springer Nature 2020
M. Wilkesmann und U. Wilkesmann, *Nicht nur eine Frage des guten Geschmacks!*, https://doi.org/10.1007/978-3-658-30545-1_2

zeremoniellen Akt werden zu lassen. So kommt dem gemeinsamen Essen in religiösen Kontexten meist eine besondere, rituell aufgeladene Bedeutung zu. Sei es das muslimische Fastenbrechen im Ramadan, das jüdische Passahfest, das hinduistische Holi-Fest oder das christliche Abendmahl. Das christliche Abendmahl kann man hierbei als Paradebeispiel ansehen. In der Luther-Übersetzung der Bibel heißt es im 1. Korinther-Brief 11, Vers 23–25:

»Der Herr Jesus in der Nacht, da er verraten ward, nahm er das Brot, dankte und brach's und sprach: Nehmet, esset, das ist mein Leib, der für euch gegeben wird, solches tut zu meinem Gedächtnis. Desgleichen auch den Kelch nach dem Mahl und sprach: Dieser Kelch ist das neue Testament in meinem Blut; solches tut, sooft ihr's trinket, zu meinem Gedächtnis.«

Im Abendmahl wird – zumindest im evangelischen Verständnis – durch das gemeinsame Essen eine Glaubensgemeinschaft hergestellt und dokumentiert. Das gemeinsame Essen während des Abendmahls verweist auf den Gründungsakt des Christentums durch Jesus kurz vor seiner Verhaftung und soll an seinen Tod und seine Auferstehung erinnern. Durch jede Wiederholung dieses Essens wird die religiöse Gemeinschaft neu dokumentiert und aktualisiert. Doch nicht nur die Aufnahme des Essens spielt beim Abendmahl eine Rolle, sondern auch die Sitzordnung. Dies wird besonders in bildlichen Darstellungen des Abendmahls deutlich. Wer sich am Tisch in der Nähe von Jesus befindet, hat eine hervorgehobene Bedeutung. In Sitzordnungen am Tisch drückt sich somit die hierarchische Stellung der anwesenden Personen aus. Bereits im Mittelalter besaßen die Gilden der Handwerker feste Regeln, wer mit wem essen und am Tisch sitzen durfte und wer nicht (Simmel 1910/2017, S. 70–71). Sitzordnungen drücken bis heute die soziale Stellung der am Tisch Sitzenden untereinander aus. Am Kopfende sitzt immer der oder die Ranghöchste, zur linken und rechten Seite sind die Personen mit den jeweils nächst niedrigeren Rängen platziert. Die Sitzordnung stellt auch bei einem Staatsbankett eine schwierige und heikle Machtfrage dar: Wer hat die höhere Rangordnung? Wer darf näher am Machtzentrum sitzen? Dies kann schnell zu diplomatischen Verwicklungen führen. In der internationalen Diplomatie hat sich deshalb eine dezente Geste durchgesetzt: Wenn ein Gast mit der Platzierung überhaupt nicht zufrieden ist, setzt sich die Person zunächst an den vorgesehenen Platz, um das Servicepersonal nicht in Verlegenheit zu bringen und dreht dann aber den vor ihr liegenden leeren Teller um (Albrecht et al. 2019).

Nicht nur das Einnehmen von Essen, sondern auch die Kontrolle über das Kochen kann zur Keimzelle der Macht werden, wie der Soziologe Popitz (1992) in seiner Machtanalyse darstellt. In einem Gefangenenlager nach dem 2. Weltkrieg, in das alle Nahrungsmittel in rohem Zustand geliefert wurden, offenes Feuer jedoch strengstens verboten und brennbares Material dazu äußert knapp war, hatten sich vier Gefangene zusammengetan und ihre Ressourcen so zusammengelegt, dass sie einen Herd bauen konnten. Durch diese koordinierte gemeinsame Handlung wurden die vier Gefangenen zum Machtzentrum im Gefangenenlager. Alle anderen Gefangenen mussten das Kochen ihres Essens auf dem erbauten Herd gegen andere Ressourcen eintauschen und es entstanden zwei soziale Schichten: Die Herd-Besitzer und diejenigen, die keinen Herd besaßen, obwohl alle Gefangenen zu Beginn gleich waren.

Wenn sich Gesellschaften in hohe und niedrigere Schichten differenzieren und somit arme und reiche Bevölkerungsschichten entstehen, dann entstehen auch unterschiedliche »Küchen«. Mit »Küchen« sind hier Formen der Zubereitung von Speisen, die verwendeten Zutaten und die Präsentation der Speisen gemeint. Über unterschiedliche Küchen können soziale Differenzierungsprozesse ausgelöst und dokumentiert werden. Nach Weber (1972 [1921]) existieren zwei verschiedene Arten von Motiven dafür. Zum einen innere Motive, die sich im Wunsch ausdrücken, sich zu individualisieren und einen besonderen Geschmack zu präsentieren. Jede Schicht, jede Klasse bzw. jedes Milieu entwickelt einen eigenen Kochstil und eigene Essensvorlieben. Soziale Abgrenzungen lassen sich relativ einfach zur Schau stellen, indem man einen besonderen Geschmack beim Essen hat oder über die Fähigkeit verfügt, bestimmte Spezialbestecke (z.B. eine Hummerzange) gekonnt zum Einsatz zu bringen. Zum anderen vermutet Weber äußere Motive, welche die private Tätigkeit des Kochens innerhalb einer Gemeinschaft zu einer beruflichen Tätigkeit in der Gesellschaft verlagern. Im Gegensatz zum ursprünglich rollentypischen weiblichen Kochen innerhalb der Familie, entstand mit der Berufsgruppe der Köche ein neues männliches Betätigungsfeld. Köche als Berufsgruppe beschleunigten den Prozess der kulturellen Verfeinerung, um ihren Beruf zu legitimieren und ihn als solchen zu erhalten. Ab 1579 existierten in Frankreich Zünfte für Köche, die mit entsprechenden Regeln organisiert waren. Köche waren zu dieser Zeit aber ausschließlich für Aristokraten tätig. So verboten sich die Köche in einer Zunftordnung aus dem Jahre 1663 selbst, ihre Ausrüstung aus Küchengeräten und Tischwaren sowie Tischsäle zu vermieten, um zu verhindern, dass reiche Bürger, die sich finanziell Köche leisten konnten, in den Genuss der durch die angeheuerten Köche zubereiteten Speisen kommen konnten. Die Köche dienten nicht den Bürgern, sondern nur am Hofe den Aristokraten. Letzterer Gruppe waren sie verpflichtet und ihre Dienste sollten exklusiv ihnen vorbehalten sein (Barlösius 2016). Nach der Französischen Revolution verschwand diese Aristokratie und die Köche wurden arbeitslos. Um weiterhin einer Beschäftigung nachgehen zu können, gründeten sie Restaurants. Dort konnten dann wohlhabende Bürger den Service und den Luxus der aristokratischen Esskultur nacherleben, wenn sie genug Geld dafür besaßen. So entstanden die modernen Restaurants, in denen die neuen sozialen Grenzen feiner gezogen wurden als in der alten aristokratischen Gesellschaft. Nicht mehr die Zugehörigkeit zu Ständen, sondern die finanziellen Mittel, sich einen Restaurantbesuch leisten zu können, sowie der kulinarische Geschmack, welches Restaurant gewählt wurde, entschied darüber, zu welcher Schicht jemand gehörte. Der Geschmack wurde somit in Frankreich ein Erkennungsmerkmal der Zugehörigkeit zu einer bestimmten sozialen Gruppe. Deshalb ist vermutlich bis heute das Essen in Spitzenrestaurants ein wichtiger Teil der französischen Kultur.

Ein Blick in die Geschichte zeigt, dass sich andere Hochkulturen bereits wesentlich früher als die französische Gesellschaft über ihre Küche voneinander abgegrenzt haben. So haben die Chinesen schon früh die Europäer als unzivilisierte oder minderwertige Kultur betrachtet, weil sie für das Einnehmen des Essens keine Stäbchen, sondern ein Messer verwendeten. In ihren Augen war dies ein kleines Schwert und somit ein Kriegsgerät, was für Chinesen keinen Platz an einem Tisch haben soll, weil dies ein Ort des Friedens ist. Der Soziologe Elias hat dies darauf zurückgeführt, dass die Chinesen sehr früh von einer Beamtenkaste und nicht von einer Kriegerkaste geführt wurden (Elias 1939/2017). Außerdem betrachteten die Chinesen die europäische Küche deshalb als minderwertig, da es dort auch kalte Mahlzeiten und Speisen (insbesondere morgens) gab und gibt. Für Chinesen muss bis heute jedes Essen aus einer warmen Mahlzeit bestehen, weil nur in der Küche zubereitetes und veredeltes Essen eine Kultur repräsentieren kann (Elias 1939/2017). Die Esskultur verrät viel über eine Gesellschaft. In diesem Sinne sind »*Gesellschaften [...] so, wie sie essen*« (Barlösius 2016, S. 19).

In der deutschen Geistesgeschichte stand das Essen nie hoch im Kurs. Schon der deutsche Philosoph Kant hat den Geschmack als niedrigen Sinn klassifiziert. Das Geschmacksurteil beruht nicht auf allgemeinen Begriffen. Nur diese haben nach Kant den Anspruch der Allgemeingültigkeit. Wenn es nur subjektive und keine objektiven Geschmacksregeln und -urteile gibt, dann ist der Geschmack nach Kant auch nur ein niederer Sinn (Eisler 1984, S. 188). Adorno hat diese Abqualifizierung wiederholt: Kochen ist eng mit dem genießenden Geschmack verbunden, deshalb kann durch Kochen keine künstlerische Erfahrung vermittelt werden. So stand im deutschen Bildungsbürgertum das Essen nie als Kulturgut im Mittelpunkt. Aus diesem Grund haben Spitzenrestaurants vermutlich bis heute – im Gegensatz zu Frankreich – einen schweren Stand in Deutschland. Essen gilt in Deutschland als Luxus, der keine kulturelle oder bildungsbürgerliche Legitimation besitzt. Dies hat sich bis heute fast nicht geändert. In Frankreich legen die Menschen nicht so viel Wert auf ein teures Auto, aber geben mehr Geld für gutes Essen aus. Während in Deutschland die Gäste mit teuren Autos vor das Restaurant fahren, aber nur wenig Geld für ein Menü ausgeben möchten. Im Gegensatz zu Frankreich gilt es in Deutschland zudem als nicht opportun, in ein Spitzenrestaurant zu gehen, besonders nicht als Politiker. Der Chefredakteur des deutschen Guide Michelin erwähnt dies auch uns gegenüber im Interview:

»Herr Macron lädt die Spitzenköche alle ein und ehrt sie und man ist ganz stolz als Nation, auf diese tolle Leistung. Und in Deutschland verstecken sich viele hinter Currywurst und Buletten.«

So ist der 3-Sternekoch Christian Bau aus dem Saarland der erste Koch in Deutschland, der im Jahr 2018 jemals als Koch das Bundesverdienstkreuz verliehen bekommen hat. Im Vergleich dazu wurde neben vielen anderen Berufszweigen bereits 62 Schauspielerinnen und Schauspielern, 23 Künstlerinnen und Künstlern sowie 54 Personen aus dem Bereich Musik diese Ehrung zuteil. Die Begründung für die Auszeichnung mit dem Bundesverdienstkreuz formulierte der Bundespräsident Frank-Walter Steinmeier wie folgt:

»Kunst kann man nicht nur sehen oder hören, bei Christian Bau kann man sie vor allem auch schmecken. Christian Bau ist ein Koch von Weltrang. Als Jüngster in Deutschland hat er den Olymp seiner Zunft erklommen. Überall auf der Welt lassen sich Spitzenköche von ihm inspirieren und von weither kommen Menschen, um seine Kochkunst zu erleben. Christian Bau ist innovativ, weltoffen und originell – ein deutscher Koch, der die klassische französische Küche mit asiatischen Einflüssen verbindet. Ein gemeinsames Mahl, das ist das Urbild von Gastfreundschaft und einem friedlichen Miteinander. Als Meister der Kochkultur und als kulinarischer Botschafter trägt Christian Bau in herausragender Weise zu einem positiven Deutschland-Bild bei.« (Zitiert nach christian-bau.de 2018)

In einem Interview, das er anschließend der Süddeutschen Zeitung gab, meinte Christian Bau:

»Die Politik verachtet uns. Wir sind für diese Leute die ›Gourmettempel‹, die Dekadenten mit dem Hummer, dem Kaviar, den Trüffeln. Das meiden Politiker wie der Teufel das Weihwasser. Zu mir kommen Gäste aus Tokio, aus New York, aus Paris. Wissen Sie, wer nicht kommt? Der saarländische Ministerpräsident. Oder seine Vorgängerin. Oder deren Vorgänger« (Bau in Bau/Wirtz 2018).

In Österreich sieht es nicht anders aus. Unter den Trägerinnen und Trägern von Ehren- und Verdienstzeichen finden sich Personen aus dem Bereich Kunst und Kultur (z. B. der bereits verstorbene Schauspieler Peter Alexander oder der Schlagersänger Hansi Hinterseer), bislang hat es allerdings keine Spitzenköchin und kein Spitzenkoch dorthin geschafft. Die Schweiz ist eines der wenigen Länder, welches grundsätzlich keine Orden vergibt. Dennoch lässt sich an dieser Stelle festhalten, dass Spitzenköchinnen und Spitzenköche im europäischen Ausland einen viel größeren Stellenwert und mehr Prestige in der öffentlichen und politischen Wahrnehmung besitzen als im deutschsprachigen Raum. So wurde Auguste Escoffier, der Urvater der Haute Cuisine, bereits 1928 als erster Koch in Frankreich mit dem Verdienstorden »Officier de la Légion d'Honneur« ausgezeichnet.

Abschließend lässt sich sagen, dass wir im deutschsprachigen Raum über eine Vielfalt verschiedener Esskulturen verfügen. Die Aneignungen fremder Kulturen erfolgen oftmals über das Essen. Die Geschichte der Migration in Deutschland ist dabei häufig eine Geschichte der ethnischen Restaurants: In der Bundesrepublik fand schon früh eine sehr selektive Aneignung von Migrationskultur über das Essen in der Pizzeria, der griechischen Taverne, dem Balkan-Grill und dem Döner-Imbiss statt. Eine mögliche Erklärung kann darin bestehen, dass diese Länder Reiseziele der ersten Urlaube waren und Urlaubserinnerungen in der Pizzeria oder dem griechischen Restaurant besonders gut konserviert werden konnten. Vermutlich ist deren pittoreske Inneneinrichtung diesem Urlaubsklischee geschuldet. Über das Essen wird versucht, sich wortwörtlich das Fremde einzuverleiben (Möhring 2012). Diese ethnischen Restaurants halfen auch dabei, das fiktive Konstrukt einer Nationalküche zu errichten. Ein wunderbares Beispiel dafür ist die Pizza als ›italienisches Nationalgericht‹. Dort war die neapolitanische Speise, die immer nur als Imbiss und Speise der Armen galt, längst in Vergessenheit geraten, als sie in den 1960er Jahren in den USA populär wurde. Amerikanische Soldaten brachten sie auch mit nach Deutschland, wo sie daraufhin eine neue Popularität erfuhr. Eine solche Nationalspeise ist und war aber immer eine Zuschreibung von außen (Köstlin 1995/2017).

ENTWICKLUNG DER SPITZENGASTRONOMIE

Es ist nicht selbstverständlich, dass wir heutzutage in fast jedem Supermarkt Produkte kaufen können, die vormals nur in der Spitzengastronomie Verwendung gefunden haben. Insofern sind die Spitzenrestaurants Vorreiter gewesen und haben Trends gesetzt. Der Chefredakteur des Guide Michelin bringt es im Interview wie folgt auf den Punkt:

»Die Witzigmanns und wie sie alle heißen, mussten früher alle nach Paris zum Großmarkt fahren, um sich die Zutaten zu besorgen. ... Produkte wie Tonka-Bohnen oder Zitronengras kannte vor 20 Jahren kein Mensch. Heute gibt es so etwas in jedem Bistro. Das zeigt einfach, dass diese Spitzenköche eine gewisse Vorreiterrolle haben.«

Nach dem Zweiten Weltkrieg musste die Bevölkerung jedoch zunächst gegen den Hunger ankämpfen. Genug zu essen zu haben, wieder satt sein zu können, waren die ersten Anforderungen an die Küche. Aufgrund der schwierigen wirtschaftlichen Situation stand zuerst die regionale Küche im Vordergrund. Die Hausmannskost stand hoch im Kurs. Aufgrund der ökonomischen Situation bestand in den 1950er und 1960er Jahren keine breite Nachfrage nach Spitzengastronomie in Deutschland. Der Aufstieg von Supermarktketten in den 1950er Jahren führte zu einer Homogenisierung der Nahrungsmittel, allerdings auf einem sehr einfachen Niveau. Regionale Produkte verschwanden mit der Zeit wieder aus den Küchen. Dieser Trend sorgte aber für – im europaweiten Vergleich – sehr preiswerte Lebensmittel (Lane 2014, S. 24).

Grundlage für die Spitzengastronomie bildet das duale Ausbildungssystem in Deutschland. Der Ausbildungsberuf Köchin bzw. Koch garantiert dabei in der professionellen Restaurantküche eine hohe handwerkliche Qualität. Wer in Deutschland als Köchin bzw. als Koch arbeiten will, sollte im Idealfall zuerst eine Kochausbildung erfolgreich absolvieren. Da meist alle Spitzenköchinnen und Spitzenköche zuvor eine solche Ausbildung gemacht haben, begründet sich das hohe Potential für den sozialen Aufstieg in dieser Branche. Aber erst mit der Spitzengastronomie und deren Sichtbarkeit durch den Guide Michelin und seine Sterne existieren in diesem Feld auch Bereiche, in die jemand aufsteigen kann. Die Einführung und Etablierung dieser gastronomisch-kulinarischen Spitze ist in Deutschland untrennbar mit dem Namen Eckart Witzigmann, dem Jahrhundertkoch, verbunden. Der Münchener Bauunternehmer Fritz Eichbauer war beruflich häufig in Frankreich unterwegs und hatte deshalb die französische Spitzengastronomie kennen und lieben gelernt. Da es in Deutschland keine Restaurants gab, die dieser Qualität auch nur nahekamen, wollte er Deutschland mit der französischen Nouvelle Cuisine beglücken. Aus diesem Grunde fragte Eichbauer bei Paul Bocuse, dem Gründer und »Übervater« der Nouvelle Cuisine in Frankreich, nach, ob er einen deutschen Koch empfehlen könne. Seine Empfehlung lautete Eckart Witzigmann, der zuvor bei ihm gearbeitet hatte. Witzigmann selbst nennt allerdings Paul Haeberlin seinen eigentlichen Lehrmeister. Über seine Zeit bei der französischen Koch-Legende und dessen Bruder in Illhäusern im Elsass schreibt er: »*Als ich zu Haeberlin kam, war mir klar, dass ich von dem, was ich bisher gelernt habe, das meiste vergessen konnte. Eine neue Lehrzeit begann*« (Notizen von Witzigmann, zitiert nach Bauer 2006, S. 50). Seine zweite Lehrzeit, wie er schreibt, war die Einführung in die Spitzengastronomie, die bei Haeberlin begann und dann später bei Bocuse weiter veredelt wurde. Durch dessen Empfehlung an Eichbauer kam er nach München und wurde dort 1971 Chefkoch im neu gegründeten Restaurant »Tantris«. Es ist sicherlich nicht übertrieben, dies als den Startpunkt der Spitzengastronomie in Deutschland zu bezeichnen. Witzigmann bekam freie Hand, seine Ideen umzusetzen und Eichbauer übernahm das ökonomische Risiko (Bauer 2006). Allerdings wurde das »Tantris« in den ersten Jahren nur schlecht besucht. Witzigmann war frustriert und fühlte sich unverstanden. Als jedoch Wolfram Siebeck, der bereits verstorbene Gastronomiekritiker und Kolumnist der Wochenzeitung Die Zeit, eine überschwängliche Restaurantkritik schrieb, wendete sich das Blatt: das Restaurant und sein Chefkoch wurden deutschlandweit berühmt und hofiert. Im Jahr 1973 bekam Witzigmann durch den Guide Michelin den ersten, 1974 den zweiten Stern verliehen, was zum damaligen Zeitpunkt die höchste Auszeichnung in Deutschland war. Im Jahr 1978 eröffnete er sein eigenes Restaurant »Aubergine« in München und bekam 1980 als erster deutscher Koch drei Sterne verliehen. Der Name Aubergine ist dabei eine Hommage an den Namen des Restaurants seines Lehrmeisters Haeberlin. Die Schüler von Witzigmann stellten die nächste Generation der führenden Spitzenköchinnen und Spitzenköche in Deutschland dar, wobei wiederum deren Schüler die heute aktive dritte Generation der Spitzenköchinnen und Spitzenköche bilden. Eine besondere Rolle in der Ausbildung weiterer Spitzenköchinnen und Spitzenköche nimmt der Witzigmann-Schüler Harald Wohlfahrt ein. Er ist derjenige, bei dem die meisten heutigen Küchenstars gelernt haben. Über die internen Netzwerke und die Bedeutung, bei einer Spitzenköchin bzw. bei einem Spitzenkoch gearbeitet zu haben, gehen wir im Verlauf des Buches noch ein. Dort werden wir auch zeigen, dass kaum jemand ohne eine (noch so kurze) Praxiserfahrung bei einem der berühmten Köche, in die 2- oder 3-Sterneriege vorrücken kann.

WIE SIND GOURMETMENÜS ENTSTANDEN
UND AUFGEBAUT?

Der Aufbau und die Bezeichnung der Menüs orientieren sich aufgrund der Herkunft auch heute noch an der französischen Küche. Jeder Gang stellt einen Abschnitt eines Menüs dar. Etwas in Vergessenheit geraten ist, dass Menüs früher nur aus drei Gängen bestanden: Der Vorspeise, dem Hauptgericht und der Nachspeise. Zu einer Ausweitung der Gourmetmenüs hat in den 1970er Jahren maßgeblich der französische 3-Sternekoch Jacques Pic (1932–1992) beigetragen, der neben Michel Guérard, Fernand Point, Alain Chapel und Paul Bocuse ebenfalls einer der Mitbegründer der Nouvelle Cuisine war. Indem Pic seinen Gästen kleine Portionen vorsetzte, ermöglichte er diesen die Verkostung eines Acht-Gänge-Menüs. Insofern revolutionierte er die gehobene Küche, weil er den Gästen mit seinem »Menu Rabelais« erstmals ein Verkostungsmenü (»Menu de Dégustation«) anbot. Diese neue Art der Menü-Darbietung mit Probier-Charakter ist heute unter dem Begriff »Degustationsmenü« geläufig und seit den 1990er Jahren im Gourmetbereich en vogue. Aus diesem Grund bestehen Gourmet-Menüs heute meist aus fünf bis zwölf Gängen. In seltenen Fällen sind es mehr Gänge, wie etwa beim inzwischen geschlossenen Restaurant »El Bulli« (siehe Kapitel zur Kreativität versus Innovation), wo ein Menü bis zu 40 Gänge umfasste.

Idealerweise sind die Aromen der einzelnen Gänge im Menü perfekt aufeinander und mit einer Weinbegleitung oder alkoholfreien Trinkbegleitung abgestimmt, sodass bei den Gästen ein unvergessliches Geschmackserlebnis hervorgerufen wird. Die klassisch französische Menüfolge besteht aus den folgenden acht Gängen:

Vorweg: Ein kleiner Gruß aus der Küche (Amuse-Gueule)
1. Gang: Klare oder gebundene Suppen (Potages)
2. Gang: Kalte oder warme Vorspeisen (Hors d'œuvre)
3. Gang: Fisch (Poissons)
4. Gang: Großer Fleischgang (Grosses Pièces, Removés)
– nach einer Pause ist das Entrée der Auftakt zum zweiten Teil des Menüs.
5. Gang: Kaltes oder warmes Zwischengericht (Entrée)
6. Gang: Bratengericht (Rôti)
7. Gang: Zwischengerichte (Entremets), z. B. Gemüsegerichte, süße Speisen, Gefrorenes, Backwerk oder Kompott
8. Gang: Nachspeise (Dessert). Zum Beispiel Petit Fours, Käse oder Obst
(in Anlehnung an www.essen-und-trinken.de o. J.)

Mittlerweile ist der Gruß aus der Küche umfangreicher geworden, sodass sich in einigen Spitzenrestaurants der Tisch förmlich unter der Last der vielen Grüße aus der Küche biegt, und wird nun unter dem etwas vornehmeren Begriff »Amuse-Bouche« (Bouche = Mund; Gueule = Maul) kredenzt. Häufig werden Amuse-Bouches auf einem speziellen Löffel gereicht. In der Schweiz gibt es vorab meist einen sogenannten »Apéro«, einen essbaren Aperitif, der neben dem flüssigen Aperitif (z. B. trockener Sherry, Champagner) vor dem Essen den Appetit anregen und die Wartezeit bis zum Essen verkürzen soll. Apéros sollten keine Milch oder Eier enthalten, damit kein frühzeitiger Sättigungseffekt eintritt.

Eine Grundregel der Menügestaltung besteht darin, dass sich die Zutaten sowie die Zubereitungsart in der Speisenfolge nicht wiederholen. In der Spitzengastronomie werden mittlerweile einzelne Gangkomponenten variiert und ausgelassen. Je nach Vorliebe der Chefköchin bzw. des Chefkochs werden mitunter Sorbets als erfrischender Zwischengang vor dem Hauptgang serviert. Hinzu kommt aufgrund der Nachfrage von Gästen die Entwicklung von rein vegetarischen oder sogar veganen Menüs. An der Spitzengastronomie interessierte Gäste sollten natürlich wissen, in welchen Restaurants sie diese hervorragend komponierten Menüs genießen können. An dieser Stelle kommen die Restaurantführer ins Spiel, welche den Feinschmeckern entsprechende Hinweise geben und die wir im nächsten Kapitel ausführlich behandeln.

DIE EXTERNE ORGANISATION DER SPITZENGASTRONOMIE DURCH BEWERTUNGEN UND RANKINGS

Essen ist, wie wir eingangs beschrieben haben, zunächst einmal ein egoistischer und sehr subjektiver Akt. Aber was macht für Sie persönlich ein sehr gutes Essen aus und wie würden Sie ein Restaurant bewerten? Damit die Antworten nicht zur individuellen Geschmacksfrage werden, hat sich eine ganze Industrie entwickelt, die versucht, ein gewisses Maß an Objektivität in das Feld der Spitzengastronomie zu bringen. Neben Foodblogs (z. B. www.sternefresser.de, www.troisetoiles.de, www.harrysding.ch), bei denen die Blogger über Restauranterlebnisse in der Spitzengastronomie berichten, gehören auch die Restaurantkritiken in großen Wochen- bzw. überregionalen Zeitungen durch meist professionelle Gastronomiekritiker dazu. Besonders hervorzuheben und zu nennen sind in dieser Kategorie der bereits verstorbene Wolfram Siebeck (Die Zeit), Jürgen Dollase und sein Nachfolger Jakob Strobel y Serra (Frankfurter Allgemeine Zeitung), Florian Holzer (KURIER) oder aber Urs Bühler (Neue Zürcher Zeitung), die zum Teil auch für reine Gourmetzeitschriften (z. B. Der Feinschmecker) Restaurant- und Reiseberichte schreiben. Da es sich hierbei um Einzelbewertungen handelt, die keine direkten und systematischen Vergleiche zwischen Restaurants vornehmen, werden wir uns in diesem Kapitel nur systematischen und vergleichenden Bewertungspraktiken im kulinarischen Bereich widmen. Diese systematischen Bewertungspraktiken erhöhen vor allem die Sichtbarkeit von Spitzenrestaurants in ihrem regionalen, wenn nicht sogar in ihrem internationalen Umfeld. Für kulinarische Feinschmecker setzen die guten und sehr guten Bewertungen in den Restaurantführern und Rankings einen Anreiz, sehr gut bewertete Restaurants auf ihrer nächsten Reise anzusteuern und die angepriesenen Speisen zu probieren. Für die Köchinnen und Köche, die bewertet werden, gleichen Restaurantführer einer Mischung aus Zeugnisvergabe und kulinarischer

© Der/die Herausgeber bzw. der/die Autor(en), exklusiv lizenziert durch
Springer Fachmedien Wiesbaden GmbH, ein Teil von Springer Nature 2020
M. Wilkesmann und U. Wilkesmann, *Nicht nur eine Frage des guten
Geschmacks!*, https://doi.org/10.1007/978-3-658-30545-1_3

Inquisition, wie Uwe Ritzer von der Süddeutschen Zeitung einmal treffend schrieb (Ritzer 2010). Was macht aber ein Restaurant zu einem kulinarischen Highlight, für das sich beispielsweise eine eigene Reise oder ein Umweg lohnt? Die nachfolgend vorgestellten Restaurantführer und Restaurantranglisten haben genau das zum Ziel, sprich sie haben den Anspruch, ein gewisses Maß an Objektivität und Vergleichbarkeit in das subjektive Geschmackserlebnis zu bringen. Alle Restaurantführer und Rankingsysteme untersuchen und benoten Restaurants anhand verschiedener Praktiken und Kriterien (z. B. nach der Qualität des Essens, der Innovation, der Servicequalität, der Ausstattung) und kommen dabei durchaus zu unterschiedlichen Ergebnissen. Zudem sind die Rankings und Restaurantführer auch unterschiedlich hoch angesehen, wie wir im abschließenden Unterkapitel sehen werden.

Institution und Institutionalisierung

Nicht zu Unrecht schreibt der Soziologe Hartmut Esser, dass der Begriff der Institution zu den zentralsten Begriffen der Soziologie zählt. »Eine Institution sei – ganz knapp und allgemein gesagt – eine Erwartung über die Einhaltung bestimmter Regeln, die verbindliche Geltung beanspruchen« (Esser 2000, S. 2, Herv. i. O.). Diese Erwartungen helfen uns in unserem Alltag beispielsweise dabei, dass wir uns nicht immer wieder neu darauf verständigen müssen, wie wir uns etwa bei dem Besuch eines Gourmetrestaurants am besten verhalten. Wir setzen uns beim Betreten des Restaurants nicht einfach an den erst besten freien Tisch, den wir erblicken, sondern wir warten am Eingang oder Empfang bis wir von einer Person aus dem Service zu unserem Platz geleitet werden. Peter L. Berger und Thomas Luckmann (2004) beschreiben in ihrem Klassiker Institutionen als Regeln für Problemlösungen im Alltag, die vorgeben, was mögliches und sinnvolles Handeln in einer Situation ist. Diese Regeln gewinnen mit der Zeit eine objektive Macht, der sich die handelnden Personen kaum noch entziehen können, obwohl sie die Regeln mitunter selbst geschaffen haben und sie durch ihr Tun auch fortwährend reproduzieren. Das liegt unter anderem auch daran, wie diese Geltung zustande kommt. Diese kann einerseits durch Sanktionen erfolgen (man wird des Restaurants verwiesen, wenn man sich nicht angemessen verhält) oder aber durch die sogenannte Legitimität, weil wir die Regeln als richtig und gerecht empfinden. Auf unser Beispiel bezogen bedeutet dies, dass wir durch unser eigenes Handeln (wir warten artig am Eingang des Restaurants und erwarten dies auch von den anderen ankommenden Gästen) diese Institution unbewusst wiederholen, weil wir sie als legitim anerkennen und dadurch festigen. Institutionen sind daher zum einen Regeln, die unser Zusammenleben im Alltag erleichtern, weil wir sie als gegeben (»taken-for-granted«) annehmen können. So schreibt Esser weiter: »Praktisch *alle sozialen Gebilde und Strukturen haben deshalb zwingend in irgendeiner Weise mit institutionellen Regeln zu tun« (Esser 2000, S. 6). Zum anderen können Institutionen aber auch Gegenstände wie einen Restaurantführer umfassen. Im nachfolgenden Abschnitt werden wir sehen, dass es die Spitzengastronomie als solche nicht geben würde, wenn es keine Restaurantführer geben würde, die uns nahelegen, in welches ausgezeichnete Restaurant in einer Stadt oder Region wir gehen sollten, um kulinarische Höchstgenüsse zu erleben. Insofern können wir erwarten, dass uns in einem 3-Sternerestaurant Gerichte von höchster Qualität aufgetischt werden. Die Entwicklung der Restaurantführer in diesem Kapitel macht ebenfalls deutlich, dass Institutionen nicht im luftleeren Raum entstehen, vielmehr geht immer ein Prozess der **Institutionalisierung** voraus. Bis eine Institution einer Erwartung (wir erwarten ein exzellentes Essen bei einer 3-Sterne-Bewertung) eine verbindliche Geltung beanspruchen kann und sich als solche etabliert, vergeht eine gewisse Zeit. Somit hat jede Institutionalisierung das zentrale Problem zu lösen, dass die Akteure (in unserem Fall die Gäste, die Restaurants sowie die Köchinnen und Köche)»auf die Institution bindend verpflichtet werden, auch wenn ihre individuellen Interessen davon abweichen« (Esser 2000, S. 306). Wie das der eine oder andere Restaurantführer erreicht hat, werden wir in diesem Kapitel sehen.*

RESTAURANTFÜHRER

Zunächst starten wir aus einer historischen Perspektive, wie diese Restaurantführer überhaupt entstanden sind. Besonders ausführlich werden wir dabei auf den Guide Michelin und den Gault&Millau eingehen, weil diese beiden Restaurantführer zu den Urvätern unter den Restaurantkritiken gehören und durch ihre Bewertungspraktiken das Feld der Spitzengastronomie maßgeblich organisiert haben. Zudem werden wir auf einen neuen Gastroführer in Deutschland, den Gusto, eingehen, der sich in relativ kurzer Zeit einen Namen in der Gourmet- und Gastronomie-Szene machen konnte. Ebenso werden wir kleinere Restaurantführer vorstellen, die es z. T. nur in einem der drei deutschsprachigen Länder gibt.

Guide Michelin

Entstehungsgeschichte
Alles begann im Jahr 1889, als die Brüder André und Édouard Michelin ihr gleichnamiges Reifenunternehmen gründeten. Ihre Vision war es, das

Land mobil zu machen zu einer Zeit, als es weniger als 3 000 Autos in Frankreich gab. Um die Autofahrer bei der Reiseplanung zu unterstützen und so den Auto- und vor allem Reifenverkauf zu fördern, erstellten die Gebrüder Michelin einen kleinen Leitfaden mit praktischen Informationen für Reisende. Das Kalkül dahinter war aber auch, dass aufgrund der zusätzlichen Fahrten die Reifen schneller abgenutzt wurden und der Reifenhersteller dadurch seinen Umsatz ankurbeln konnte. Der Guide Michelin, aufgrund seiner roten Bucheinfassung international auch »Guide Rouge« oder »Red Guide« genannt, war geboren. Dieser enthielt z. B. Karten, Informationen über den Reifenwechsel, wo man Benzin tanken konnte und eine Liste von Restaurants oder Unterkünften für die Nacht, in denen sich die Reisenden von den Abenteuern des Tages erholen konnten.

In der Selbstbeschreibung der Entstehung des Guide Michelin (https:// guide.michelin.com/en/about-us) ist weiter nachzulesen, dass diese Informationen zwei Jahrzehnte lang kostenlos waren. Bis André Michelin in einem Reifengeschäft sah, wie seine geliebten Ausgaben verwendet wurden, um eine Werkbank zu stützen. Basierend auf dem Prinzip, dass der Mensch nur das respektiert, wofür er bezahlt, wurde 1920 ein brandneuer Michelin-Führer auf den Markt gebracht und für sieben Francs verkauft. Zum ersten Mal enthielt dieser eine Liste von Hotels in Paris sowie Listen von Restaurants nach bestimmten Kategorien. Zudem wurde auf fremde kostenpflichtige Werbung verzichtet. Angesichts des wachsenden Restaurantteils im Reiseführer rekrutierten die Brüder Michelin auch ein Team von geheimen Restaurantbesuchern – die heutigen Inspektoren –, um Restaurants anonym zu besuchen und zu bewerten. So wurden im Jahr 1926 erstmals Sterne für die gehobene Gastronomie vergeben, die zunächst nur mit einem einzigen Stern gekennzeichnet waren. Fünf Jahre später führte man eine Hierarchie von null, ein, zwei und drei Sternen ein, und 1936 wurden die Kriterien für die Sterne-Rankings veröffentlicht. Im Jahr 1964 erschien die erste deutsche Ausgabe. Allerdings wurden in den ersten beiden Jahren noch keine Sterne in Deutschland vergeben, was nicht nur mit der unzureichenden Qualität der deutschen Küchen zu dieser Zeit zu tun hatte, sondern auch mit der Tatsache, dass die Redaktion sichergehen wollte, dass die Köchinnen und Köche auch über längere Zeit auf hohem Niveau kochen und das Testergebnis kein Zufallsprodukt war. Im Jahr 1966 wurden bereits 66 Restaurants mit einem Stern ausgezeichnet, 1974 erhielten sieben Restaurants erstmals zwei Sterne und 1982 listete der Guide Michelin erstmals drei Restaurants mit drei Sternen. Die Einführung des Guide Michelin in der Schweiz erfolgte 1994 und in Österreich gab es zwischen 2005 und 2009 ebenfalls eine Länderausgabe, die allerdings aufgrund von schwachen Absatzzahlen – so die offizielle Begründung – eingestellt wurde. Seither gibt es nur noch für die Städte Salzburg und Wien eine Michelin-Bewertung im Sonderführer »Main Cities of Europe«. Welche Auswirkungen dieser Rückzug aus Österreich hat, werden wir später noch beleuchten.

Im Jahr 2016 erweiterte Michelin sein Portfolio durch den Erwerb des Online-Reservierungsdienstes »bookatable.de«. Bookatable bietet den Restaurants einen Reservierungskalender und zahlreiche andere Funktionen (z. B. Hinterlegung von Gäste-Vorlieben, detaillierte Reservierungs-Informationen in der Gäste-Kartei, Reporting-Tools). Zusätzlich können nach dem Besuch des über bookatable gebuchten Restaurants Bewertungen durch die Gäste angefordert und diese dann auf der Restaurantseite von bookatable veröffentlicht werden. Dies hat zum einen den Vorteil, dass nur Bewertungen von Gästen einfließen, die wirklich im Restaurant gegessen haben. Zum anderen bekommen die Restaurants eine Monatsübersicht zum Gästefeedback. Dieses Feedback wird tatsächlich gelesen, wie ein Restaurantchef im Interview bestätigte:

»Ich bekomme eine Mail mit der Monatsbewertung. Da steht dann so und so viele Gäste haben bewertet, in den letzten fünf Monaten war die Bewertung so, im letzten Monat war die Bewertung so, in diesem Monat war die Bewertung so. Und das finde ich gut. Das mag ich. Das hat nämlich ein bisschen mehr Aussagekraft. Also das nehme ich ernst, wenn das einmal schlechter ist.« (Maître, 2-Sternerestaurant).

Allerdings hat sich der Guide Michelin im Dezember 2019 mit Tripadvisor und The Fork zu einer strategischen Partnerschaft zusammengeschlossen. Zwar sind die konkreten Auswirkungen dieser neuen Partnerschaft derzeit noch nicht abzusehen, dennoch wird deutlich, dass die Konsolidierung unter den Webportalen weiter voranschreitet (ahgz.de 2019a).

Der Guide Michelin erscheint derzeit in 25 Ländern und ist bislang kein eigenes Wirtschaftsunternehmen, das sich durch Werbung oder durch Verkäufe seiner Ergebnisse refinanzieren muss. Bis heute wird der Guide mit einem eigenen Budget durch den Reifenhersteller Michelin finanziert. Hinzu kommen Einnahmen aus dem Verkauf der Printausgabe, die für knapp 30 Euro in Deutschland und für 33 Schweizer Franken in der Schweiz erhältlich ist. Die Werbeeinnahmen für eine einseitige Anzeige auf der linken Seite betragen aktuell 6 000 Euro, für die rechte Seite 12 000 Euro (Kommunalverlag o. J.). Zusätzlich zur Printausgabe gibt es eine Online-Version des Guide Michelin (https://www.viamichelin.com/web/Restaurants), auf der alle bewerteten Restaurants der Printausgabe verzeichnet sind.

Ausbildung und Arbeit der Inspektorinnen und Inspektoren

Die Testerinnen und Tester – beim Guide Michelin Inspektoren bzw. Inspektorinnen genannt – waren seit Anbeginn beim Reifenhersteller Michelin hauptamtlich tätig und somit festangestellt. Bei der Gründung des deutschen Michelin im Jahr 1964 waren mit Ausnahme eines ehemaligen Küchenchefs keine branchenkundigen Personen unter den sieben Testern dabei. So ist in einer Ausgabe der Wochenzeitung Der Spiegel aus dem Jahr 1964 zu lesen:

»*Drei von ihnen absolvierten bei Shell, bei den Farbwerken Hoechst und in der Feinkostbranche eine kaufmännische Ausbildung; einer war Substitut in einer Karstadt-Niederlassung; zwei studierten an deutschen Hochschulen. Michelin ließ sie in Frankreich und Benelux ausbilden – mit dem Ergebnis, daß die deutschen Michelin-Leute so konservativ urteilen wie die französischen Kollegen, wenn nicht noch zurückhaltender. Ihre Devise:* ›In dubio contra‹ *– so der Leiter der Touristik-Abteilung in dem Karlsruher Michelin-Zweigwerk, Hans Kraushaar, 29, der seinen Urlaub im Camping-Zelt im Ausland verbringt*« (Der Spiegel 1964, Ausgabe 19, S. 70).

Mittlerweile verfügen die Inspektorinnen und Inspektoren in der Regel über eine fachliche Ausbildung und haben bis zu zehn Jahre Berufserfahrung in einem Hotel oder Restaurant gesammelt. Das Bewerbungsgespräch findet nicht – wie in anderen Branchen üblich – in einem Büro, sondern in einem Restaurant statt. Dort werden die Bewerberinnen und Bewerber am Ende der Mahlzeit gebeten, einen Bericht über die beobachtete Qualität im Bereich des Service (z.B. ob die Abstände zwischen den Tischen zu eng sind oder die Teller an den Nachbartischen voll oder leer zurückgehen) zu geben. Zusätzlich erfolgt eine persönliche Einschätzung des Essens, der Qualität der Grundprodukte und der Küchenleistung. Dabei kommt es auch auf die Erinnerung an geschmackliche Details an. Ist diese Hürde geschafft, wird zunächst ein erfahrener Inspektor bzw. erfahrene Inspektorin für ein halbes Jahr bei der täglichen Arbeit begleitet, um mit den Standards der Bewertung vertraut zu werden (z.B. welche Unterschiede es zwischen einem, zwei und drei Sternen gibt und wann fünf rote oder drei schwarze Dächer für den Komfort eines Hotels angebracht sind). Im deutschsprachigen Raum gibt es derzeit 12 Inspektorinnen und Inspektoren. Auf die letzte Stellenausschreibung bewarben sich 300 Kandidatinnen und Kandidaten, von denen allerdings nur eine Handvoll dem Anforderungsprofil genügte.

Pro Jahr werden pro Inspektorin bzw. Inspektor etwa 250 Restaurants getestet und bis zu 40 000 Kilometer zurückgelegt. Der Reifenhersteller Michelin bezahlt nicht nur das Essen, sondern auch das Hotel, den Dienstwagen und das Gehalt des Inspektors. Nach jeder Mahlzeit, Übernachtung oder Kontrollvisite verfassen die Inspektoren und Inspektorinnen Protokolle, die als Grundlage für die Sterne-Konferenzen in den jeweiligen Ländern dienen und bei denen über die Vergabe der Sterne entschieden wird. An der Konferenz nehmen der Chefredakteur des Landes, die zuständigen Inspektorinnen und Inspektoren sowie die internationalen Direktoren teil. Diskretion und Seriosität sind dabei die obersten Gebote. Die Inspektorinnen und Inspektoren sind zwar zur äußersten Diskretion verpflichtet, sodass nicht einmal ihre Familie weiß, wo gerade getestet wird. Dennoch geben sich die Inspektorinnen und Inspektoren manchmal nach einem Restaurantbesuch mit einem eigenen Ausweis zu erkennen und teilen den Köchinnen und Köchen bisweilen ein mündliches Feedback mit. Dies erfolgt meistens beim ersten Besuch eines Restaurants, um auch einen Einblick in die Austattung und räumlichen Begebenheiten der Küche bekommen zu können. Die Gefahr, bei einem weiteren Besuch erkannt zu werden, ist allerdings gering, da die Inspektorinnen und Inspektoren länderübergreifend arbeiten, Überschneidungen vermieden werden und so die Anonymität und ein international vergleichbarer Standard bei der Bewertung gewahrt werden können. Aufgrund der sehr hohen Reisetätigkeit bewerben sich nur wenige weibliche Testerinnen. In der deutschen Redaktion gab es in den letzten Jahren nur zwei Frauen.

Bewertungspraxis

Restaurants können sich selbst beim Guide Michelin bewerben, um getestet zu werden. Dafür müssen sie ihre Speisekarte und ein Bewerbungsschreiben an die Redaktion senden. Die Redaktion selbst testet die schon gelisteten Restaurants und fragt bei den Spitzenköchen nach deren Empfehlungen. Diese weisen insbesondere die Testerinnen und Tester auf ihre ehemaligen Sous-Chefs hin, sofern diese ein eigenes Restaurant eröffnet bzw. übernommen haben. Damit ist ersichtlich, warum es für die Karriere wichtig ist, einmal in einem Spitzenrestaurant gearbeitet zu haben.

Wenn die Inspektorinnen und Inspektoren ein Restaurant besuchen, füllen sie einen Bewertungsbogen aus und schreiben einen Bericht. Auf der ersten Seite des Bewertungsbogens werden die äußeren Eindrücke charakterisiert. Dazu zählen die Eindrücke zur Lokalität, zum Empfang, zur Qualität des Service, zum Umfang der Weinkarte und vieles mehr. Auf den nächsten Seiten wird jeder einzelne Gang eines Menüs mit den folgenden sechs Kategorien bewertet: sehr schlecht, schlecht, mittelmäßig, ein Stern, zwei Sterne und drei Sterne (Christensen und Strandgaard Pedersen 2013). Jeder Restaurantbesuch wird mit einem umfassenden Bericht abgeschlossen. Diesen Bericht können die Köchinnen und Köche später auf Nachfrage in der Redaktion des Guide Michelin in Karlsruhe einsehen. Vor der Veröffentlichung eines neuen Guide Michelin erhalten die Chefköchinnen und Chefköche einen Anruf aus der Chefredaktion, um von einer Aufwertung auf zwei oder drei Sterne zu erfahren (troisetoiles.de o. J.).

Betont wird, dass für die Vergabe von Sternen ausschließlich das Essen bewertet wird. Es wird also nur bewertet, was auf dem Teller ist und nicht das Ambiente und Ausstattung des Restaurants, der Service, der Wein oder aber das Geschirr. Die Ausstattung des Restaurants wird im Guide Michelin mit einer weiteren Kategorie bewertet: dem Besteck. Es hat eine Skala von einem Besteck, was ein einfaches Restaurant bezeichnet, bis zu fünf Bestecken, was ein Luxus-Restaurant charakterisiert. Der Chefredakteur des deutschen Guide Michelin betont den Unterschied:

>»Wir haben ja diese Bestecke, die eigentlich auf den Komfort eines Restaurants hinweisen. Das geht von eins bis fünf. Ist es ein einfacher Landgasthof, dann ist es ein Besteck, ist es ein Luxus-Restaurant wie das Adlon zum Beispiel, dann ist das eine andere Kategorie. Aber viele dieser Leser haben diese Bestecke gleichgesetzt mit der Küchenleistung. Also wenn einer fünf Bestecke hatte, hat man gedacht, da wird besonders gekocht. Es gibt ein Beispiel, das [Name des Restaurants] hat ein Besteck, weil man dort sehr eng sitzt. Aber die Atmosphäre ist unheimlich sympathisch und das ganze Restaurant hat aufgrund seiner Küche zwei Sterne ... Der Stern ist eine reine Küchenauszeichnung, das hat mit dem Sommelier und mit der Weinkarte und so weiter nichts zu tun. Also auch nicht, ob es das Silberbesteck ist, oder nicht. Das ist völlig wurscht«* (Chefredakteur Guide Michelin).

In der Selbstbeschreibung des Guide Michelins (2019) werden die Bezeichnungen definiert, wie in der Tabelle 2 dargestellt. Ursprünglich diente die Sterneklassifikation dazu, dass bei einem Stern die Autofahrer anhalten, bei zwei Sternen einen Umweg fahren und bei drei Sternen das Restaurant als alleiniges Reiseziel auswählen. Mittlerweile sind unterhalb der Sterne zwei weitere Kategorien dazu gekommen, da in den letzten Jahren Kritik an der Exklusivität der Sterne aufgekommen ist: Zum einen die Kategorie »Bib Gourmand«, die ein besonders gutes Preis-Leistungs-Verhältnis kennzeichnet. Zum anderen die Kategorie des Tellers. Hier werden Anwärter auf den ersten Stern benannt und somit eine echte zusätzliche Unterkategorie im Ranking eingeführt. Wie wir später noch sehen werden, betrachten die Köchinnen und Köche diese Kategorie des Tellers durchaus als Sprungbrett zum ersten Stern.

Die Auszeichnung bekommt immer die Kombination Chefköchin bzw. Chefkoch und Restaurant. Sobald eine der beiden Komponenten wegfällt,

Tab. 2   Kriterien für die Klassifizierung der ausgewählten Restaurants

Drei Michelin Sterne *Eine einzigartige Küche –* *eine Reise wert!*	Die Handschrift eines großartigen Küchenchefs! Erstklassige Produkte, Reinheit und Kraft der Aromen, Balance der Komposition: Hier wird die Küche zur Kunst erhoben. Perfekt zubereitete Gerichte, die nicht selten zu Klassikern werden – eine Reise wert!	Die bemerkenswertesten Küchen sind die mit MICHELIN Stern – einem, zwei oder drei. Von traditionell bis innovativ, von schlicht bis aufwändig – ganz unabhängig vom Stil erwarten wir immer das Gleiche: beste Produktqualität, Know-how des Küchenchefs, Originalität der Gerichte sowie Beständigkeit auf Dauer und über die gesamte Speisekarte hinweg.
Zwei Michelin Sterne *Eine Spitzenküche –* *einen Umweg wert!*	Beste Produkte werden von einem talentierten Küchenchef und seinem Team mit Know-how und Inspiration in subtilen, markanten und mitunter neuartigen Speisen trefflich in Szene gesetzt – einen Umweg wert!	
Ein Michelin Stern *Eine Küche voller Finesse –* *einen Stopp wert!*	Produkte von ausgesuchter Qualität, unverkennbare Finesse auf dem Teller, ausgeprägte Aromen, Beständigkeit in der Zubereitung – einen Stopp wert	
BIB Gourmand *Unser bestes Preis-Leistungs-Verhältnis*	Ein Maximum an Schlemmerei für bis 37 €: gute Produkte, die schön zur Geltung gebracht werden, eine moderate Rechnung, eine Küche mit exzellentem Preis-Leistungs-Verhältnis.	
Der Teller *Eine Küche mit guter Qualität*	Qualitätsprodukte, fachkundig zubereitet: einfach ein gutes Essen!	

Quelle: Michelin Guide Ausgabe 2019, S. 9

werden die Sterne aberkannt. Wechselt also eine Chefköchin bzw. ein Chefkoch in ein anderes Restaurant, so verlieren beide (die Köchin bzw. der Koch und das alte Restaurant) ihre Sterne. Beide fangen erst einmal wieder bei null an. Zudem erfolgt keine automatisierte Vergabe der Sterne, sondern diese müssen jedes Jahr aufs Neue verteidigt werden. Einen Stern zu gewinnen, beinhaltet somit auch immer die Möglichkeit, ihn wieder zu verlieren. Dies kommt allerdings in der Praxis sehr selten vor, wie die Tabelle 3 zeigt.

Die Gründe für den Verlust eines Sterns sind vielfältig. Einer der häufigsten Gründe ist die Schließung eines Restaurants. So geschehen im Fall von Thomas Bühner, der das Restaurant »La Vie« in Osnabrück aufgeben musste, weil der Eigentümer im Sommer 2018 überraschend die Finanzierung beendet hatte. Im Jahr 2006 war Thomas Bühner als Küchenchef geholt worden und das Restaurant wurde seit 2011 kontinuierlich mit drei Sternen ausgezeichnet. Die unfreiwillige Schließung gleich zweier Restaurants und damit einhergehende Verluste von insgesamt vier Ster-

Tab. 3 Prozentualer Anteil der Sterneköchinnen und Sterneköche,
die einen Stern verloren haben (2004–2019)

	Keinen Stern verloren	Einen Stern verloren
1 Stern	98,6 %	1,4 %
2 Sterne	95,7 %	4,3 %
3 Sterne	98,6 %	1,4 %

Quelle: eigene Berechnungen

nen trafen in der 2020er Ausgabe des Guide Michelin Deutschland das
Traditionsrestaurant »Schwarzwaldstube« und die benachbarten »Köh-
lerstuben«. Zum Jahresbeginn 2020 wurden durch einen Brand im Hotel
»Traube Tonbach« beide dort ansässigen Restaurants zerstört. Das Restaurant »Schwarzwaldstube«, welches sich 27 Jahre in Folge mit drei Sternen
schmücken konnte, und die erst im Jahr zuvor mit einem Stern ausgezeichnete »Köhlerstube« verloren ihre Auszeichnungen. Der Chefredakteur des
Guide Michelin Deutschland äußerte sich zu dem Vorgehen folgendermaßen: »*Wir sind einfach zu dem Entschluss gekommen, dass wir Restaurants, die nicht
mehr existieren, nicht mehr empfehlen können. Da würden wir uns unglaubwürdig
machen … Die Sterne sind ja nicht aus Qualitätsgründen gestrichen worden, sondern
weil ein großes Unglück geschehen ist*« (Zitiert nach zeit.de 2020).

Weitere, aber eher seltene Gründe für den Verlust der Sterneauszeichnung können der Ruhestand, der Tod oder die Krankheit des Küchenchefin
bzw. des Küchenchefs sein (siehe Tabelle 4). Oftmals übernimmt die rechte Hand der Chefköchin bzw. des Chefkochs, der Sous-Chef (stellvertretender Küchenchef; siehe Kapitel zur personellen Organisation), die Chef-
position und vielfach gelingt die Verteidigung der Sterneauszeichnung bis
zur neuen Ausgabe des Guide Michelin. Ein bekanntes Beispiel hierfür ist
Torsten Michel, der als Sous-Chef die 3-Sterne-Legende Harald Wohlfahrt
des Restaurants »Schwarzwaldstube« im Jahr 2017 nach dessen Ausschei-
den beerbte, im folgenden Jahr die 3-Sterneauszeichnung halten konnte und diese wiederum vorerst durch den Brand verlor. In einem anderen
Fall stieg Clemens Rambichler als Sous-Chef nach dem überraschenden
Tod des 3-Sternekochs Helmut Thieltges relativ ungeplant in die Rolle des
Chefkochs des Restaurants »Sonnora« in Dreis und verteidigte diese Auszeichnung ebenso erfolgreich in den darauffolgenden Jahren.

Insgesamt sind im Zeitraum von 2004 bis 2019 in Deutschland in nur
15 Fällen Sterne vom Guide Michelin aberkannt worden. Gleich mehrere

Tab. 4 Gründe für den Sterneverlust (2004–2019)

	Anzahl (N)	Prozentualer Anteil
Restaurantschließung	102	84,1 %
Aberkennung	15	12,5 %
Unfall/Krankheit	2	1,7 %
Verstorben	2	1,7 %

Quelle: eigene Berechnungen

prominente Beispiele von Sterneverlusten ereigneten sich in der 2019er und 2020er Ausgabe in Frankreich: Zwei Jahre nach dem Tod des Gourmet-Papsts Paul Bocuse verlor 2020 das von ihm gegründete Restaurant »L'Auberge du Pont de Collonges« bei Lyon nach 55 Jahren seinen dritten Stern im Michelin-Führer. Im Jahr 2019 musste Marc Veyrat mit seinem Restaurant »La Maison des Bois« in Manigod bereits nach einem Jahr seinen dritten Stern wieder abgeben. Dieser wollte die Herabstufung nicht auf sich sitzen lassen und verklagte erstmals in Frankreich den Guide Michelin. Neben der Offenlegung der Testprotokolle verlangte er einen symbolischen Euro als Schadenersatz für den entstandenen wirtschaftlichen Verlust. Die Klage wurde allerdings Anfang 2020 vom Gericht in Nanterre abgewiesen, weil zum einen keine schlüssigen Beweise für den wirtschaftlichen Schaden vorgelegt werden konnten und zum anderen der Guide Michelin ein Recht auf Meinungsfreiheit habe. Der mediale Wirbel um die Klage brachte dem Restaurant nebenbei bemerkt mehr Gäste und ein Umsatzplus von 7 % ein (rollingpin.de 2020). Darüber hinaus konnte Pascal Barbot nach 12 Jahren seinen dritten Stern nicht halten und auch Marc Haeberlin, der in vierter Generation das Restaurant »Auberge de l'Ill« im Elsass führt, verlor nach 51 Jahren den dritten Michelin-Stern. Zuvor hatten sein Vater und sein Onkel 1952 den ersten Stern im Guide Michelin, 1957 ihren zweiten Stern und 1967 dann den dritten Stern bekommen.[3] Umgekehrt ist es nicht möglich, eine Sterneauszeichnung zurückzugeben, weil die Sterne bis zur nächsten Ausgabe Gültigkeit besitzen, solange das ausgezeichnete Restaurant mit dem Chefköchin bzw. Chefkoch existiert. Die Varianten, aus der Bewertung auszusteigen, bestehen darin, (1) das Restaurant zu schließen, (2) die Chefköchin bzw. den Chefkoch zu wechseln, (3) den Kochstil sehr stark zu verändern oder (4) den Einsatz hochwertiger Produkte zu reduzieren, was den Inspektorinnen und Inspektoren beim nächsten Besuch mit Sicherheit auffallen würde. Allerdings äußerte Ende

2017 Sébastian Bras, der von 1999 bis zum freiwilligen Abschied 2017 drei
Sterne hielt, den Wunsch, nicht mehr im Guide Michelin gelistet zu sein.
Tatsächlich war Bras' Restaurant »Le Suquet« in Laguiole ein Jahr später
nicht mehr im Restaurantführer gelistet. Dessen ungeachtet schien man
bereits ein Jahr später die Wünsche von Bras vergessen zu haben, sodass
er im Jahr 2019 wieder im Guide Michelin auftauchte – nun aber mit zwei
und nicht mit drei Sternen. Somit wurde er wider Willen erneut zum französischen Sternekoch. Mit einem Facebook-Posting brachte er sein Unver-
ständnis zum Ausdruck: *»Er habe im September 2017 den Guide Michelin gebeten, sein Restaurant ab der Ausgabe 2018 nicht mehr zu bewerten. Dies sei auch so
angenommen worden, schreibt Bras. Dass er nun wieder mit zwei Sternen bewertet
werde, habe er ›mit Erstaunen‹ aufgenommen«* (Zitiert nach rollingpin.de 2019).

Aktuelle Entwicklungen

Wie der Abbildung 1 zu entnehmen ist, hat die Anzahl der Sternerestaurants in den letzten Jahren in Deutschland stark zugenommen. Dies begründet sich, wie der Chefredakteur des Guide Michelin im Interview
feststellte, durch die zunehmende Qualität und Anzahl hervorragend aus-
gebildeter Köchinnen und Köche in Deutschland. Deren Stellvertreter, die
Sous-Chefs, möchten nach einer gewissen Zeit häufig ihr eigener Chef
sein. Schon durch diesen Prozess erhöht sich die Anzahl der Sterneanwär-
ter von Jahr zu Jahr.

Die Abbildung zeigt, dass der Zuwachs besonders im 1-Sterne-Bereich
zu verzeichnen ist. Im Spitzenbereich der 2- und 3-Sterne bleibt die Gruppe weiterhin relativ klein. Dies hat auch mit der Bewertungspraxis des
Guide Michelin zu tun. Die Sterne werden sehr vorsichtig und konservativ vergeben. Nur wer schon länger auf dem nächst höheren Sterne-Niveau gekocht hat, bekommt die nächste Kategorie verliehen. Damit soll
auch vorgebeugt werden, dass Sterne allzu schnell wieder aberkannt werden müssen. Dass eine Aberkennung von Sternen grundsätzlich möglich
ist, zeigt die Ausgabe des Guide Michelin 2020. Dort verloren traditions-
reiche Häuser, wie die »Zirbelstube« in Freiburg, der »Schwarze Hahn« in
Deidesheim und der »Schwarze Adler« am Kaiserstuhl ihre Sterne. Nicht
nur aus Qualitätsgründen, sondern auch aus Selbsterhaltungsgründen des
Guide Michelin kann es kein Abo auf die Sterneauszeichnung geben.

Wenn die Testerinnen und Tester allerdings feststellen, dass eine Köchin
bzw. Koch und das dazugehörige Restaurant einen Stern verdient hat, dann
sollte der Stern vergeben werden, ohne im Hinterkopf eine maximale Anzahl an Sternen für ein Land festlegen zu wollen. Auf der anderen Seite
entwickelt sich eine immer größere Gruppe von Gästen, die sich Besuche

Abb. 1   Entwicklung der Anzahl von Sternerestaurants von 2004 bis 2020 in Deutschland

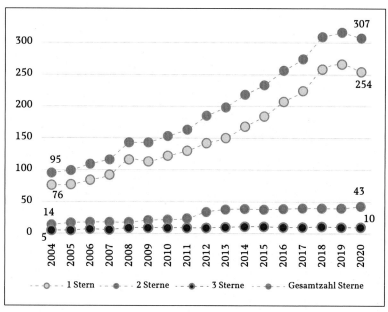

Quelle: eigene Darstellung

in Restaurants der Spitzengastronomie ökonomisch leisten kann und will. Die Frage ist jedoch, ob diese Gruppe genauso schnell wächst wie die Anzahl der Restaurants. Vielleicht existiert irgendwann eine Sättigungsgrenze, wie es ein Restaurantkritiker im Interview äußerte:

»Da muss man einfach sagen, dass wir im Grunde bei 300 Sternehäusern eine Sättigung erreicht haben. Mehr geht nicht, weil die Deutschen immer noch das sehr gute Essen und das sehr teure Essen für einen Luxus halten, den sie sich zum goldenen Hochzeitstag erlauben, aber nicht öfter im Jahr« (Restaurantkritiker).

Es ist gar nicht so leicht zu überprüfen, ob die Qualität der Restaurants – wie der Zuwachs an 1-Sternerestaurants vermuten lässt – in Deutschland zugenommen hat. Fakt ist, dass nur ein kleiner Teil der durch den Guide Michelin bewerteten Restaurants tatsächlich aufgenommen und mit einer Klassifikation ausgezeichnet wird. Für den Zeitraum 2009 bis 2017 lagen

Abb. 2   Entwicklung der Anzahl und der Qualität von Restaurants in Deutschland

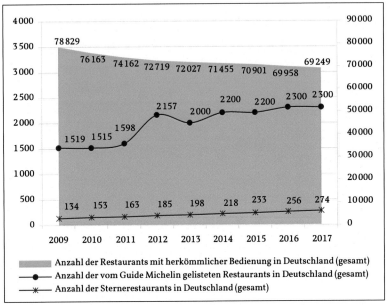

Eigene Darstellung; Quellen: Anzahl der Restaurants in Deutschland gesamt: Statistisches Bundesamt, aktuelle Umsatzsteuerstatistik 2010–2019; Angaben zur Anzahl der gelisteten Restaurants und Sternerestaurants im Guide Michelin

uns vom Statistischen Bundesamt Zahlen (2019) zur Entwicklung der Anzahl von »Restaurants mit herkömmlicher Bedienung«[4] vor. Schaut man sich die Zahlen für Deutschland an, so wurden im Jahr 2017 von den insgesamt 69 249 Restaurants mit herkömmlicher Bedienung etwas über 2 300 Restaurants im Guide Michelin 2019 gelistet, von denen 274 eine Sterneauszeichnung erhielten (siehe Abb. 2). Dies entspricht einem Anteil von gerade einmal 3,3 % der Restaurants, die es in den Restaurantführer schafften. Damit kann festgehalten werden, dass zwar die Anzahl der Spitzenrestaurants in Deutschland wächst, sie aber immer noch eine kleine Gruppe innerhalb der Gastronomie darstellen.

Der Guide Michelin ist der älteste und auch angesehenste Restaurantführer der Welt. Worauf das hohe Ansehen gründet, werden wir zum Ende des Kapitels noch sehen. An dieser Stelle lässt sich aber schon einmal festhalten, dass der Restaurantführer das Feld der Spitzengastrono mie durch zwei Verfahren strukturiert (Karpik 2010; Bouty et al. 2013): Zum einen durch ein Ranking der Restaurants untereinander und zum anderen durch die Ein- bzw. Ausgrenzung (Inklusion vs. Exklusion) von bestimmten Restaurants. Der Guide Michelin ist einerseits ein Ranking, weil er eine Rangordnung zwischen den getesteten Restaurants herstellt. So sind 2-Sternerestaurants besser als 1-Sternerestaurants und an der Spitze stehen die 3-Sternerestaurants. In Deutschland gibt es derzeit 254 Restaurants mit einem Stern, 43 Restaurants mit zwei Sternen und lediglich 10 Restaurants mit drei Sternen. Weltweit gibt es derzeit nur 101 Restaurants mit drei Sternen, 336 Restaurants mit zwei Sternen und 1 939 Restaurants mit einem Stern (Stand 03.03.2020). Damit wird überhaupt erst das Feld der Sternegastronomie für die Gäste geschaffen, die ansonsten nur sehr schwer abschätzen können, wo sich die besten Restaurants in einem Land oder in einer Region befinden. Dieses Ranking ist zum einen für kulinarische Feinschmecker interessant, die vielleicht in einem der zehn besten Restaurants in Deutschland essen gehen wollen und dementsprechend ihren Restaurantbesuch planen können. Zum anderen ist es auch für die Köchinnen und Köche relevant, für die das Ranking ebenfalls eine Hierarchie darstellt, in der sie sich untereinander abgrenzen können und die es ihnen mitunter auch erlaubt, höhere Preise für ein Menü zu verlangen.

Andererseits nimmt der Guide Michelin auch eine Ein- bzw. Ausgrenzung vor, sodass nur eine kleine Anzahl von Restaurants im Restaurantführer gelistet ist, andere aber außen vor bleiben und damit aus der Spitzengruppe ausgeschlossen sind. Es wird also durch die Sternebewertung eine Gruppe von Restaurants geschaffen, die man als Feinschmecker besucht haben »muss«. Nach Bouty et al. (2013, S. 7) gehören selbst in Frankreich nur etwa ein Zehntel aller Restaurants zur Sternekategorie. Wie wir bereits gesehen haben, wird in Deutschland mit 3,3 % nur ein sehr kleiner Teil aller Restaurants in den Guide aufgenommen. Für die Schweiz liegen Zahlen aus dem Jahr 2016 vom Bundesamt für Statistik der Schweiz vor. Dort erhielten von den 17 778 Restaurants insgesamt 116 eine Sterneauszeichnung und 1 750 Restaurants wurden im Guide Michelin gelistet, was einem Anteil von 9,8 % entspricht, die es in den Restaurantführer schafften. So schmückt sich die Schweiz nicht ganz zu Unrecht mit der Aussage, dass es nirgendwo pro Einwohner mehr ausgezeichnete Restaurants als in der Schweiz gibt – auch wenn 90 % der Restaurants nicht im Guide Michelin gelistet und somit ausgeschlossen sind.

Dieser Ausschluss gilt auch für Restaurants in jenen Ländern, in denen es überhaupt keinen Guide Michelin gibt. Der Restaurantführer erscheint derzeit in 28 Regionen bzw. 25 Ländern (siehe Abb. 3), sodass Restaurants

Abb. 3   Länder und Regionen, in denen der Guide Michelin erscheint

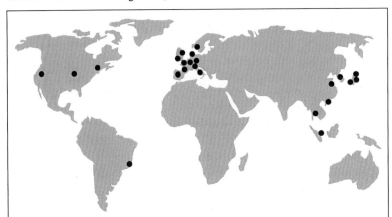

Quelle: eigene Darstellung

und deren Chefköchinnen und Chefköche in bestimmten Regionen überhaupt keine Chance haben, getestet zu werden. Es verwundert nicht, dass
Frankreich als Gründungsland über die meisten Sternerestaurants und
im Vergleich zu allen anderen Ländern über dreimal so viele 3-Sterne-
restaurants verfügt. Deutschland landet derzeit nach Italien auf dem dritten Platz und hat 94 Sternerestaurants mehr als Spanien, obwohl alle drei
Länder um die 10 Restaurants im 3-Sternebereich haben. Gemessen an der
Landesgröße gibt es in der Schweiz und in Hongkong eine hohe Sterne-
dichte. Die Abbildung 4 zeigt die Verteilung der acht Länder, welche die
meisten 1-, 2- und 3-Sternerestaurants haben.

Hinzu kommt, dass der Guide Michelin sich auch ganz bewusst aus
manchen Ländern zurückzieht. Im deutschsprachigen Raum gilt dies für
Österreich. Im Jahr 2011 gründete Michelin eine eigene Ausgabe für Österreich, die aber 2015 aus wirtschaftlichen Gründen eingestellt wurde. Ein
weiterer möglicher Grund lag darin, dass in den vier Jahren, in denen der
Guide Michelin in Österreich betrieben wurde, kein 3-Sternerestaurant
ausfindig gemacht werden konnte, wie Jean-Luc Naret, der damalige Direktor des Guide Michelin, in einem Interview im November 2015 mit dem
Gastronomie Magazin Rolling Pin (rollingpin.de 2015) betonte:

*»Der Guide Michelin agiert international. Das bedeutet, ein 3-Sternerestaurant in Wien muss
konstant gleich gut sein wie eines in New York oder Tokyo. Es ist nicht so, dass wir absichtlich*

Abb. 4   Länder mit den meisten 1-, 2- und 3-Sternerestaurants

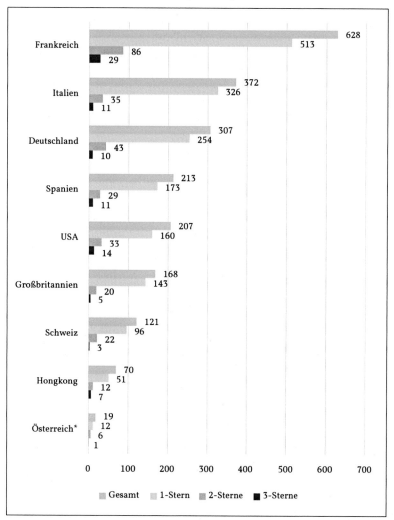

Eigene Darstellung; Quelle: https://guide.michelin.com/en/restaurants, Stand 03.03.2020;
* Österreich: nur Wien und Salzburg

kein Restaurant mit drei Sternen bedacht haben. Wir konnten nur keines finden, das es verdient
hätte« (Jean-Luc Naret, ehemaliger Direktor des Guide Michelin).

Der Rückzug des Guide Michelin hatte allerdings auch Folgen für die insgesamt 54 durch den Restaurantführer ausgezeichneten Häuser, weil diese nun nicht mehr von den Inspektorinnen und Inspektoren angesteuert
wurden und somit von der kulinarischen Landkarte verschwunden sind
und mit Umsatzeinbußen rechnen mussten, wie Jean-Luc Naret in dem Interview erklärt:

»Bekommt ein Restaurant einen Stern verliehen, kann es mit einem Gästezuwachs von 25 bis
30 % rechnen, bei zwei Sternen verdoppelt sich die Anzahl und bei drei Sternen kann man ge-
wiss sein, dass das Restaurant immer voll sein wird« (Jean-Luc Naret, ehemaliger Direktor des Guide Michelin).

Allerdings führt ein hoher Umsatz in einem Spitzenrestaurant noch lange
nicht zu einem hohen Gewinn. Im weiteren Verlauf zeigen wir, warum ein
hoher Umsatz in Sternerestaurants durchaus mit wirtschaftlichen Verlus-
ten einhergehen kann. Vom Rückzug des Guide Michelin blieben die beiden österreichischen Städte Wien und Salzburg allerdings verschont, weil
sie im Guide Michelin »Main Cities of Europe« neben 36 weiteren europäischen Städten in 22 Ländern weiterhin gelistet bleiben. Ausgerechnet der
deutsche Koch Juan Amador erkochte im Jahr 2019 erstmals drei Sterne für
Österreich in seinem 2016 eröffneten Restaurant »Amador«. Alles in allem
muss der Guide Michelin mittlerweile sein Terrain gegen neue Rankings
verteidigen. Der Rückzug des Guide Michelin aus Österreich brachte vermutlich nur einen Gewinner hervor: den Restaurantführer Gault&Millau,
auf den wir nun näher eingehen werden.

Gault&Millau

Entstehungsgeschichte

Der Ursprung des Restaurantführers Gault&Millau geht laut Selbstdarstellung auf seiner französischen Website[5] auf das Jahr 1961 zurück, als
Henri Gault von der Redaktion der Abendzeitung »Paris-Presse« mit einer
wöchentlichen Kolumne mit dem Titel »Week-end et promenades« (Wochenende und Spaziergänge) beauftragt wurde. Mit seinem Auto begann
er, die Umgebung von Paris zu erkunden, um die besten Freizeitangebote
und Restaurants zu finden. Christian Millau, der für andere Teile der Zeit-

schrift verantwortlich war und später sein Lieblings-Tischbegleiter werden sollte, verfolgte jede Woche lesend die Spaziergänge von Henri Gault. In der Kolumne, die jeden Freitag erschien, war es vor allem die Vorstellung und Entdeckung von Restaurants, die die Leserschaft am meisten begeisterte. Der Erfolg der Kolumne ging einher mit den Veränderungen von Konsumgewohnheiten und Lebensstilen, nicht zuletzt, weil der Hunger der Nachkriegszeit besiegt war. So wandelte sich auch der Geschmack in der Haute Cuisine, die seit der Vorkriegszeit unverändert geblieben war. Die drei Michelin-Sterne waren die Garanten für die aus dem 19. Jahrhundert stammende französische Tradition und für eine regionale Küche, aus reichlich garnierten Gerichten und schweren Saucen in den gehobenen Restaurants. Die Freitagskolumne von Henri Gault war für die französische gastronomische Tradition ein heftiger Schlag ins Gesicht, weil er sich nicht davor scheute, ein renommiertes Restaurant der klassischen Haute Cuisine zu kritisieren und zu schreiben, dass es im einfachen Restaurant »Navarin« von Tante Ursula leckerer sei. Mit der Unverblümtheit seiner Empfehlungen begeisterte Henri Gault die Leserschaft, was dazu führte, dass nahezu jedes Restaurant, über das er am Freitag berichtete, ab dem darauffolgenden Tag auf Wochen ausgebucht war.

Aufgrund des Erfolgs der Kolumne war schon bald die Idee eines Pariser Reiseführers geboren, der sich auf moderne und journalistische Weise mit den Restaurants der Hauptstadt, aber auch mit Geschäften, Kunsthandwerkern, Weinhändlern, Hotels und Spaziergängen beschäftigte. Christian Bourgois, der Literaturchef des Julliard Verlags, finanzierte ohne zu zögern das Projekt von Henri Gault und Christian Millau. Im Jahr 1962 erschien der erste »Julliard de Paris« Reiseführer, von dem 1 500 Exemplare pro Woche verkauft wurden. Nach und nach erlangten Gault und Millau ihre finanzielle Unabhängigkeit. Sie bildeten ein kleines Team von Genießern, darunter Gaults zwei Schwägerinnen, eine alte Freundin von Millau und weitere Freunde, die in einem heruntergekommenen Hinterhof an der Erstellung des »Nouveau Guide« arbeiteten, der im März 1969 erstmals für Paris erschien. Von Christian Millau ist überliefert, dass er die ärmlichen Verhältnisse, in denen der Restaurantführer entstand, als einen Gewinn ansah und dass dies in einer Küche genau dasselbe sei: »*Zu viel Butter, zu viel Sahne und die besten Gerichte sind wertlos. Das eigentliche Talent ist es, einfach zu sein, und das ist es, was am kompliziertesten ist*« (Gault&Millau Frankreich 2019, übersetzt von den Autoren).

Bis zum Erscheinen des Guide Julliard (der Restaurantführer wurde damals noch nach dem Verleger benannt) gab es nur ein einziges Nachschlagewerk für kulinarische Genießer, den Guide Michelin. Dieser enthielt zum damaligen Zeitpunkt vier 3-Sternerestaurants in Paris und sieben 3-Restaurants in den französischen Provinzen. Gault und Millau machten sich in ganz Frankreich auf die Suche nach der neuen französischen Küche, die sie bei Paul Bocuse und den Brüdern Troisgros fanden. Diese zeichnete sich durch Aromen, Einfachheit und Leichtigkeit aus – die »Nouvelle Cuisine« war geboren. Im Jahr 1972 erschien der erste Gault&Millau in Frankreich. Auf der Suche nach neuen Restaurants achteten sie nicht so sehr auf die klassischen Werte, die vom Michelin vertreten wurden, sondern einzig der Geschmack, die Präsentation und die Fantasie der Köchin bzw. des Kochs sollten bewertet werden. Um ihre Unabhängigkeit zu wahren, bezahlten Gault und Millau ihre Rechnungen selbst und bewerteten die Restaurants, ohne die Meinungen der anderen Restaurantführer zu berücksichtigen.

In einem 1973 veröffentlichten Gründungsartikel definierten Henri Gault und Christian Millau die 10 Gebote der Neuen Küche. Kriterien, die auch heute noch weitgehend gültig sind, etwa die Hochwertigkeit der Produkte, die Bedeutung einer ausgewogenen Küche, der Einsatz von Gewürzen und der Verzicht auf unnötige Soßen (Gault&Millau Frankreich 2019, übersetzt von den Autoren).

1. Du sollst nicht zu viel kochen.
2. Du sollst frische und hochwertige Produkte verwenden.
3. Du sollst deine Karte befreien.
4. Du sollst nicht systematisch ein Modernist sein.
5. Du sollst jedoch suchen, was die neuen Techniken dir bringen.
6. Du sollst Marinaden, Fasanerie, Fermentierung usw. vermeiden.
7. Du sollst die reichen Soßen vernichten.
8. Du sollst die Ernährungslehre nicht ignorieren.
9. Du sollst deine Präsentationen nicht fälschen.
10. Du sollst erfinderisch sein.

Der Gourmetführer Gault&Millau erscheint derzeit in 18 Ländern und ist seit 2012 auch als digitale Ausgabe erhältlich. Im Jahr 1978 erschien zusätzlich zur kulinarischen Ausgabe eine Sonderausgabe zum Thema Wein. Dieser Weinführer erscheint seit 1984 jährlich zum Gourmetführer Gault&Millau. Ausgezeichnet werden dort Winzer mit maximal fünf Trauben und die besten Weine mit Punkten von eins bis 100. Die Finanzierung des Gault&Millau erfolgt mittlerweile über Werbeeinnahmen. Eine einseitige Anzeige kostet für die 2020er Ausgabe 7 600 Euro. Der Restaurantguide und der Weinguide selbst werden jeweils für knapp 40 Euro in

Deutschland verkauft. In Österreich sind beide Guides zu einem Gesamtpreis von 39 Euro zu erwerben und in der Schweiz kostet der Restaurantguide 52 Schweizer Franken (entspricht ca. 50 Euro).

Ausbildung und Arbeit der Testerinnen und Tester

Die Testerinnen und Tester des Gault&Millau werden nach einem einheitlichen Verfahren ausgewählt. Die Möglichkeit beim Gault&Millau als Testerin oder Tester zu arbeiten, steht im Prinzip jedem *»gelernten Feinschmecker«* offen – so der O-Ton des ehemaligen Chefredakteurs Manfred Kohnke des Gault&Millau in Deutschland:

»Unsere Mitarbeiter sind gelernte Feinschmecker, das wird man mit Erfahrung. So wie manche Freude am Hochseesegeln oder Dressurreiten haben und sich darin weiterbilden, kann man seine Freude am Genuss durch häufiges und unterschiedliches Essengehen perfektionieren. Bis ein Tester die Vielfalt der Spitzengastronomie beurteilen kann, hat er in der Regel ein kleines Reihenhaus verfressen.« (Kohnke in Kohnke/Seipel 2015).

Obwohl Manfred Kohnke im Interview von Mitarbeitern spricht, arbeiten die Testerinnen und Tester nicht im Angestelltenverhältnis, sondern freiberuflich. Jährlich bewerben sich allein in Österreich mehr als 200 Personen auf diese Stellen. In Deutschland setzt man eher auf Netzwerke und Empfehlungen, weil man sich – so Kohnke im selben Interview – in der gastronomischen Szene kenne. In der Schweiz werden laut Urs Heller, dem Chefredakteur in der Schweiz, jährlich ein bis zwei Tester bzw. Testerinnen pro Jahr aufgenommen (Heller/Sidler 2016).

Im Jahr 2010 bestand laut Rolling Pin, einem deutschsprachigen Fachmagazin und Jobportal für Gastronomie und Hotel, das österreichische Gault&Millau Team aus ca. 50 Testerinnen und Testern, in der Schweiz waren es im Jahr 2016 ca. 45 und in Deutschland im Jahr 2015 ca. 33. Die Testerinnen und Tester sind keine Personen mit einem fachlichen Background in der Gastronomie. So erklärt etwa Manfred Kohnke in einem Interview:

»Knapp die Hälfte unserer 33 Tester sind Journalisten, bei den anderen gibt es vom Romanistikprofessor bis zum Organisten eine sehr breite Palette. Das Durchschnittsalter liegt etwa bei 48 Jahren. Leider sind nur drei Frauen dabei« (Kohnke in Kohnke/Seipel 2015).

Auf zwei Dinge wird laut eines ehemaligen österreichischen Testers, der an die 300 Bewertungen verfasste, bei der Auswahl der Kandidatinnen und Kandidaten Wert gelegt: *»Erstens, dass man viel von Essen versteht, und zweitens, dass man das auch schreiberisch umsetzen kann. Denn im Gault Millau verfasst jeder*

Tester seinen Text selbst« (rollingpin.de 2015a). Das fachliche Know-how wird in allen Ländern bei einem Gourmetessen im Rahmen eines Bewerbungsgesprächs geklärt. Anschließend muss ein 5-seitiger Vertrag inklusive Verschwiegenheitsklausel unterzeichnet werden. Die Testerinnen und Tester erhalten einen sechs Seiten umfassenden Kriterienkatalog, den sie zur Bewertung des Essens genau abarbeiten müssen. Testerinnen und Tester bewerten das Essen und nicht den Service in den Restaurants und werden nie zweimal in das identische Restaurant geschickt. Aus dem Bericht des Rolling Pin Magazins (rollingpin.de 2015b) geht hervor, dass sie zum damaligen Zeitpunkt pro Einsatz und gegen Vorlage der Rechnung eine Pauschale zwischen 100 und 150 Euro erstattet bekamen. Diese deckte zum damaligen Zeitpunkt mitnichten die tatsächlichen Kosten eines Gourmetessens ohne Weinbegleitung. Dazu nimmt der ehemalige Tester wie folgt Stellung: *»Es geht auch gar nicht um die Bezahlung. Jeder, der für diesen Führer arbeitet, würde sowieso oft und gut essen gehen. Die Pauschale macht dieses Hobby leistbar«* (rollingpin.de 2015a). Allerdings haben die Tester freie Hand, ob sie das große Degustationsmenü bestellen oder nur zwei Gänge à la carte. Dazu meinte Manfred Kohnke in einem Interview im Jahr 2012:

»Es gibt ideale Testgerichte à la Potpourri von Edelfischen mit zweierlei Saucen. Wenn ich anhand der schon seit langer Zeit schön detaillierten Restaurantrechnungen sehe, dass ein Tester aus kleinen Gerichten große Schlüsse ziehen möchte, verabschiede ich ihn« (sternefresser.de 2012).

Die Testessen finden von Ende Dezember bis Anfang Juli statt. Zu Beginn der Bewertungssaison ist es den Testerinnen und Testern erlaubt, der Redaktion Vorschläge zu unterbreiten. Diese Vorschläge werden zu etwa 80 % berücksichtigt, heißt es im Bericht des Rolling Pin. Nach jedem erfolgten Restaurantbesuch wird ein Bericht samt Rechnung und Bewertung an die Redaktion gesendet, welche dann darüber entscheidet, ein Restaurant (z. B. bei außergewöhnlicher Auf- oder Abwertung) durch andere Tester und Testerinnen weitere Male bewerten zu lassen oder die eingegangene Bewertung im Restaurantführer zu übernehmen. Erwähnenswert ist an dieser Stelle noch, dass die Redaktionen des Gault&Millau in den einzelnen Ländern Lizenznehmer der Marke sind und nicht länderübergreifend – so wie im Fall des Guide Michelin – zusammenarbeiten. Dennoch wird eine Standardisierung dadurch gewährleistet, dass sich alle Lizenznehmer an einheitliche Vereinbarungen, Kriterienkataloge und Verträge halten müssen. Jedoch sind die meisten Testerinnen und Tester nur regional aktiv und besuchen Restaurants in einem gewissen Umkreis ihres Wohnortes. Dadurch kann nicht immer gewährleistet werden, dass 18 Punkte in Hamburg genau die gleiche Bedeutung haben wie in München. Zudem verhindert die gerade erwähnte Vereinbarung nicht, dass sich die Testerinnen und Tester – durch den gewollt individuellen Schreibstil und die intellektuelle Ansprache der Leserschaft – schon häufiger im Ton vergriffen haben. Dies führte in der Vergangenheit vielfach nicht nur zur Verärgerung der Restaurants, sondern auch zu Prozessandrohungen und Gerichtsverfahren von Chefköchen und Restaurantbesitzern gegen den Gault&Millau. So klagte etwa in den 1990er Jahren der inzwischen verstorbene Restaurantbesitzer Wilhelm Strohdach anlässlich des folgenden Beitrags, der in der 1992er Gault&Millau Ausgabe über sein Restaurant erschien:

»Immerhin: Das Ambiente stimmt noch im schönen H. Sonst nichts mehr. Das Personal in der Küche hat seit dem Vorjahr gewechselt. Zum Schlechten. Da kann auch der traumhafte Garten keinen Trost bieten. [...] Uns verging bereits bei der ersten Begegnung – Konfrontation wäre der passendere Ausdruck – mit dem Monsieur vom Service die Freude an dem lauen Sommerabend. Solch eine Mischung aus Inkompetenz und Frechheit erlebt der Reisende sonst allenfalls, wenn die Autopanne im Gewitter ihn unter das Dach der letzten Kneipe hat flüchten lassen. Während wir uns noch wunderten, wieso pro Tisch nur jeweils eine Menü- und eine Rest-Karte zugeteilt worden war, landete der ›Service‹ bereits den zweiten Coup. Jeder erhielt, sauber abgemessen, ein Scheibchen Butter zum Brot – so war's früher mal bei der Kinderlandverschickung. [...] Es wunderte uns nicht, dass zur ›Trilogie vom Hummer‹ (es war eher eine Trilogie des Leidens, denn das Tier war winzig, hart und geschmacklos) der bestellte Salat fehlte. Er kam dann später und triefte ebenso voll billigen Essigs wie der Salat, den es zu alten (mit dem Corail gebratenen!) Jacobsmuscheln und ur-uralten Garnelen gab. Pfui Deubel! Das Kaninchen danach war einigermaßen akzeptabel. Die Nudeln dazu schmeckten aufgewärmt. [...] Ob wir noch einmal wiederkommen werden, wissen wir nicht. Kürte unser Guide einen ›Absteiger des Jahres‹, der H. wäre leider Spitzenkandidat« (entnommen aus BGH, Urt. v. 12. Juni 1997 – I ZR 36/95 – OLG Celle, LG Hannover, S. 3 f.).

Die existenzvernichtende Kritik führte laut Strohdach zu einem Rückgang der Umsatzzahlen um 80 %. Strohdach zog durch drei Instanzen und musste schlussendlich eine Niederlage hinnehmen. Mittlerweile, so kann man resümierend sagen, hat sich der Schreibstil gewandelt. Über die Gründe hierfür kann nur spekuliert werden, da ein Interview mit Verantwortlichen des Gault&Millau nicht möglich war.

Bewertungsschema

Im Restaurantführer werden in Anlehnung an das französische Schulnotensystem 0 bis 20 Punkte vergeben. Insgesamt ähneln die Bewertungskriterien stark denen des Guide Michelin. Bewertet werden laut Gault&Millau (2019, S. 68) die Qualität und Frische der Zutaten, die Kreativität und Qualität der Zubereitung, die geschmackliche Harmonie des Gerichts, die Garzeiten und letztlich die Präsentation der Gerichte. Vergeben werden aber nicht Sterne, sondern Punkte und ab einer bestimmten Punktzahl gibt es Mützen bzw. Hauben, wie sie in Österreich genannt werden. Alle getesteten Restaurants, die mit einem Wert unter 11 Punkten beurteilt werden, werden nicht im Gault&Millau aufgeführt. Je höher die Punktzahl ist, umso ausführlicher wird über das Restaurant berichtet. Die höchste Punktzahl liegt bei 20 Punkten oder vier Mützen und wurde bis zum Jahr 2004 überhaupt nicht und seither auch nur zweimal vergeben, weil nach der Überzeugung von Gault&Millau nur der liebe Gott, aber kein Mensch kulinarische Vollkommenheit feststellen könne. Mit der Höchstpunktzahl ausgezeichnet wurde zum einen das Restaurant des Franzosen Marc Veyrat und zum anderen das Restaurant des Niederländers Sergio Herman. Beide Restaurants werden von diesen Köchen nicht mehr geführt, sodass es aktuell weltweit keine 20-Punkte-Köchinnen bzw. -Köche gibt. In Frankreich weicht die Vergabe der Mützen ebenso ab (19 bis 19,5 Punkte = fünf Mützen; 17 bis 18,5 Punkte = vier Mützen; 15,5 bis 16,5 Punkte = drei Mützen; 13 bis 14,5 Punkte = zwei Mützen; 11 bis 12,5 Punkte = eine Mütze) wie beispielsweise in Italien (19 = fünf Mützen; 17 bis 18 Punkte = vier Mützen; 15 bis 16 Punkte = drei Mützen; 13 bis 14 Punkte = zwei Mützen; 11 bis 12 Punkte = eine Mütze). Die Tabelle 5 zeigt die Vergabepraxis in Deutschland. In der Schweiz und in Österreich werden mittlerweile für 19 bis 19,5 Punkte fünf Hauben vergeben.

Darüber hinaus wird durch die Anzahl von Bestecken (5 = großer Luxus, 4 = Luxus, 3 = erstklassig, 2 = gutbürgerlich, 1 = Gasthof) die Restaurantkategorie spezifiziert. In den Bewertungshinweisen heißt es allerdings: *»Vergleichen Sie nicht die Noten (oder Mützen) eines Luxusrestaurants (4 Bestecke) mit der Note einer einfachen Gaststätte (zwei Bestecke). Beide versuchen zwar, Ihnen das Beste zu bieten, aber 12 von 20 zum Beispiel ist für ein einfaches Haus eine ganz akzeptable Note, hingegen darf man von einem Luxusbetrieb mit entsprechenden Preisen eine weitaus höhere Leistung erwarten«* (Gault&Millau 2019, S. 68).

Damit ein Restaurant im Gault&Millau gelistet wird, gibt es vier Möglichkeiten. Erstens können Restaurants aufgrund der Empfehlungen von den meist regional verankerten Testerinnen und Testern empfohlen werden. Zweitens kann eine Empfehlung zur Aufnahme eines Restaurants

Tab. 5   Kriterien für die Klassifizierung der ausgewählten Restaurants in Deutschland

5 Mützen	19,5 Punkte	Höchstnote für die weltbesten Restaurants
4 Mützen	19 Punkte	Prägende Küche, führend in Kreativität, Qualität und Zubereitung
3 Mützen	18 und 17 Punkte	Höchste Kreativität und Qualität, bestmögliche Zubereitung
2 Mützen	16 und 15 Punkte	Hoher Grad an Kochkunst, Kreativität und Qualität
1 Mütze	14 und 13 Punkte	Sehr gute Küche
	12 Punkte	Ambitionierte Küche
	11 Punkte	Durchschnittliche Küche
	o. Note	Keine Bewertung
	pop	Unkonventionelle Konzepte außerhalb des klassischen Restaurantformats (seit 2019)

Quelle: Gault&Millau 2019, S. 69

auch durch die Leserinnen und Leser erfolgen. Drittens geben bereits gelistete Chefköchinnen und Chefköche Hinweise, wenn sich Mitarbeiter oder Mitarbeiterinnen selbstständig machen. Viertens können sich die Chefköchinnen und Chefköche auch selbst für eine Überprüfung ihrer kulinarischen Künste bewerben. In den beiden letzten Fällen wirft zunächst die Redaktion des Gault&Millau einen Blick auf die Speise- bzw. Menükarte und entscheidet daraufhin, ob das Restaurant getestet werden soll.

Die Höchstpunktzahl, die in Deutschland derzeit vergeben wird, beträgt 19,5 Punkte, in Österreich und in der Schweiz liegt die aktuelle Höchstpunktzahl bei 19 Punkten. In Deutschland gibt es aktuell acht 19,5 Punkte-Köche, in Österreich vier Restaurants mit 19-Punkte-Köchen und in der Schweiz sieben 19-Punkte-Köche und eine 19-Punkte-Köchin. Von den Testerinnen und Testern des Gault&Millau Deutschland werden außerdem Personen nach folgenden Kriterien ausgezeichnet:

o Koch des Jahres
o Aufsteiger des Jahres
o Entdeckung des Jahres
o Bester deutscher Koch im Ausland
o Pâtissier des Jahres
o Gastgeber des Jahres
o Sommelier des Jahres und
o Gastronom des Jahres

Tab. 6   Koch des Jahres ausgezeichnet durch den Gault&Millau

Jahr	Deutschland	Österreich	Schweiz
2019	Johannes King & Jan-Philipp Berner	Benjamin Parth	Heiko Nieder
2018	Christian Bau	Markus Mraz	Franck Giovannini
2017	Andreas Krolik	Heinz Reitbauer	Rico Zandonella
2016	Peter Maria Schnurr	Konstantin Filippou	Nenad Mlinarevic
2015	Christoph Rüffer	Richard Rauch	Peter Knogl
2014	Daniel Achilles	Silvio Nickol	Tanja Grandits
2013	Christian Jürgens	–	Benoît Violier
2012	Andree Köthe	Bobby Bräuer	Franz Wiget
2011	Mario Lohninger	Günter Lampert	Peter Knogl
2010	Wahabi Nouri	Andreas Döllerer	Andreas Caminada
2009	Nils Henkel	Thomas Dorfer	Dominique Gauthier
2008	Klaus Erfort	Thorsten Probost	Andreas Caminada
2007	Tim Raue	Joachim Gradwohl	Markus Neff
2006	Thomas Bühner	Leonard Cernko	Didier de Courten
2005	Christian Scharrer	Alexander Fankhauser	Robert Speth
2004	Sven Elverfeld	Gerhard Fuchs	Gérard Rabaey
2003	Joachim Wissler	Josef Trippolt sen. & jun.	Beat Bolliger
2002	Thomas Martin	Christian Petz	Philippe Chevrier
2001	Matthias Buchholz	Klaus Fleischhaker	Martin Dalsass
2000	Hans Stefan Steinheuer	Martin Sieberer	Hans-Peter Hussong
1999	Günter Scherrer	Jörg Wörther	Philippe Rochat
1998	Helmut Thieltges	Heino Huber	Horst Petermann
1997	Johann Lafer	Heinz Hanner	Judith Baumann
1996	Fritz Schilling	Johanna Maier	
1995	Hans Haas	Walter Eselböck	André Jaeger
1994	Dieter L. Kaufmann	Franz Fuiko	Peter Moser
1993	Siegfried Rockendorf	Reinhard Gerer	–
1992	Josef Viehhauser	Harald Fritzer	–
1991	Harald Wohlfahrt	Ewald Plachutta	Agnes Amberg
1990	Albert Bouley	Sissy Sonnleitner	–
1989	Alfons Schuhbeck	Karl Obauer, Rudolf Obauer	Gérard Rabaey
1988	Dieter Müller	Helmut Österreicher	André Jaeger
1986	–	Alfred Süssenbacher	–
1985	–	Werner Matt	–
1983	–	Lisl Wagner-Bacher	–

Entnommen aus den jeweiligen Ausgaben des Gault&Millau der drei Länder; eigene Darstellung

In der Schweiz und in Österreich gibt es weitere zusätzliche Auszeichnungen, etwa »Köchin des Jahres« in der Schweiz, »Weinkarte des Jahres«, »Bierkrone des Jahres« und »Ambiente Award des Jahres« in Österreich. Die Tabelle 6 zeigt den jeweiligen »Koch des Jahres« im deutschsprachigen Raum.

Bei den Ausgezeichneten handelt es sich meist um Köchinnen und Köche, die ebenfalls auf dem Radar des Guide Michelin auftauchen und von diesem häufig mit zwei oder drei Sternen bedacht wurden, daher werden wir später einen kurzen direkten Vergleich der Bewertungen zwischen Guide Michelin und Gault&Millau vornehmen.

Aktuelle Entwicklungen

Auch wenn die Abbildung 5 einen kurzen Zeitraum umfasst, wird dennoch deutlich, dass die Gesamtzahl der positiv bewerteten Restaurants mit 877 Restaurants im Jahr 2019 um mehr als 90 innerhalb von vier Jahren in Deutschland gestiegen ist. Zahlenmäßig gestiegen ist insbesondere das 13- bis 14-Punkte-Segment. Hier gibt es insgesamt 82 Restaurants, deren Köche mit einer Mütze bewertet wurden. Interessanterweise gibt es 2019

Abb. 5 Entwicklung der Anzahl von ausgezeichneten Spitzenrestaurants durch den Gault&Millau in Deutschland

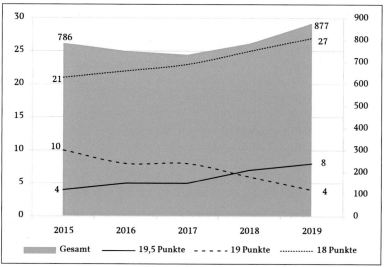

Quelle: eigene Darstellung

wesentlich weniger 19-Punkte-Köche als dies noch im Jahr 2015 der Fall war. Ein Grund dafür liegt darin, dass sich mit acht Köchen doppelt so viele Köche in die oberste Punktebewertung von 19,5 Punkten in Deutschland gekocht haben und somit die 4 Mützen gegen 5 Mützen getauscht haben. Darunter sind die 3-Sterneköche Christian Bau, Sven Elverfeld und Christian Jürgens sowie der 2-Sternekoch Tim Raue.

Guide Michelin und Gault&Millau im Vergleich

Die beiden großen und vorherrschenden Guides im deutschsprachigen Raum, Guide Michelin und Gault&Millau, konstruieren den Markt für Spitzengastronomie. Es ist deshalb zu fragen, ob sie den gleichen Markt beschreiben und entwickeln. Bilden die beiden großen Guides ein einheitliches Bild der Spitzengastronomie ab oder unterscheiden sie sich in ihren Bewertungen mehr oder weniger deutlich voneinander? Diese Fragen werden wir im folgenden Unterkapitel betrachten. Dabei lässt sich im Prinzip nur analysieren, ob die beiden Restaurantführer die gleichen Köchinnen und Köche und deren Restaurants hoch bewerten oder nicht. Die Gründe, warum dies so ist, bleiben dabei spekulativ. Eine Erklärung dafür könnte sein, dass die gleich hoch bewerteten Köche auch wirklich die besten Köchinnen und Köche im Lande sind. Eine andere Erklärung könnte sein, dass die Guides einfach voneinander abgeschrieben haben. Hier kann aber nur die Frage geklärt werden, ob es eine Übereinstimmung gibt oder nicht. Zu diesem Zweck haben wir für die Länder Deutschland, Schweiz und Österreich (allerdings nur bezogen auf die Städte Wien und Salzburg) die im Guide Michelin mit zwei und drei Sternen dekorierten Köchinnen und Köche mit den im Gault&Millau zwischen 17 bis 19,5 Punkten ausgezeichneten Köchen verglichen (siehe Abbildungen 6 bis 8).

Von den zehn 3-Sterneköchen in Deutschland wurden im Jahr 2019 sieben auch mit 19,5 Punkten ausgezeichnet. Einer ist allerdings im Gault&Millau mit 19 Punkten und zwei Köche mit nur 18 Punkten bewertet. Im Jahr 2020 wurde Marco Rutz mit drei Sternen ausgezeichnet, er wurde im Gault&Millau aber durchweg mit 17 Punkten bewertet. Ebenso sind Abweichungen nach oben zu beobachten: Ein 2-Sternekoch ist ebenso mit Höchstpunktzahl im Gault&Millau versehen und drei 2-Sterneköche mit 19 Punkten bewertet worden. Alles in allem existiert also eine große Schnittmenge von Spitzenköchinnen und Spitzenköchen, die in beiden Guides die Höchstbewertungen bekommen, sowie kleinere Abweichungen in der Bewertung zwischen beiden Restaurantführern.

Abb. 6 Sternebewertung und Gault&Millau Punkte der Spitzengastronomie in Deutschland 2019 im Vergleich

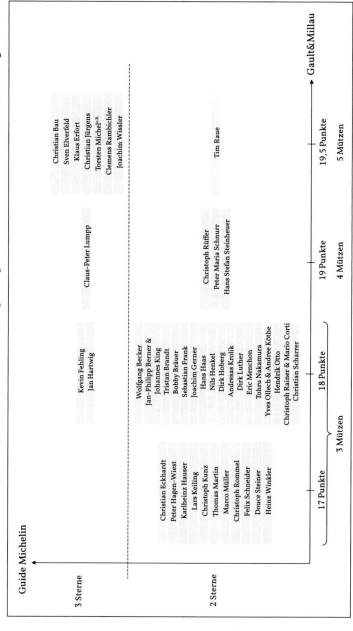

Quelle: eigene Darstellung

Abb. 7 Sternebewertung und Gault&Millau-Punkte der Spitzengastronomie in der Schweiz 2019 im Vergleich

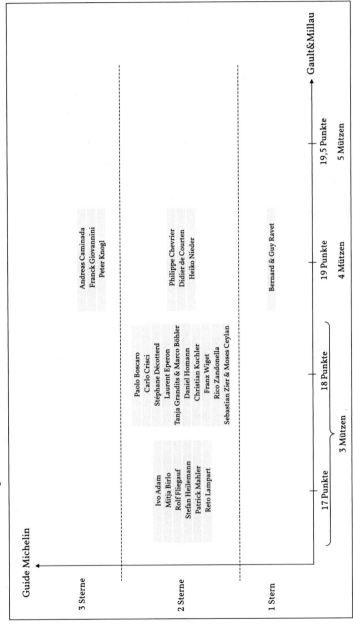

Quelle: eigene Darstellung

Abb. 8   Sternebewertung und Gault&Millau-Punkte der Spitzengastronomie in Österreich 2019 im Vergleich

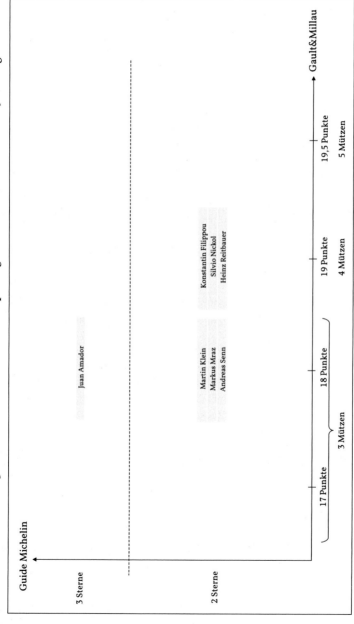

In der Schweiz sind alle drei 3-Sterneköche ebenfalls mit der Höchstpunktzahl des Gault&Millau für die Schweiz ausgezeichnet, auch hier besteht also eine größere Schnittmenge. Allerdings sieht der Gault&Millau vier weitere Köche auf dem gleichen Niveau, die beim Guide Michelin nur mit zwei bzw. in einem Fall sogar nur mit einem Stern versehen wurden. Dies könnte durch die konservativere Bewertung des Guide Michelin begründet sein. Die Köchinnen und Köche müssen erst mehrere Jahre konstant auf dem nächsthöheren Niveau bewertet worden sein, bevor sie die Auszeichnung offiziell bekommen.

In Österreich fällt besonders die große weiße Fläche auf, d. h. es existieren dort nur wenige Spitzenköche. Ein wichtiger Grund dafür ist der Rückzug des Guide Michelin aus Österreich. Es werden jetzt nur noch die Restaurants in den Städten Wien und Salzburg getestet. Damit ist die Konstruktion des Marktes der Spitzengastronomie sehr eng auf diese beiden Städte konzentriert. Wenn eine Köchin bzw. ein Koch bewertet werden will (zumindest im Guide Michelin), muss sie bzw. er in einer der beiden Städte ein Restaurant eröffnen, sonst geht die Person leer aus. Daran wird noch einmal die Macht der Guides deutlich: Ohne ihre Bewertung existiert offiziell das Feld der Spitzengastronomie in bestimmten Regionen nicht.

Interessant ist am Beispiel Österreich (siehe Abb. 8), dass mit Juan Amador bisher nur ein Koch drei Sterne verliehen bekommen hat, dieser aber im Gault&Millau nicht ganz so gut abschneidet. Wie bereits beschrieben, hat die Auszeichnung von Juan Amador auch für erheblichen Wirbel in der Presse gesorgt. In Wien drei Sterne zu verleihen, bleibt ein politisches Unterfangen, insbesondere wenn die Auszeichnung an einen Deutschen geht, der schon vorher zwei Mal drei Sterne erkochen konnte und die drei 19-Punkte-Köche nicht berücksichtigt werden (wobei mit Silvio Nickol einer der drei 19-Punkte-Köche ebenfalls ein Deutscher ist).

Wie aus der Geschichte des Gault&Millau hervorgeht, will sich dieser Restaurantführer durch seine Offenheit und Unabhängigkeit auszeichnen. Insofern ist es interessant, sich die Kategorie »Entdeckung des Jahres« für den Bereich Deutschland exemplarisch näher anzuschauen, um zu prüfen, ob die Testerinnen und Tester des Gault&Millau tatsächlich den richtigen Riecher hatten.

Die Abbildung 9 zeigt auf einer Zeitachse die ausgezeichneten Köche und eine Köchin des jeweiligen Jahres. Ergänzend wird im Zeitverlauf dargestellt, ob und wann diese eine Sterneauszeichnung im Guide Michelin erkocht haben und wie lange diese Auszeichnung jeweils in der Kombination Köchin bzw. Koch im entsprechenden Restaurant galt bzw. immer noch gilt. Die dazugehörigen Restaurants, in denen der Stern bzw.

Abb. 9 »Entdeckung des Jahres« im Gault&Millau und erkochte Sterne 2000–2019

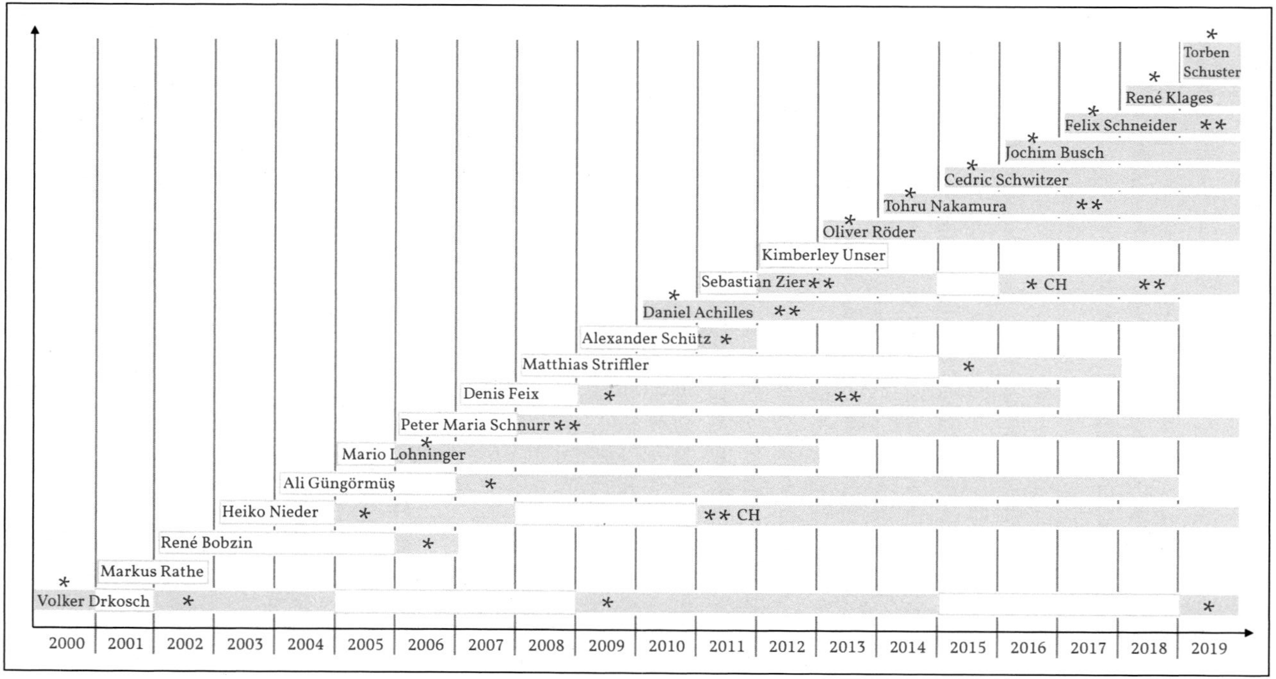

Quelle: eigene Darstellung

die Sterne erkocht wurden, sind aus Darstellungsgründen nicht mit aufgeführt.

Die Abbildung enthält mit Kimberley Unser nur eine Köchin, die aufgrund ihrer Babypause nicht die Möglichkeit hatte, einen Stern zu erkochen. Darüber hinaus hat es Markus Rathe nach der Auszeichnung zu keinem Stern geschafft. Alles in allem scheinen die Redakteure des Gault&Millau im ausgewählten Zeitraum ein glückliches Händchen gehabt zu haben, was die Verleihung von Sternen an 17 Köche im Nachgang dieser Auszeichnung angeht. Es wird allerdings deutlich, dass zum einen bislang noch kein 3-Sternekoch unter den ausgezeichneten Köchen ist. Zum anderen erkochten seit dem Jahr 2013 die »Entdeckungen des Jahres« im selben Jahr bereits einen Stern. Hier stellt sich die Frage, ob es zu einer Art Standardisierung und Angleichung der Bewertung beider Restaurantführer kommt, oder ob der Gault&Millau mittlerweile doch etwas konservativer zu Werke geht. Schließlich zeigen die Jahre 2001 bis 2009, dass der Gault&Millau wesentlich unabhängiger und mutiger einzelne Köche und deren Restaurants mit diesem Titel ausgezeichnet hat. Darunter sind Köchinnen und Köche, die zum Teil erst wesentlich später mit einem oder zwei Sternen dekoriert wurden. So lagen bei René Bobzin beispielsweise vier Jahre zwischen den beiden Auszeichnungen, bei Matthias Striffler waren es sogar sechs Jahre. Nachfolgend werden wir auf zwei weitere etablierte Restaurantführer eingehen, die allerdings nur im deutschsprachigen Raum erscheinen.

Varta-Führer

Entstehungsgeschichte
Der älteste Hotel- und Restaurantführer in Deutschland ist der Varta-Führer, der 1957 erstmals (und somit sieben Jahre vor der deutschen Ausgabe des Guide Michelin) erschien. Zielgruppe sind laut Selbstbeschreibung reisende Menschen, die Wert auf gutes Schlafen und Essen legen. Der Ausgangspunkt der Gründung des Varta-Führers ähnelt von den Motiven her der Gründung des Guide Michelin in Frankreich, indem Werbung für Varta-Batterien gemacht und mit einem nützlichen Hotel- und Restaurantführer verbunden werden sollte. Zu Beginn wurde ausschließlich Werbung für die eigenen Produkte gemacht und der Hotel- und Restaurantführer war im Gegenzug zu einem relativ günstigen Preis zu erwerben (vgl. Der Spiegel 1957, Ausgabe 19, S. 62).

Das Bewertungs- und Beurteilungsschema ähnelte dem des Guide Michelin. Allerdings gab sich der Reiseinspektor nach seinem Besuch nicht persönlich zu erkennen, sondern hinterließ nur bei seiner Abreise eine Visitenkarte mir der Aufschrift »*Wir haben uns erlaubt, heute Ihr Haus zum Zwecke einer objektiven Beurteilung zu besuchen*« (Der Spiegel 1964, Ausgabe 19, S. 70). Die Hauptaufgabe eines Oberinspektors bestand darin, Zweifelsfälle zu prüfen, weil der Varta-Führer neben Leserzuschriften auch auf den Erfahrungen basierte, die »*die 125 Angestellte[n] der Quandt-Gruppe – von der Akkumulatorenfabrik Varta über pharmazeutische und Haarwasserfirmen bis zu Metallwerken – auf ihren Dienstreisen*« (ebd.) sammelten. Diese Außendienstmitarbeiter, unter ihnen auch Direktoren und Niederlassungsleiter, bekamen von Herbert Quandt, dem damaligen Vorstandsvorsitzenden der Frankfurter Varta AG und Gründer des Varta-Führers, »*die Nebenbeschäftigung auferlegt, ›kurze, vertrauliche Berichte über Kost und Logis‹ zu erstatten, wofür sie Mitarbeiterprämien bis zu 500 Mark im Jahr kassieren*« (ebd.) durften. Der höhere Personaleinsatz hatte zur Folge, dass der Varta-Führer im Vergleich zum Guide Michelin zur damaligen Zeit wesentlich umfangreicher war. So umfasste die 1964er Ausgabe des Varta-Führers mit 864 Seiten fast doppelt so viele Seiten wie der Guide Michelin mit 486 Seiten.

Der Varta-Führer wird in der Öffentlichkeit eher als »der« Hotelführer in Deutschland wahrgenommen, der nebenbei auch noch Restaurants bewertet, während der Guide Michelin eher als »der« Restaurantführer wahrgenommen wird, der nebenbei auch noch Hotels bewertet. Vom Selbstverständnis sieht der Varta-Führer sich allerdings als Hotel- und Restaurantführer.

Der Varta-Führer wird vom Verlag MairDumont veröffentlicht, der nicht nur als Verleger fungiert, sondern gleichzeitig auch einer der Gesellschafter der VARTA-Führer GmbH ist. Auf der einen Seite arbeitet die Varta-Führer GmbH völlig autark, auf der anderen Seite können durch die enge Verlagsanbindung viele Dinge wie Buchhaltung, IT, Media und verschiedene andere Bereiche auch outgesourct werden. Beim Varta-Führer arbeiten im Außendienst festangestellte Inspektorinnen und Inspektoren, deren genaue Anzahl nicht bekannt ist. Im Innendienstteam arbeiten zwischen fünf und acht Personen permanent am Buch und am Online Auftritt. Hinzu kommen noch freie Texterinnen und Texter, die auch für die Internetseite tätig sind, und Handelsvertreter und Handelsvertreterinnen, die für den Anzeigen- und Vermarktungsbereich arbeiten. Der Varta-Führer finanziert sich, wie auch viele andere Restaurantführer, über die Vermarktung von Werbeflächen. Neben der Platzierung von Werbung im monatlichen Newsletter (390 Euro pro Anzeige und pro Newsletter), der sich laut Website an »*Entscheider aus Hotellerie und Gastronomie; Leserinnen und Leser des*

Varta-Führers«[6] richtet, können Gastronomen und Hotelbesitzer einen Premiumeintrag für den Varta-Führer Online erwerben. Eine einseitige Werbung im redaktionellen Teil des Varta-Führers kostet laut Mediadaten derzeit 2 900 Euro, eine halbe Seite Werbung im Hotel- und Restaurantverzeichnis kostet 1 500 Euro (varta-guide.de 2018).

Ausbildung und Arbeit der Testerinnen und Tester
Wie bereits geschildert, ist die genaue Anzahl der Inspektoren, die für den Varta-Führer arbeiten, nicht bekannt. Der Chefredakteur meinte dazu im Interview:

»Die Frage wird mir natürlich immer gestellt und ich beantworte sie seit 20 Jahren gleich: Wir reden prinzipiell nicht über die Anzahl unserer Inspektoren. Nur so viel: es sind genug um den deutschen Markt abzudecken. Das, was andere Restaurantführer tun, nämlich auch im Ausland testen, das können wir tatsächlich nicht leisten. Wir werden immer wieder gefragt: Wann kommt ihr nach Österreich? Wann kommt ihr nach Südtirol? Dazu kann ich nur sagen: Erst wenn unsere Gesellschafter bereit sind, mehr zu investieren, könnten wir unser Testgebiet ausweiten. Also wie gesagt, eine Anzahl nennen wir nicht, aber wir haben so viele Tester, dass wir in aller Regelmäßigkeit vor allem die Hotels und Restaurants, die wir in der Buchausgabe empfehlen, in einem regelmäßigen Rhythmus besuchen können« (Chefredakteur Varta-Führer).

Alle Testerinnen und Tester haben eine klassische, fundierte Hotel- und Restaurantausbildung. Hierunter finden sich Küchenmeister, Hotelbetriebswirte oder durch den Varta-Führer ausgezeichnete Restaurantbetreiber. Alle Testerinnen und Tester sind hauptamtlich beim Varta-Führer beschäftigt: *»Sie sind zwischen 35 und 40 Wochen im Jahr unterwegs und besuchen montags bis donnerstags oder teilweise auch freitags die Betriebe«* (Chefredakteur Varta-Führer). Bei großen Städterecherchen wird das Team bei Bedarf aufgestockt. Auch der Chefredakteur ist viel unterwegs und testet ebenfalls mit.

Für die Bewertung gibt es ein festes, nicht öffentliches Kriteriengerüst. Bei diesem handelt es sich allerdings um keine Checkliste, die abgehakt wird und am Ende eine Punktzahl ergibt. Vielmehr soll in die Beurteilung immer auch eine gewisse Erfahrung mit einfließen, welche die Testerinnen und Tester im Laufe der Jahre gesammelt haben. Ähnlich wie beim Guide Michelin hospitieren die Neulinge über einen großen Zeitraum bei einem erfahrenen Experten, um die Philosophie des Varta-Führers kennenzulernen. Schließlich sind Qualitätsunterschiede – das wissen wir aus eigener Erfahrung – mit einer steigenden Anzahl von Besuchen in Spitzenrestaurants leichter zu erkennen.

In der Redaktion des Varta-Führers wird zu jedem getesteten Hotel und Restaurant ein Datensatz erstellt, sodass in der Historie dort alle Berichte, die Bewertungsveränderungen und die ganzen Stammdaten für die Redaktion und die Testerinnen und Tester einsehbar sind. Zusätzlich werden dort Informationen vonseiten der Hotels und Restaurants sowie Leserzuschriften aufbereitet und hinterlegt.

Bewertungsschema

Die Bewertungssymbole und die Anzahl der Bewertungskategorien des Varta-Führers haben sich im Laufe der Zeit wiederholt geändert. Mittlerweile werden Restaurants und Hotels mit einem bis fünf Varta-Diamanten eingestuft. Nachfolgend sind in Tabelle 7 die Kriterien für die Vergabe der Varta-Diamanten an Restaurants aufgelistet.

Die Diamanten werden, wie bereits erwähnt, gleichzeitig auch als Symbol für die Bewertungen von Hotels genutzt und dementsprechend angepasst definiert (z. B. fünf Diamanten = Dieses Haus ist in jeder Hinsicht erstklassig und richtungsweisend für die Hotellerie).

Zusätzlich gibt es mit dem »Varta-Tipp Küche« und dem »Varta-Sterntipp Küche« weitere besondere Auszeichnungen. Der Varta-Sterntipp Küche wird nur vergeben, wenn die individuelle Handschrift von einer Spitzenköchin bzw. einem Spitzenkoch erkennbar ist. *»Man muss einfach sehen, da ist Innovation, da sind eigene Ideen, da werden gute Produkte verwendet, da ist Handwerk da. Das sind die Grundvoraussetzungen für so eine Auszeichnung«* (Chefredakteur Varta-Führer). Während bei den Diamanten eher die *»Hardware«* eine Rolle spielt (z. B. das Angebot, der Personalstand, all die Dinge rund-

Tab. 7   Kriterien für die Klassifizierung der ausgewählten Restaurants

5 Diamanten	Luxuriöses Flair, erstklassiger Service und außergewöhnliche Küchenleistung.
4 Diamanten	Qualitativ anspruchsvolle und kreative Gerichte, erlesene Weinauswahl, aufwendige Restaurantausstattung.
3 Diamanten	Stilvolle Tischkultur, hochwertiges Ambiente sowie hervorragendes Speise- und Getränkeangebot.
2 Diamanten	Sehr gute Küche, freundlicher Service, gepflegter Rahmen.
1 Diamant	Überdurchschnittlich gutes Angebot, freundliche Atmosphäre.
€ Gut & Günstig	Hier speisen Sie gut und günstig. In diesem Restaurant kosten die meisten Hauptgerichte weniger als 15 Euro.

Quelle: Varta Führer 2019, S. 74

herum), geht es beim Küchentipp ganz gezielt um die Leistung der Küche. *»Das was wir auf dem Teller erleben, das ist sozusagen auch das i-Tüpfelchen auf den Diamanten«*, so der Chefredakteur des Varta-Führers. Die Varta-Sterntipps sind in der Print-Ausgabe vor der Vorstellung der Restaurants in einer alphabetisch nach Orten sortierten Liste nachzulesen. Zusätzlich zu der besonderen Küchenauszeichnung gibt es auch im Bereich des Restaurant-Service den »Varta-Tipp Service« und den »Varta-Sterntipp Service«. Beide Auszeichnungen gibt es auch für Hotels, zusammen mit einer besonderen Bewertung für das Ambiente (»Varta-Tipp« und »Varta-Sterntipp Ambiente«).

Aktuelle Entwicklungen
Ähnlich wie beim Guide Michelin sieht man in der Abbildung 10, dass Jahr für Jahr mehr Auszeichnungen vergeben werden.

Dieser Anstieg gilt im Prinzip für alle Bereiche, d.h. Ambiente, Service und Küche. Der Chefredakteur begründet diese Entwicklung im Interview wie folgt:

»Die Küche hat sich komplett verändert. Wenn man mal zwanzig Jahre zurückschaut, da hatten wir eine relativ einheitliche Küche, die immer klassisch französisch geprägt war. Auch auf vielen Speisekarten standen immer die gleichen Gerichte. Das hat sich komplett geändert. Heute

Abb. 10   Entwicklung der Anzahl der Restaurants mit »Varta-Tipp Küche« und »Varta-Sterntipp Küche« Auszeichnung

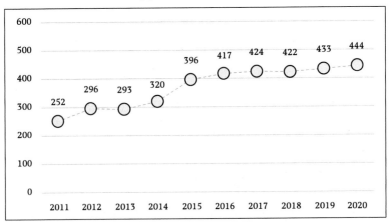

Eigene Darstellung; Quelle: VARTA-Führer GmbH

kocht man asiatisch, innovativ, molekular, Slowfood und so weiter. Die Stilistik ist viel breiter als damals und die Techniken haben sich verändert. Das schlägt sich sehr deutlich nieder. Hinzu kommt, dass wir in Deutschland mittlerweile viele junge Küchenchefs haben, die sich auch wirklich was trauen und zudem ihren eigenen Stil kreieren. Das war früher nicht so.«

Insofern stützt dies unsere Einschätzung, dass sich die Qualität in der deutschen Spitzengastronomie stark verbessert hat. Darüber hinaus scheint sich aber auch das Bewusstsein der Menschen für gutes Essen in bestimmten Regionen gewandelt zu haben:

»Man wundert sich immer wieder – das trifft vor allem für Großstädte zu – wie voll all diese guten Restaurants sind. Egal wo Sie hinkommen, auch unter der Woche an einem Dienstag, an einem Donnerstag, sind diese Betriebe gut ausgelastet. Das ist für mich immer wieder faszinierend, weil ich mir auch sage, das müsste doch irgendwie an Grenzen stoßen, aber offenbar hat sich der Bedarf des Essengehens zum Positiven bei uns verändert« (Chefredakteur Varta-Führer).

Dieses gestiegene Interesse spiegelt sich auch ein stückweit in der Resonanz der Leserinnen und Leser wider, die sich einerseits ganz klassisch mit Hilfe der beigelegten Antwortkarte aus dem Buch melden: *»Natürlich ist auch manchmal viel Quatsch dabei, den wir erst einmal herausfiltern. Aber es sind auch viele nützliche Informationen dabei. Ich schätze, für 80 % der Informationen sind wir dankbar«* (Chefredakteur Varta-Führer). Andererseits ist der Varta-Führer im Rahmen seiner digitalen Neuausrichtung neben dem Online-Portal auch im Bereich Social Media sehr aktiv (z. B. Facebook, Pinterest und Instagram) und erhält auch hierüber viel Feedback aus dem Kreis einer mitunter jüngeren und neuen Leserschaft.

Gusto

Der Gusto war zunächst als kulinarischer Regionalführer in Bayern gedacht, hat sich dann aber nach der Ausweitung auf ganz Deutschland seit 2010 relativ schnell einen guten Namen in der Restaurant- und Gourmetszene gemacht. Obwohl er der jüngste aller Gastroführer in Deutschland ist, wurde er in jüngster Zeit drei Jahre in Folge zweitbester Restaurantguide im Rahmen der jährlichen repräsentativen Umfrage des STERN-KLASSE-Magazins, in der rund 5 000 der getesteten und bewerteten Restaurants zu ihrer Einschätzung von Restaurantführern befragt werden. Ungeschlagen hält sich mit der Note »sehr gut« auf Platz 1 der Guide Michelin. Allerdings konnte der Gusto sich im Jahr 2018 zum dritten Mal in

Folge auf Platz 2 behaupten. So schnitt der Gusto in den Subkategorien Kompetenz, Sorgfalt, Unabhängigkeit, Seriosität, Zuverlässigkeit und Informationsgehalt mit der Note »gut« ab (gusto-online.de 2018).

Wie bei den anderen Restaurantführern bilden regelmäßige und unangemeldete Testbesuche die Grundlage für die Bewertung. Da die hohen Testkosten nicht allein durch den Buchhandelsabsatz und ein wenig Anzeigenwerbung wieder eingespielt werden können, hat sich der Gusto entschieden,

»eine Art ›Startgebühr‹ oder ›Kostenpauschale‹ (aktuell in Höhe von netto 269 Euro) zu erheben, die den angemeldeten Restaurants nicht nur einen anonymen Testbesuch garantiert, sondern den nach Gusto-Kriterien zur Aufnahme in Frage kommenden Restaurants auch die umfangreiche Darstellung in der Buchausgabe, auf der Internet-Plattform und ab der Ausgabe für 2018 auch in der neuen Gusto-APP. Und um noch mehr Transparenz zu schaffen, wird den teilnehmenden Restaurants nach Veröffentlichung der Jahresausgabe jeweils die entsprechende Kopie des Rechnungsbelegs zukommen: der unumstößliche Beweis, dass aktuell getestet wurde. Das einzig akzeptable Zeugnis sauberer Recherche, welches in dieser Form derzeit von keinem anderen Restaurantführer in Deutschland geboten werden kann. Dass von Seiten der Gastronomen mit dem Entrichten der Startgebühr auf Text und Bewertung keinerlei Einfluss genommen werden kann, ist ebenso selbstverständlich wie die Tatsache, dass dem Anspruch auf eine sorgfältige und fachgerechte Herangehensweise durch die Gusto-Tester Rechnung getragen wird. Natürlich werden bei Gusto zugunsten der Vollständigkeit auch Häuser getestet, bewertet und in den Guide aufgenommen, die sich nicht an dem neuen Prozedere beteiligen möchten. Diese werden ebenso objektiv und unvoreingenommen geprüft, können allerdings nur in Form eines Grundeintrags mit Kurztext und ohne Foto dargestellt werden« (https://www.gusto-online.de/ueber-gusto.html; letzter Abruf 15.05.2020).

Im Gusto werden Restaurants anhand von fünf bis zehn Gusto-Pfannen bewertet. In manchen Fällen wird die Pfannen-Auszeichnung mit einem zusätzlichen Pfeil ergänzt. Restaurants mit zusätzlichem Pfeil an der Pfannen-Punktzahl heben sich erkennbar von den anderen Restaurants der gleichen Bewertungsstufe ab (siehe Tab. 8).

Darüber hinaus werden ein bis fünf Bestecke vergeben, die zur Kategorisierung des Ambientes, der Ausstattung (z. B. Weinangebot) und des Service dient. Diese Kategorie lässt zwar Rückschlüsse auf die Preiskategorie des Hauses zu, übt jedoch laut Gusto ausdrücklich keinen Einfluss auf die Bewertung der Küchenleistung aus. Um die Aktualität der Bewertungen sicherzustellen, weicht der Gusto von der durchgängigen Tradition ab und vergibt die Bewertungen nicht nur ausschließlich zu einem Stichtag in der Printausgabe des Guide. Vielmehr sind aktuelle Bewertungen über

Tab. 8 Kriterien für die Klassifizierung der ausgewählten Restaurants – Fortsetzung nächste Seite

10 Gusto-Pfannen	Perfektion in allen Bereichen, keine Qualitätsschwankungen | Klarheit u. Intensität der Kreationen trenn- und tiefenscharf bis aufs Letzte ausgereizt | eigener, unverwechselbarer Stil | entweder virtuose Kreativität, gepaart mit höchstem handwerklich-technischem Niveau, oder eine bis ins letzte Detail perfektionistisch dargebotene, höchst aufwendige klassische Küche in zeitgemäßer Ausführung | entweder wirken Aromentiefe, Komplexität, Spannung und Ausgewogenheit auf den Tellern eindrucksvoll zusammen, oder man hat es mit ausgefeilt puristischen Kreationen zu tun, bei denen man im Grunde nichts mehr weglassen kann, aber auch absolut nichts hinzufügen möchte | es kommen hier, im nationalen Vergleich, ausschließlich die allerbesten Produkte zum Einsatz, deren Charakter dann auf den Tellern optimal zur Geltung kommt.
9 Gusto-Pfannen	Konstant herausragende Küchenleistung | erstklassige, sehr harmonische Kreationen | nur beste, erlesene Produkte, herausragend in Frische und Eigengeschmack | handwerklich und technisch perfekte Umsetzung | natürlich intensive (Eigengeschmack, nicht Würze!), klar und trennscharf herausgestellte Aromen in allen Komponenten | extrem feinfühlig und pointiert abgestimmt | komplexe, nach klassischen Gesichtspunkten harmonische (balancierte) und ausdifferenzierte Geschmacksbilder, oder auch genial umgesetzter Purismus | eigener Stil erkennbar | Kochkunst auf Top-Niveau, die sich zur höchstbewerteten Spitze nur durch minimale Schwankungen, nicht immer ganz schlüssige Kompositionen oder auch etwas weniger Originalität auszeichnet.
8 Gusto-Pfannen	Handwerklich und geschmacklich hervorragende, oft auch sehr kreative Kochkunst | konstant ausgezeichnete Produkte ohne größere Qualitätsschwankungen | handwerklich-technisch tadellose, präzise Umsetzung | natürlich intensive (Eigengeschmack, nicht Würze!), klare, fein abgestimmte Aromen | es wird entweder ein hoher Grad an Kreativität geboten, und das Kulinarium überrascht mit viel Esprit und unkonventionellen Ideen (auch bei der Präsentation), oder eine mit Feingespür interpretierte klassische Küche, die durch starke Substanz und Ausdruckskraft beeindruckt.
7 Gusto-Pfannen	Handwerklich und geschmacklich hervorragende, oft auch kreative Küche | sehr weit über dem Durchschnitt | sehr gute, seltene oder edle Produkte | kaum Qualitätsschwankungen | handwerklich exakte Umsetzung, akkurat gearbeitete Komponenten | klarer, natürlicher und deutlicher Geschmack | wenig Schwächen bei geschmacklicher Feinabstimmung | gute, eigene Ideen, im besten Fall auch Überraschungsmomente | detailgenaue Küche, die entweder mit kreativen Akzenten aufwartet oder klassische Rezepturen akkurat interpretiert | es ist nicht alles Gebotene fehlerfrei, aber das Bemühen um Perfektion deutlich erkennbar.
6 Gusto-Pfannen	Sehr gute, handwerklich sorgfältig zubereitete Küche aus überdurchschnittlichen Produkten | wenig Qualitätsschwankungen, handwerklich exakt (Garzeiten, Saucen...) und pointiert gewürzt | harmonischer, gut austarierter Geschmack | ein gewisses Maß an Komplexität | eine leicht individuelle Note bei der Umsetzung (Stil, Kreativität...) | Es wird klar auf überdurchschnittlichem Niveau gekocht – handwerkliche Unebenheiten sind hier selten | die Proportionen sind meist stimmig arrangiert.

5 Gusto-Pfannen	Überdurchschnittliche, frische Produkte | handwerklich sorgfältige Zubereitung (saubere, geschmacklich natürliche Saucen etc.) und ein gewisses Mindestmaß an Feinabstimmung | klarer, natürlicher Geschmack | Es wird auf sehr solidem Niveau gekocht – handwerkliche Unebenheiten können aber dennoch vorkommen.
Der Bonus-Pfeil	Die Küchenleistung in den zusätzlich mit einem Pfeil gekennzeichneten Restaurants hebt sich unserer Ansicht nach erkennbar von den anderen Restaurants der gleichen Bewertungsstufe ab. Restaurants, die nur mit einem Pfeil gekennzeichnet sind, kochen knapp unterhalb des »Pfannen-Niveaus«, gelten aber als Anwärter für eine Auszeichnung.
Restaurant aktuell nicht bewertet	Wenn ein Restaurant, zum Beispiel wegen eines Küchenchefwechsels oder einem veränderten Konzept, noch nicht getestet werden konnte, führen wir es bis zum nächstmöglichen Testbesuch als Empfehlung »ohne Bewertung«.

Quelle: Gusto 2018, S. 2 f.

die App und den Webauftritt online einsehbar. So lag etwa schon im Juni 2019 die aktualisierte Bewertung des »Aqua« in Wolfsburg (Sven Elverfeld) oder aber im Juli 2019 die Bewertung des neu aufgenommenen Restaurants »Der Schneider« in Dortmund (Phillip Schneider) für die Printausgabe 2019/2020 vor. Diese wird allerdings erst Ende des Jahres 2019 bzw. Anfang 2020 erscheinen.

Finanziert wird der Gusto über den Verkauf der Printausgabe für 29,90 Euro und den Erlös für den 12-monatigen Online-Zugang in Höhe von 19,90 Euro. Zusätzlich können Restaurants im Sinne eines offenen Zugangs (Open Access) ihre Restaurantbewertung zum Preis von 119 Euro für 12 Monate freischalten, sodass diese kostenfrei im Internet aufgerufen werden kann. Neben der Kostenpauschale, die für die Ausgabe 2020/2021 von 269 Euro auf 309 Euro (gusto-online.de 2020) für die bewerteten Restaurants angehoben wurde, finanziert sich der Gusto über den Anzeigenverkauf in Print- und Online-Medien. Hierfür veranschlagt der Gusto 2 490 Euro für eine einseitige Werbung in der Printausgabe und 30 000 Einblendungen als Internetwerbung. In der Ausgabe 2018/2019 verzichtete der Gusto auf die Annahme einer Annonce für die Marke San Pellegrino aus sozialpolitischen Motiven, so war vom Gusto-Chef dazu folgendes Statement zu vernehmen: »*Wir können und wollen nicht darüber hinwegsehen, dass es sich bei San Pellegrino um eine der europäischen Premiummarken des Nestlé-Konzerns handelt, mit dessen Geschäftspraktiken in den ärmeren Ländern dieser Erde wir überwiegend nicht einverstanden sind und dessen massenhaften Erwerb von Trinkwasserrechten in der Dritten Welt wir verurteilen*« (gusto-online.de 2018a). Stattdessen wurde der nicht verkaufte Werbeplatz der Initiative »Viva con Agua« kostenfrei angeboten, einer All-Profit-Organisation, die sich seit sehr langer Zeit dafür einsetzt, Menschen weltweit Zugang zu kostenfreiem Trinkwasser zu ermöglichen. Unter den interviewten Sterneköchen genießt der Gusto ein hohes Ansehen, wie die folgenden exemplarischen Zitate zeigen:

»*Der Gusto hat immer mehr Bedeutung in Deutschland gewonnen, weil er eine unglaublich breite Auflage hat und weil er sehr, sehr objektiv ist oder ziemlich objektiv ist. Der hat sich in den letzten sechs, acht Jahren langsam nach vorne gearbeitet*« (3-Sternekoch).

»*Ich finde ganz positiv den Gusto. Der hat sich sehr, sehr positiv entwickelt. Über diesen Modus mit dem Bezahlen kann man sich sicherlich streiten, aber andere bedrängen dich mit irgendwelchen Türklinkenputzern, dass du dir für 600 Euro ein Foto kaufst*« (1-Sternekoch).

»*Der Gusto – das muss man ganz klar anerkennen – der hat sich sehr gemausert. Die Tester lassen sich auch einmal im Jahr blicken. Und nach dem Essen oder einen Tag später geben sie sich dann zu erkennen*« (3-Sternekoch).

Insofern verwundert es nicht, dass der ZS Verlag, der bislang den Gault& Millau Deutschland verlegt hat, Ende 2019 die Zusammenarbeit beendet und dafür die Kooperation mit dem aufstrebenden Guide Gusto bekannt gab (ahgz.de 2019).

Weitere Restaurantführer

In diesem Kapitel werden wir in der gebotenen Kürze auf weitere Restaurantführer eingehen, die zum Teil nur in Deutschland, Österreich oder der Schweiz existieren. Hintergrund ist dabei, dass diese teilweise in die sogenannten aggregierten Rankings eingehen, bei denen aus verschiedenen Bewertungssystemen von Restaurantführern ein Wert errechnet wird, der wiederum in ein gesamtes Ranking einfließt.

Der Schlemmer Atlas
Seit 1973 erscheint jährlich der Schlemmer Atlas im Rahmen des Aral-Touristikprogramms der Deutschen BP, der von der Busche Verlagsgesellschaft herausgegeben wird. Die Verlagsgesellschaft veranstaltet seit 1998 in Deutschland und seit 2012 in Österreich geschlossene Society- und Branchen-Events, bei denen beispielsweise die Top 50 Köchinnen und Köche in Deutschland bzw. in Österreich geehrt werden und ein Austausch zwischen Spitzengastronomie und Zuliefererindustrie stattfindet. Im Schlem-

mer Atlas selbst sind über 6 142 Restaurants in Deutschland, Luxemburg, Österreich, Südtirol (Italien) und der Schweiz gelistet. Zusätzlich zur Printversion gibt es ein Online-Portal (www.schlemmer-atlas.de). Laut Selbstdarstellung des Schlemmer Atlas reicht das Qualitätsspektrum der Restaurants vom preisgünstigen, aber empfehlenswerten Gasthof bis zum hochpreisigen Gourmetrestaurant. Die Bewertungskriterien werden wie folgt charakterisiert: Ausgezeichnet werden Restaurants mit einer kreativen Speisekarte, mit wechselnder, saisonaler Ausrichtung, einem angenehmen Ambiente und eingedeckten Tischen, versiertem Servicepersonal und mit einem dem Küchenniveau angemessenen Weinangebot. Ausgeschlossen von den Bewertungen sind Fastfood- und Imbisslokale, einfache Ausflugslokale, Selbstbedienungs-Restaurants, Kneipen und Biergärten sowie Cafés mit sehr kleinem Speisenangebot.

Die gelisteten Restaurants werden mit dem Kochlöffelsymbol ausgezeichnet, d. h. von einem Kochlöffel für »ambitionierte Küche« bis zur Höchstwertung von fünf Kochlöffeln für Restaurants mit einer der besten Küchen. Die Tabelle 9 zeigt die Kriterien für die Klassifizierung der Restaurants.

Zusätzlich zur Bewertung der Testerinnen und Tester besteht auch für die Gäste die Möglichkeit der Bewertung als Community-Mitglied. Auf der Website können für das jeweils besuchte Restaurant Punkte für vier Merkmale (Qualität der Speisen, Qualität des Service, Ambiente, Preis-Leistungs-Verhältnis) von 1 (= enttäuschend) bis 5 (= hervorragend) vergeben werden. Bei einer gewissen Anzahl von Bewertungen werden diese freigeschaltet. Darüber hinaus können Erfahrungsberichte verfasst werden, bei der eine bestimmte Netiquette eingehalten werden muss (z.B. keine Werbung im Text, sachlich korrekte Darstellung usw.). Ganz ähnlich formuliert sind die Regeln für das Verfassen von Kommentaren auf die Erlebnisberichte der Gäste durch die Gastronomen. Restaurantbesuche können durch das Einreichen des Rechnungsbelegs verifiziert werden und die Bewertungen erhalten dann ein Symbol in Form eines Kreises mit einem Haken. Restaurants können durch Gäste empfohlen werden. Selbstempfehlungen durch die Restaurants sind ebenfalls möglich. Das Redaktionsteam veranlasst dann gegebenenfalls einen Besuch durch die Tester.

Über die Auswahl und Anzahl der Testerinnen und Tester gibt es keine genauen Angaben. Hans Böddicker, der langjährige Chefredakteur des Schlemmer Atlas, ist jedenfalls hauptberuflicher Spitzengastronom und führt ein Hotel im Badischen. Auch die anderen unabhängigen Testerinnen und Tester sollen unter den 100 besten Köchinnen und Köchen gekocht haben und mindestens Küchenmeister sein.

Tab. 9   Kriterien für die Klassifizierung der ausgewählten Restaurants

5 Kochlöffel	Restaurant mit einer der besten Küchen	Erstklassige Qualität und Frische der verwendeten Produkte. Höchste Kreativität und Professionalität bei der Zubereitung und Präsentation der Speisen. Perfekte Garzeiten bei großer Harmonie der Speisen und Menüfolgen. Ausgewählte passende Weine mit fachmännischer Beratung. Erstklassiger Service bei dementsprechender Atmosphäre.
4 Kochlöffel	Restaurant mit einer hervorragenden Küche	Erstklassige Grundprodukte. Hohe Kreativität und Qualität bei bestmöglicher Zubereitung und exakter Garzeit. Gerühmte und einfallsreiche Zubereitung der Speisen. Ausgewählte große Weine. Ausgezeichneter Service bei dementsprechender Atmosphäre.
3 Kochlöffel	Restaurant mit einer sehr guten Küche	Sehr gute Qualität der Grundprodukte, ideenreiche Zubereitung und exakte Garzeiten sowie ausgesuchte Weine. Gepflegte Atmosphäre mit entsprechendem Service.
2 Kochlöffel	Restaurant mit einer guten Küche	Gute bis sehr gute Qualität bei vielfältiger Zubereitung der Grundprodukte. Guter Service bei angenehmer Atmosphäre.
1 Kochlöffel	Restaurant mit empfehlenswerter Küche	Ambitionierte Küche mit gutem Angebot, teils mit empfehlenswerter regionaler Küche.
Pfeil nach oben	Der Pfeil	Das Restaurant steht zwischen zwei Bewertungsstufen (halbe Bewertungsnote). Die Entwicklungstendenz (halbe Bewertungsstufe) wird mit einem aufrecht weisenden Pfeil hinter den Kochlöffel-Symbolen angezeigt.

Quelle: Schlemmer Atlas 2019, S. 7

Der Feinschmecker Restaurant Guide

Zu den ältesten Zeitschriften, die sich in Deutschland mit den Themen Reisen, Essen, Trinken und Lebensart beschäftigen und seit Oktober 1975 jeden Monat erscheint, zählt die Zeitschrift Der Feinschmecker. Die Redaktion des Feinschmeckers gibt jährlich den »Der Feinschmecker Restaurant Guide« mit den 500 besten Adressen in Deutschland heraus, in dem zusätzlich ein »Koch des Jahres«, ein »Aufsteiger des Jahres« sowie ein »Restaurant des Jahres« gesondert ausgezeichnet werden. Der jeweilige »Aufsteiger des Jahres« wird seit 1985 durch die Leserinnen und Leser des Feinschmeckers durch Abstimmung bestimmt. Neben dem festen Redaktionsteam gibt es einen Stab von Autorinnen und Autoren, zu denen gehören und gehörten unter anderem der Weinkritiker Stuart Pigott, die Sterne-Ikone Eckart

Tab. 10   Kriterien für die Klassifizierung der ausgewählten Restaurants

5 ausgefüllte F-Kreise	In jeder Hinsicht perfekt
4 ausgefüllte F-Kreise	Küche und Service herausragend, Ambiente und Komfort außergewöhnlich
3 ausgefüllte F-Kreise	Exzellente Küche, sehr guter Service, Komfort und Ambiente bemerkenswert
2 ausgefüllte F-Kreise	Sehr gute Küche, guter Service, angenehmes Ambiente, komfortabel
1 ausgefüllter F-Kreis	Gute Küche, ansprechendes Ambiente
1 unausgefüllter F-Kreis	Halber Punkt

Quelle: Der Feinschmecker Restaurant Guide 2018, S. 256

Witzigmann, der stellvertretende Redakteur des Feuilletons der Frankfurter Allgemeinen Zeitung, Jakob Strobel y Serra, oder aber der bereits verstorbene Autor und Entdecker der gehobenen Küche in Deutschland, Wolfram Siebeck. Jedes Jahr testen laut Selbstbeschreibung in den Mediadaten die Redakteurinnen und Redakteure sowie Autorinnen und Autoren in ganz Deutschland und im angrenzenden Ausland. Im Restaurantguide selbst werden nur Top-Restaurants und Trend-Lokale in Deutschland aufgeführt, wobei die Bewertungskategorien recht kurzgehalten werden und schwarz ausgefüllte »F«-Kreise als Auszeichnungskategorie vergeben werden. Die Tabelle 10 zeigt die Kriterien für die Klassifizierung der Restaurants.

Im Gegensatz zum Guide Michelin verzichtet Der Feinschmecker Restaurant Guide nicht auf Anzeigen und auf die Kooperation mit Herstellern, wie in einem Beitrag im Wirtschaftsmagazin »brand eins« nachzulesen ist (Hannemann 2013). Im Jahr 2019 betrugen die Kosten für ein ganzseitiges Inserat im Restaurant Guide 8 100 Euro. Für Produkttests (z. B. Olio Award) lässt sich das Magazin Olivenöle schicken und vertreibt die Award Gewinner zum Teil im eigenen online Gourmet-Shop. Dennoch sei die Redaktion unbestechlich, so sagt es zumindest die Redaktion selbst, weil die Testerinnen und Tester zum einen Profis seien und das Anzeigengeschäft vom Journalismus getrennt sei. Zudem würden die Kritikerinnen und Kritiker bei den Restaurantbesuchen anonym auftreten, selbst zahlen und von der Redaktion für die Bewertung ein Honorar plus Spesen erhalten.

Der große Restaurant & Hotel Guide
Der große Restaurant & Hotel Guide wurde 1997 erstmals veröffentlicht. Jährlich bewertet werden ca. 3 000 Restaurants und Hotels in Deutschland, in Österreich, in der Schweiz, im Elsass und in Südtirol. Restaurants werden von einer bis fünf Hauben plus bewertet, die Hotels von zwei bis fünf Sternen plus. Um eine bessere Aktualität zu gewährleisten, sind die regelmäßig überarbeiteten Bewertungen von Restaurants und Hotels seit geraumer Zeit auch online auf der Homepage (www.der-grosse-guide.de) zu finden. Die Bewertungskriterien sind in der Tabelle 11 dargestellt.

Laut Benutzerhinweisen im Guide bezieht sich die Hauben-Klassifizierung »*ausschließlich auf die Qualität der Küche.*« Das Ambiente, der Service und die Qualität der Weinkarte spiegeln sich darin nicht wider. Service und Weinkarte werden durch eine eigene fünf- bzw. dreistufige Bewertungsskala gewürdigt (Der große Restaurant & Hotel Guide 2019, S. 11). Auf der Website findet sich folgender kurzer Hinweis zum Team: »*Wir haben ein fest eingespieltes, qualifiziertes und motiviertes Team, das sich seit Jahren aus Außendienstmitarbeitern, Print- und Online-Redakteuren, Mitarbeitern für Public Relations und Marketing sowie den ›geheimen Inspektoren‹ zusammensetzt.*«[7] Nähere Angaben zur Arbeitsweise und zur genauen Zusammensetzung der Testerinnen und Tester sowie zur Finanzierung des Guide sind nicht verfügbar. Offensichtlich findet ein Teil der Finanzierung über die Schaltung von Online-Werbung statt, die zumindest in den Suchergebnissen des Online-Portals mit dem Hinweis »gesponsert« kenntlich gemacht wird. Ein Blick in die Printausgabe offenbart eine relativ unausgewogene (im Sinne der Ausführlichkeit in der Darstellung) und selektive Auswahl von Hotels und Restaurants. So sind beispielsweise in Wien insgesamt 13 Restaurants gelistet, Juan Amadors Restaurant, das kürzlich mit drei Michelin-Sternen ausgezeichnet wurde (s. o.), und einige andere Restaurants mit gehobener

Tab. 11   Kriterien für die Klassifizierung der ausgewählten Restaurants

5 Hauben	Restaurant mit einer der besten Küchen
4 Hauben	Restaurant mit exzellenter Küche
3 Hauben	Restaurant mit anspruchsvoller Küche
2 Hauben	Restaurant mit gehobener Küche
1 Haube	Sehr gute Küche
Pfeil schräg nach oben	Hervorhebenswert in seiner Kategorie

Quelle: Der große Restaurant und Hotel Guide 2019, S. 10

Küche – darunter auch mit Michelin-Stern(en) ausgezeichnete Restaurants, etwa »The Loft« – werden hingegen nicht erwähnt.

A la Carte

Aus dem Hause des A la Carte Magazin, einem Magazin für Ess- und Trinkkultur, erscheint jährlich seit dem Jahr 1991 der sogenannte A la Carte-Gourmet-Führer Österreich. Dieser hat zum Ziel, einen ausführlichen Überblick über die besten Restaurants Österreichs zu geben und orientiert sich gleich an zwei Bewertungssystemen. Die Restaurants werden nicht nur mit einer 1- bis 5-Sterne-Bewertung versehen, sondern zusätzlich auch im Rahmen eines 100-Punkte-Systems bewertet. Die Idee dahinter ist, dass die Sterne die Gesamtwertung illustrieren und die Punkte hingegen Auskunft über die exakte Performance eines Restaurants geben sollen. Die Tabelle 12 zeigt die Bewertungsgrundlagen.

Ziel ist zum einen die Schaffung klarer Bewertungskriterien und zum anderen soll eine gewisse Übersichtlichkeit gewahrt werden. Laut Informationen des A la Carte-Gourmet-Führers werden die Restaurants jedes Jahr von etwa 60 Testerinnen und Testern anonym bewertet. Zu den Bewertungskriterien gehören laut Mediendaten 2019 die Küchenlinie, die Serviceleistung, das Weinangebot und das Ambiente. Aus den Mediendaten ist zudem ersichtlich, dass sich der Restaurantführer neben dem

Tab. 12   Kriterien für die Klassifizierung der ausgewählten Restaurants

5 ausgefüllte Sterne	Österreichs beste Küchen. Österreichs beste Restaurants.
4 ausgefüllte Sterne	Kreative Küche für höchste Ansprüche. Ein Restaurant, das in allen Kriterien höchsten internationalen Ansprüchen genügt.
3 ausgefüllte Sterne	Sehr gute Küche; einfallsreiche, kreative Leistungen mit vielen Höhen.
2 ausgefüllte Sterne	Empfehlenswerte Küche; beachtliches kreatives Potential.
1 ausgefüllter Stern	Ambitionierte, solide Küchenleistung.
1 unausgefüllter Stern	Empfehlenswerte Küche.
91–100	Eines der besten Restaurants Österreichs.
81–90	Ein Restaurant, das auch höchsten Ansprüchen standhält.
71–80	Bemerkenswertes Haus mit außergewöhnlichem Angebot.
61–70	Gutes Restaurant mit beachtlichem Angebot.
51–60	Ambitioniertes, solides Angebot.

Quelle: https://www.alacarte.at/restaurant-guide (letzter Abruf: 15.05.2020)

Verkauf der Printausgabe für 30 Euro über Werbung finanziert. Ein ganzseitiges Inserat im Gourmetführer kostet 6 900 Euro.

Dies war unser Überblick zu den Restaurantführern im deutschsprachigen Raum. Nun werden wir Restaurant-Rankings in den Blick nehmen, die seit geraumer Zeit ebenfalls eine wichtige Rolle in der Gastronomie-Szene spielen.

RESTAURANT-RANKINGS

Rankings sind beliebt, weil sie vermeintlich einen schnellen Erkenntnisgewinn liefern und einen Überblick verschaffen können, ohne dass man sich zu sehr in die Komplexität der Einzelbewertungen einarbeiten muss. Insgesamt lassen sich drei verschiedene Typen von Rankings im Bereich der Spitzengastronomie unterscheiden. Erstens sogenannte aggregierte Restaurant-Rankings, bei denen mehrere Einzelbewertungen durch verschiedene Gastronomie-Führer zusammengeführt und die bewerteten Restaurants dadurch in eine Rangreihenfolge gebracht werden (z. B. »Hornstein-Ranking«, »Gerolsteiner Restaurant-Bestenliste«, »Restaurant-Ranglisten. de«). Zweitens Restaurant-Rankings, die unter fachlicher Expertise erstellt werden (z. B. »The World's 50 Best Restaurants List«), und drittens Rankings, die von Gästen erstellt werden (z. B. »OAD – Opinionated About Dining«). Zu Letzteren könnten auch weitere Rankings, wie TripAdvisor, gezählt werden. Gleichwohl sich die Ranking-Ergebnisse auch nach dem Kriterium »gehobene Küche« filtern lassen, urteilt TripAdvisor nach den generellen Kriterien: »*Gute Bewertungen sind besser als schlechte Bewertungen. Aktuelle Bewertungen haben mehr Gewicht als ältere Bewertungen. Mehr Bewertungen bauen schneller Vertrauen auf.*«[8] Gerade in der Spitzengastronomie kann es allein dadurch zu Verzerrungen kommen, weil Restaurants in diesem Segment eher über eine kleine Anzahl an Tischen verfügen und somit eine kleinere Anzahl an Bewertungsmöglichkeiten durch die Gäste haben. Zudem bietet TripAdvisor laut Selbstbeschreibung »*eine Vielzahl von Tools an, die beim Sammeln von Bewertungen behilflich sind, z. B. Bewertungs-Express, Erinnerungstools für das Schreiben von Bewertungen und Partnerschaften zum Sammeln von Bewertungen. Unternehmen, die Tools zum Sammeln von Bewertungen verwenden, können ihre Performance regelmäßig messen und Verbesserungen basierend auf dem erhaltenen Feedback vornehmen*« (ebd.). Aus diesem Grund werden wir nachfolgend auf die bereits beispielhaft genannten Restaurant-Rankings eingehen.

Hornstein-Ranking

Das Hornstein-Ranking ist das älteste aggregierte Ranking in der Spitzengastronomie im deutschsprachigen Raum. Wolf von Hornstein gründete 1981 die sogenannte Hornstein-Liste. Von Hornstein war zunächst Verleger und Herausgeber von Fachzeitschriften, stieg dann in den Gastronomiebereich ein und wurde 1981 mit einem Michelin-Stern für sein Restaurant »Altes Pastorat« ausgezeichnet. Wolf von Hornstein wollte die Subjektivität der Bewertungen durch die wichtigsten Restaurantführer relativieren und bildete eine Quersumme aus den Einzelbewertungen der Guides, die nach einem 100-Punktesystem aufgeschlüsselt wurden (welt.de 2000). Nach dem Tod des Begründers des Hornstein-Rankings wird dieses von der deutschen Niederlassung des Champagner Unternehmens Laurent-Perrier weitergeführt.

Die Liste enthält neben einer Auswahl an Hotels die 150 am besten bewerteten Restaurants in Deutschland, die 50 am besten bewerteten Restaurants in Österreich sowie jeweils die 20 am besten bewerteten Restaurants in der Schweiz und in Südtirol. Für das jeweilige Land werden Punkte und Kronen vergeben, d. h. drei Kronen für 95–100 Punkte, zwei Kronen für 90–94,9 Punkte und eine Krone für einen Gesamtwert unter 90 Punkten. Die Tabelle 13 zeigt, welche Ergebnisse bei der Bewertung durch Restaurantführer einfließen.

Offengelegt wird allerdings nicht, wie die Punkteverteilung im 100-Punktesystem genau erfolgt, sprich, ob eventuell Gewichtungen vorgenom-

Tab. 13 Kriterien für die Klassifizierung der ausgewählten Restaurants

Deutschland	Österreich	Schweiz	Südtirol
• Guide Michelin Deutschland • Der Feinschmecker Restaurant Guide • Der Große Restaurant Guide • Der Varta-Führer • Gault&Millau Deutschland • Schlemmer Atlas • Gusto	• A la Carte • Gault&Millau Österreich • Schlemmer Atlas • Der Große Restaurant Guide	• Le Guide Michelin Suisse/ Schweiz/Svizzera • Gault&Millau Schweiz • Schlemmer Atlas • Der Große Restaurant Guide	• Guide Michelin Italia • Gault&Millau Österreich • Schlemmer Atlas • Der Große Restaurant Guide

Eigene Darstellung in Anlehnung an http://www.hornsteinranking.de (letzter Abruf: 15.05. 2020)

men werden oder nicht. Offensichtlich ist aber, dass Ausreißer nach unten oder nach oben (z. B. eine schlechte oder besonders gute Bewertung) nicht korrigiert werden können und somit Auswirkungen auf die Gesamtbewertung haben. Der deutsche Gastronomiekritiker Jürgen Dollase bringt es wie folgt auf den Punkt:

»*Die Köche mit kreativer Küche, die vor allem bei Varta, Aral und Bertelsmann (Der große Guide) unterbewertet werden, haben also gegenüber angepassten, dem Mainstream nahe stehenden Kollegen einen unaufholbaren Nachteil und keine Chance auf die gehobenen Positionen, die ihnen eigentlich zustehen würden. Sie werden – wenn man so will – Opfer der Politik dieser Führer. [...] Als das Ranking [...] 1981 erstmals veröffentlicht wurde, waren die Voraussetzungen anders. Die Küchen waren sich wesentlich ähnlicher und stammten alle aus dem gleichen kulinarischen System. Was damals als Kreativität galt, würde man heute überhaupt nicht mehr bemerken. Man erinnert sich daran, dass die Verwendung von Szechuan-Pfeffer, exotischer Gewürzmischungen oder der Tonka-Bohne schon als große kreative Leistung galt. Heute verfolgt zum Beispiel die Nova-Regio-Küche grundlegend andere Geschmacksbilder und verwendet oft sogar Produkte, die in der klassisch orientierten Küche oft als minderwertig gelten (wie z. B. die Lauchwurzeln, entlegene Fleischstücke wie Sehnen oder emulgierte Saucen ohne Fonds)*« (Dollase 2017).

Kritisch angemerkt werden muss an dieser Stelle, dass der Gastronomiekritiker Dollase wiederum die Nova-Regio-Küche favorisiert und in seinem Urteil ebenfalls nicht ganz wertfrei ist. Nachfolgend werden wir uns mit einem Ranking befassen, das transparenter gestaltet ist, dem Ranking des Gourmet-Portals »Restaurant-Ranglisten.de«.

Restaurant-Ranglisten.de

Das Gourmet-Portal »Restaurant-Ranglisten.de« vereint seit 2009 zwei Ideen. Zum einen das auf Gustav Volkenborn (1941–2006) aus dem Jahr 1988 zurückgehende Gesamtbewertungssystem von Restaurantführern, welches die heterogenen Bewertungen der Restaurantführer in ein einheitliches System (französische Schulnoten von 0 bis 20) umwandelte. Ziel war es – ähnlich wie beim Hornstein-Ranking – eine Vergleichbarkeit über alle Guides herzustellen. Allerdings wurde hier hinsichtlich der Verbreitung und der Bedeutung der jeweiligen Restaurantführer gewichtet und für jedes Restaurant summiert. Zum anderen wurde in das Gourmet-Portal eine Köche-Datenbank (www.die-besten-koeche.com) von Hannes Buchner integriert, der aufgrund seiner zahlreichen Restaurantbesuche detaillierte

Informationen vor und hinter den Kulissen der Spitzengastronomie zusammengetragen hatte. An der Erstellung waren auch Gourmet-Köche beteiligt und es hat sich zu einem europäischen Gourmet-Portal entwickelt, welches sich an Feinschmecker und Branchenkenner gleichermaßen richtet. Im Jahr 2009 wurde die »Gourmet-Portal GmbH« gegründet, welche neben dem eigenen Ranking vornehmlich im deutschsprachigen Raum einen aktuellen Überblick über die weltweite Spitzengastronomie bietet. Zudem wird eine Clubmitgliedschaft mit verschiedenen Vergünstigungen im Portal angeboten. Neben der Clubmitgliedschaft finanziert sich das Portal laut Mediadaten (restaurant-ranglisten.de 2018) über Werbung, etwa Teaser auf der Startseite, oder redaktionelle Beiträge für 590 Euro im Erscheinungsmonat oder Banner-Werbung auf der Website zwischen 190 und 1 200 Euro pro Monat sowie über kostenpflichtige Datenbankeinträge. Hier werden unterschiedliche Leistungen für Standardeinträge (120 Euro pro Jahr) und Premiumeinträge (390 Euro pro Jahr) angeboten. Premiumeinträge beinhalten beispielsweise die optische Hervorhebung, die Platzierung von Food-Fotos, Top10 Platzierung bei Google Ads oder aber gesonderte Beiträge in den Neuigkeiten auf der Website oder im Newsletter. Zudem erfolgt im Gegensatz zum Standardeintrag die Datenpflege nicht monatlich, sondern täglich. In der Tabelle 14 ist die aktuelle Gewichtung der einzelnen Restaurantführer abgebildet.

Anhand der Tabelle 14 wird deutlich, dass 20 Punkte jeweils nur für die Höchstplatzierung im Guide Michelin, im Gault&Millau und im Gusto vergeben werden. Die höchste Auszeichnung beim Feinschmecker Restaurant Guide ergibt »nur« 19,5 Punkte im Gesamtranking, beim Schlemmer-Atlas sind es wiederum »nur« 19 Punkte in der Höchstauszeichnung und Der Große Restaurant Guide sowie der Varta-Führer sind mit 18 Punkten deutlich schlechter gewichtet. Die Diamanten zählen nur als Bonus-Punkte, die dazu verwendet werden, um Abstufungen zwischen den Positionen zu erreichen. Nummerische Auswirkungen haben nur die Varta-Küchentipps (s. o.).

Die Gewichtungskriterien von »Restaurant-Ranglisten.de« haben sich im Laufe der Zeit geändert und stehen im Gegensatz zum Hornstein-Ranking jedes Jahr auf dem Prüfstand. Welche Folgen die Gewichtung einzelner Restaurantführer auf ein Gesamtranking haben kann, zeigt die Abbildung 11.

Die gestrichelten Linien stellen in der jeweiligen Farbe das Abschneiden eines Restaurants samt Chefkoch im Gesamtranking des Gourmet-Portals »Restaurant-Ranglisten.de« dar. Die durchgezogene Linie in der jeweiligen Farbe markiert die Entwicklung der Gesamtbewertung im Hornstein-Ran-

Tab. 14 Klassifizierung der Restaurantführer im Gesamtranking von »Restaurant-Ranglisten.de« im Jahr 2019

Restaurant-Ranglisten Punkte	Michelin »stars« (2194)	Gault&Millau »points« (877)	Gusto »pans« (977)	Feinschmecker »points« (942)	Schlemmer Atlas »spoon« (3003)	Grosser Guide (816)	Varta »startip« (525)	Slow Food (545)	50 Best D (0)
20,0	*** (10)		10/10 (16)						
19,5		19.5 (8)							
19,0		19 (4)		FFFFF (12)					
18,5	** (38)		9/10 (29)	FFFF+ (12)	XXXXX (15)				
18,0		18 (27)	8/10 (68)	FFFF (26)	XXXX+ (6)	hhhhh (34)	**tip k&s (12)		
17,0	* (261)	17 (60)	7/10 (204)	FFF+ (32)	XXXX (59)	hhhh (86)	*tip k + s (48)		
16,0		16 (155)	6/10 (269)	FFF (104)	XXX+ (120)		*tip k (11)		
15,0		15 (191)	5/10 (340)	FF+ (172)	XXX (276)	hhh (292)	tip k + s* (3)		
14,0		14 (208)		FF (212)			tip k&s (78)		
13,0	Bib (431)	13 (194)		F+ (202)	XX+ (654)	hh (338)	tip k (338)		
12,0		12 (30)		F (170)	XX (990)		tip s (35)	GF Siegel (545)	
11,0	Assiette^a (1454)		1/10 (2)		X+ (656)	h (66)			
10,0					X (227)		Varta »startip«		
Bonuspunkte									
0,7			Bonus-Pfeil (297)						
0,5		G&Mservice (120)					VVVVV (8)		
0,4						GRG PLV (356)	VVVVV (8)		
0,3	Location (266)					GRG Service (110) GRG Pfeil (365)	VVV (250)		
0,2	Wine (280)			FS Wine (263)		GRG Wine (128)	VV (1032)		
0,1							V (649)		

Maximal sind 2018 für Deutschland 119.2 Punkte möglich.

a Assiette = Teller-Auszeichnung; Quelle: https://www.restaurant-ranglisten.de/faq/punktetabellen (letzter Abruf: 15.05.2020)

Abb. 11   Rankings im Vergleich – Hornstein Ranking (HR) vs. »Restaurant-Ranglisten.de« (RR)

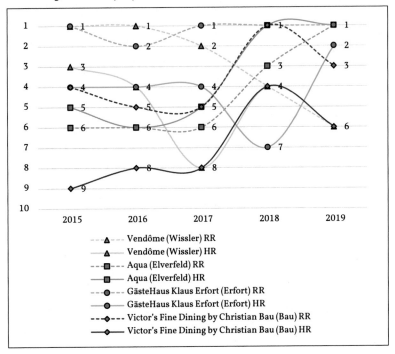

Quelle: eigene Darstellung

king der Jahre 2015 bis 2019. Exemplarisch wurden hier vier Gourmet-restaurants gewählt, die über viele Jahre unter den Top 10 in Deutschland rangieren. Neben dem einzigen parallelen Verlauf im Fall des Restaurants »Victor's Fine Dining by Christian Bau«, welches im Hornstein-Ranking durchgehend drei Plätze schlechter abschneidet als beim Portal »Restaurant-Ranglisten.de«, sind die übrigen Entwicklungslinien sehr unterschiedlich. Die unterschiedlichen Gewichtungen in den beiden Ranglisten führen zu sehr verschiedenen Rangplätzen. Ebenso fällt auf, dass einzelne Restaurants im Hornstein-Ranking starken Schwankungen von einem Jahr zum anderen unterliegen.

Im Portal »Restaurant-Ranglisten.de« ist ein positiveres Abschneiden von Restaurants auch durch eine Platzierung im weltweiten Ranking, dem sogenannten »World's 50 Best Restaurants« möglich (siehe letzte Spalte in der Tabelle 14, wo derzeit kein deutsches Restaurant gelistet ist), auf das wir nun kurz eingehen werden.

World's 50 Best Restaurants

Entstehungsgeschichte
Die Liste der weltweit 50 besten Restaurants wurde erstmals 2002 im Magazin »Restaurant« in London veröffentlicht. Mehr oder weniger aus einer spontanen Laune heraus entstand rund um den Redakteur Chris Maillard die Idee, ein weltweites Ranking zu erstellen und sich im Gegensatz zu den anderen Restaurantführern gerade nicht auf eine einzelne Region und die gehobene französische Küche zu beschränken. So fragte sich das erste Redaktionsteam, wo sie selbst gerne essen gehen würden und stellte eine Liste mit Kontakten und Freunden auf der ganzen Welt zusammen, die sie um ihre Empfehlungen baten. Diese Empfehlungen wurden mit den eigenen Empfehlungen zusammengebracht und die erste World's 50 Best Restaurant Liste war geboren. Zunächst war die Liste relativ wild zusammengestellt. So rangierte zwar das 3-Sternerestaurant »El Bulli« auf Platz 1, doch unter den 50 Platzierten war mit »Ambrosia Burger« ein kalifornisches Burger-Restaurant auf Rang 34. Die Autorinnen und Autoren luden alle Nominierten zu einer Verleihungszeremonie ein, einer Einladung, der die meisten Chefköchinnen und Chefköche nachkamen und dadurch für ein entsprechendes Medieninteresse sorgten. Aber auch bei den Köchinnen und Köchen wurde die Party zu einem beliebten jährlichen Ausflug, bei der man nicht nur internationale Kolleginnen und Kollegen trifft, sondern auch gemeinsam essen und feiern geht. Auf diese Weise verselbstständigte sich die Liste. Weil die Köchinnen und Köche kamen, war die Liste wichtig, und weil die Liste wichtig war, kamen ebendiese (Collins 2015). In der Folge wurde die Liste im Jahr 2013 um separate Listen für Asien und Lateinamerika erweitert. Nach wie vor wird die Liste von William Reed Business Media federführend organisiert. Die Hauptsponsoren sind inzwischen die Mineralwassermarken San Pellegrino und Acqua Panna, zwei Marken, die zum Nestlé Konzern gehören. Aus diesem Grund wird die World's 50 Best Restaurants Liste unter den Gastronomen auch Pellegrino Liste genannt.

Aktuelle Entwicklungen

Im Januar 2019 gaben die Organisatoren der World's 50 Best Restaurants Liste bekannt, dass jedes Restaurant, welches auf der Liste erstplatziert war, in den nachfolgenden Rankings nicht mehr gewählt werden kann und stattdessen in der Kategorie »The Best of the Best« gelistet wird. In diese Hall of Fame-ähnliche Sammlung wurden neben dem Restaurant »Osteria Francescana« (Erstplatzierung des Jahres 2018) zusätzlich fünf weitere Restaurants aufgenommen, die nun nicht mehr im regulären Wettbewerb gewählt werden können. Im Jahr 2019 bestand die Best of the Best Sammlung aus den folgenden ehemaligen Gewinnern (in den Klammern dahinter ist das Jahr der Erstplatzierung angegeben):

- El Bulli (2002, 2006–2009),
- The French Laundry (2003–2004),
- The Fat Duck (2005),
- Noma [Ursprungsrestaurant][9] (2010–2012, 2014),
- El Celler de Can Roca (2013, 2015),
- Osteria Francescana (2016, 2018),
- Eleven Madison Park (2017).

Einerseits machen die etablierten Größen damit Platz für neue Restaurants. Denn wie man an der Liste unschwer erkennen kann, tummelte sich hier eine unantastbare Gruppe von Platzhirschen. Andererseits wurde diese Änderung in der Gastronomiebranche als starker Eingriff wahrgenommen, weil die Liste seit fast zwei Jahrzehnten für den Großteil der Buchungen und der Aufmerksamkeit in den Medien verantwortlich ist. Interessanterweise kam der Änderungswunsch im Reglement nicht von der Organisation selbst, sondern aus der Gastronomie-Community. Zu dem halben Dutzend an Spitzenköchen, welches sich für die Änderung einsetzte, gehörte auch Massimo Bottura. In einem Interview meinte er, dass es Zeit sei, vor allem der jüngeren Generation den Weg frei zu machen (Abend 2019). Es wird spannend zu beobachten sein, ob diese Aussage wirklich ernst gemeint war, zumal Massimo Bottura jüngst zwei neue Restaurants (2019: »FRANCESCANA at MARIA LUIGIA« ebenfalls in Modena und 2020: »Gucci Osteria« in Beverly Hills) eröffnete, und somit die Chance für eine Erstplatzierung für ihn erneut gegeben ist.

Bewertungspraxis

Nachdem zu Beginn Freunde gebeten wurden, ihr bestes Restaurant zu benennen, sind mittlerweile Regeln aufgestellt worden, um die Liste der 50 besten Restaurants zusammenzustellen. Für eine Nominierung sind die Stimmen der »World's 50 Best Restaurants Academy« verantwortlich, die aus einer Gruppe von 26 regionalen Panels besteht. Die Akademie wiederum umfasst über 1 000 Mitglieder, welche laut Selbstbeschreibung jeweils nach ihrer Expertise in der internationalen Restaurantszene ausgewählt werden. Jede Region hat eine vorsitzende Person, die aufgrund ihrer Kenntnisse über diesen Teil der Restaurantwelt ernannt wird. Die Vorsitzenden wählen jeweils ein 40-köpfiges Abstimmungsgremium (einschließlich ihrer selbst) aus. Dabei soll eine ausgewogene Auswahl an Köchinnen und Köchen, Gastronomen, Feinschmeckerjournalisten und Gourmets sichergestellt werden. Alle Wählerinnen und Wähler, mit Ausnahme der Akademievorsitzenden und Vizevorsitzenden, müssen anonym bleiben. Mindestens 25 % des Panels werden jedes Jahr erneuert. Die Beschäftigten eines der mit den Awards verbundenen Sponsoren sollen keinen Einfluss auf die Ergebnisse haben und dürfen nicht mit abstimmen. William Drew, der Chefredakteur der World's 50 Best Restaurants, sagte in einem Interview im Magazin »The New Yorker«, dass die Regionen jedes Jahr nach Faktoren wie kulinarische Geschichte, Bevölkerungszahl, Bruttoinlandsprodukt und Lebensstandard neu zusammengestellt werden, aber er gab auch zu, dass es letztlich ein qualitatives Urteil sei, das in der Liste gefällt werde (Collins 2015).

Zur Wahl gibt es keine Liste der Nominierten, sodass jedes Mitglied des internationalen Wahlausschusses für seine persönliche Wahl von zehn Restaurants stimmt. Insofern hat rein theoretisch jedes Restaurant auf der Welt die Chance, nominiert zu werden. Bis zu sechs Stimmen können für Restaurants in der eigenen Region abgegeben werden, während mindestens vier für Restaurants außerhalb der Heimatregion sein müssen. Kein stimmberechtigtes Mitglied darf für sein eigenes Restaurant stimmen, oder für eines, an dem es ein wirtschaftliches Interesse hat, und die Wählerinnen und Wähler müssen in den von ihnen benannten Restaurants innerhalb der letzten 18 Monate gegessen haben. Die Ergebnisse werden online veröffentlicht, sobald sie den versammelten Köchinnen und Köchen und Akademiemitgliedern bekannt gegeben werden. Im Februar findet dies in Singapur für die 50 besten Restaurants Asiens und im April in London für die 50 besten Restaurants der Welt statt. Die Abstimmungsregeln wurden mehrfach verändert. Die Tabelle 15 zeigt, welche Regeln aus dem Jahr 2013 und dem Jahr 2019 ergänzt oder verändert wurden.

Tab. 15   Abstimmungsregeln der World's 50 Best Restaurants aus den Jahren 2013 und 2019 im Vergleich

2013	2019
Die Abstimmung ist streng vertraulich vor der Bekanntgabe der Preise.	Die Abstimmung ist streng vertraulich vor der Bekanntgabe der Preise.
Die Panelteilnehmenden stimmen für 7 Restaurants, mindestens 3 müssen außerhalb ihrer Region liegen.	Jedes Akademie-Mitglied stimmt für 10 Restaurants; mindestens 4 davon müssen für Restaurants außerhalb seiner Heimatregion sein.
Die Panelteilnehmenden reichen ihre 7 Auswahlmöglichkeiten in der Reihenfolge ihrer Präferenz ein (diese Informationen werden verwendet, um im Falle eines Unentschiedens über die Positionen zu entscheiden).	Die Akademie-Mitglieder reichen ihre 10 Auswahlmöglichkeiten in der Reihenfolge ihrer Präferenz ein.
Die Wählerinnen und Wähler müssen in den Restaurants, die sie nominieren, in den letzten 18 Monaten gegessen haben.	Die Mitglieder der Akademie müssen in den Restaurants gegessen haben, die sie in den letzten 18 Monaten nominiert haben – und werden gebeten, diese Tatsache für jede ihrer Nominierungen zu bestätigen.
	Die Mitglieder der Akademie müssen das Datum ihres letzten Besuchs in jedem der von ihnen nominierten Restaurants bestätigen.
Wählerinnen und Wähler dürfen nicht für Restaurants stimmen, die sie besitzen oder an denen sie ein Interesse haben.	Mitglieder der Akademie dürfen nicht für Restaurants stimmen, die sie besitzen oder an denen sie ein finanzielles Interesse haben – und werden gebeten, diese Tatsache für jede ihrer Nominierungen zu bestätigen.
	Mitglieder der Akademie können nicht für ein Restaurant stimmen, wenn es sich um ein Esserlebnis handelt, das nicht im Restaurant selbst stattfindet, z. B. wenn ein Restaurant oder ein Küchenchef Abendessen an verschiedenen Orten veranstaltet.
	Mitglieder der Akademie können nicht für ein Restaurant stimmen, das innerhalb von 3 Monaten nach Veröffentlichung der Listen geschlossen ist oder schließen wird. Sie können daher nicht für ein temporäres Restaurant oder ein »Pop-up« stimmen.
Nominierungen müssen für das Restaurant erfolgen, nicht für den Gastwirt oder den Küchenchef.	Nominierungen müssen für das Restaurant erfolgen, nicht für den Gastronomen oder den Küchenchef (außer bei besonderen Einzelprämien).
	Die Mitglieder der Akademie sollten anonym bleiben, wenn es darum geht, an der Liste der 50 besten Restaurants der Welt teilzunehmen.

Quellen: https://web.archive.org/web/20130115011924 für 2013; https://www.theworlds50best.com/the-academy/manifesto für 2019; Übersetzung durch die Autoren; eigene Darstellung

Es zeigt sich, dass sich die Kriterien im Laufe der Zeit verschärft haben. So werden die Panelteilnehmenden dazu angehalten, Nachweise über einen tatsächlichen Restaurantbesuch vorlegen zu können. Zudem wird in den Kriterien deutlich, dass – im Gegensatz zum Guide Michelin – nur das Restaurant und nicht die Kombination Restaurant und Chefköchin bzw. Chefkoch ausgezeichnet wird.

Kritik

Häufig kritisiert wird, dass die Platzierungen großen Schwankungen unterliegen, wie in der Abbildung 12 am Beispiel dreier Restaurants aus Deutschland, Österreich und der Schweiz deutlich wird.

Darüber hinaus wird kritisiert, dass in der Liste, die auf 100 Plätze bzw. seit 2019 auf 120 Plätze aufgestockt wurde, eine relativ beliebige Auswahl an Restaurants getroffen wird und vor allem die Restaurants gelistet werden, welche die Werbetrommel kräftig rühren und sich somit in der Szene bekannter machen. Dies verdeutlichen auch die Ausführungen des Food Bloggers Julien Walther, der in seinem Blog »www.troisetoiles.de« im

Abb. 12   Beispielhafte Entwicklung der Platzierung in »The World's 50 Best Restaurants«

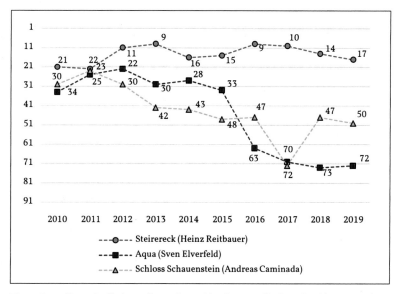

Eigene Darstellung; Quelle: https://www.theworlds50best.com/list/past-lists/ (2010–2019)

Jahr 2015 davon berichtet, nach drei Jahren aus seiner Tätigkeit als Panel-teilnehmer des Rankings auszusteigen. Für seinen Ausstieg führt er drei Gründe an. Erstens steht er aufgrund der Verschiedenheit der weltweiten Kochkulturen und Küchenstile nicht (mehr) hinter den Aussagen der Liste. Zweitens steht er nicht zu den Ergebnissen der Liste, so wurde im Jahr 2015 das Restaurant »El Celler de Can Roca« seiner Meinung nach nicht auf den ersten Platz gewählt, weil es die besten Produkte der Welt verwendet oder kulinarische Innovationen hervorgebracht hat, sondern weil

»es gerade fürchterlich en vogue ist, spanische (und südamerikanische) Gastronomie in den Himmel zu loben; und weil es vergleichsweise günstig ist, dort zu speisen; und weil die PR-Maschinerie des Restaurants eben recht gut funktioniert« (troisetoiles.de 2015).

Drittens hält er das Abstimmungsergebnis für unseriös, weil die Abstimmungskriterien nicht klar sind. Beim Guide Michelin beispielsweise geht es nur um die Küchenleistung, wohingegen die Wahl bei der World's 50 Best Restaurants Liste von einem guten Preis-Leistungs-Verhältnis, über das Design bis hin zur tatsächlichen Küchenleistung oder anderen Faktoren reichen kann. Zudem kritisiert Walther, dass es für die Juroren fast unmöglich ist, alle weltweiten Spitzenrestaurants wirklich zu kennen und deren aktuelle Leistung bewerten zu können. Hinzu kommt, dass entgegen der bereits genannten Abstimmungsregel über den Nachweis des Besuchs, keine Kontrolle durch World's 50 Best Restaurants erfolgt. So vermutet er,

»dass viel weniger Juroren damals im elBulli tatsächlich dort zu Gast waren als die Anzahl, die dafür abgestimmt haben. Dasselbe vermute ich von sehr vielen der dort platzierten Restaurants« (ebd.).

Gute Platzierungen können Restaurants auch dann erhalten, wenn sie es schaffen, dass Panelmitglieder einer Region ihre Urteile bündeln und alle gezielt für ein Restaurant abstimmen. Christian Bau, der auch eine Zeitlang Panelmitglied war, kritisiert in einem Interview mit »Restaurant-Ranglisten.de«, dass die Deutschen bei der Abstimmung nicht strategisch vorgehen, Panelmitglieder aus anderen Ländern, wie z. B. Dänemark, aber ihre Stimme für ein Restaurant zusammenlegen. Der ehemalige Restauranttester Zipprick (2011, S. 121) kritisiert im dänischen Fall eine sehr enge Beziehung zwischen Jurymitgliedern der Liste und René Redzepi (Chefkoch des mehrfach ausgezeichneten »Noma«), die eine Unabhängigkeit der Bewertung zumindest in einem zweifelhaften Licht erscheinen lässt. Allerdings ist der Vorteil dieses Rankings, dass es weltweit existiert und somit die Funktion einer Champions League Tabelle der Welt darstellt. Joachim Wissler, der 3-Sternekoch vom Restaurant »Vendôme«, dem es bislang als einzigem deutschen Koch gelungen ist, unter die Top 10 der World's 50 Best-Liste zu kommen, betonte die Wichtigkeit der internationalen Sichtbarkeit im Interview wie folgt:

»Die Statuten sind sehr umstritten. Ich war zehn Jahre am Stück in der Liste. Bin jetzt seit einem Jahr raus. Aber ich muss sagen, dass wir es durch diese Liste in den internationalen Fokus geschafft haben. Nur dadurch.«

Sicher verhalf ihm auch der Aufbau eines internationalen Netzwerks (z. B. als Gast bei internationalen Kochevents) zu einer entsprechenden Anzahl von Votern. Eine Liste, die mit dem Vorwurf von Fake-Bewertungen kämpft, weil sie bislang auf den Nachweis des tatsächlichen Restaurantbesuchs verzichtet, ist das OAD-Ranking, das wir nun kurz vorstellen werden.

Opinionated About Dining (OAD)

Recht jung ist das Bewertungsportal »Opinionated About Dining« (OAD), das für Gästebewertungen im Jahr 2004 von dem gebürtigen New Yorker Steve Plotnicki ins Leben gerufen wurde. Der Blog von Plotnicki entwickelte sich relativ rasch zu einem Forum für den kulinarischen Erfahrungsaustausch von Gourmets. Aus diesem Grund startete er eine weltweite Restaurant-Bewertungsumfrage, welche mittlerweile die Einschätzung von mehr als 5 700 registrierten Restaurantgästen und Food-Bloggerinnen und -Bloggern zu 175 000 Restaurants widerspiegelt (Stand 2019). Die Beiträge der bewertenden Personen (Reviewer) selbst werden ebenfalls gerankt (siehe Tab. 16).

Der Algorithmus der gelisteten Restaurants bewertet die Stimmen von sehr erfahrenen Votern deutlich höher als von Teilnehmenden mit weniger Reviews. In einem Selbstversuch der beiden Autoren wurde deutlich, dass keinerlei Aufnahmekriterien für die Teilnahme als Reviewer erforderlich sind. Nach dem Einloggen findet man dort für verschiedene Regionen (USA, Europa, Kanada, Süd- und Zentralamerika, Asien und Australien) Restaurants, für die eine Bewertung aussteht. Allerdings wird dort nicht kontrolliert, ob das Restaurant tatsächlich besucht wurde. Insofern ist die Glaubwürdigkeit – nicht nur dieses Rankings – in Frage zu stellen. Warum der Guide Michelin ein geringeres Glaubwürdigkeitsproblem hat

Tab. 16   Ausschnitt aus dem Ranking der OAD-Reviewer

Rank	Name	Location	Votes	Score	Website
1	Takefumi Hamada	Tokyo, Japan	1637	4366	www.instagram.com/takefumi.hamada/
2	Steve Plotnicki	New York, NY	2070	4043	www.opinionatedaboutdining.com
3	Bennet Chui	Hong Kong	954	3592	www.instagram.com/bennetchui/
4	Margaret Lam	Tokyo, Japan	1140	3189	www.instagram.com/little_meg_siu_meg/
5	Gerhard Huber	Munich, Germany	723	2932	foodle.pro/ghhuber
6	Gary Okazaki	Portland, Oregon	1194	2753	www.instagram.com/garythefoodie/
7	Robert Driscoll	San Mateo, CA	1405	2706	www.instagram.com/robert_j_d/
8	John Bruno Scherrer	Brentwood, CA	1173	2605	www.instagram.com/bigtime_makin_it_nice/
9	Jeffrey Merrihue	Santa Monica, CA	1068	2594	XtremeFoodies.com
10	Andy Hayler	London, UK	1198	2559	www.andyhayler.com

Quelle: http://www.opinionatedaboutdining.com/survey/reviewers.html, Stand 15.10.2019

und eine soziale Institution darstellt, werden wir im nachfolgenden Unterkapitel zeigen.

WAS MACHT DEN GUIDE MICHELIN ZUR SOZIALEN INSTITUTION?

Der Vorteil von Rangordnungen, wie sie die Guides erzeugen, ist relativ eindeutig. Jede Person weiß damit, wo es gutes, noch besseres und eben das beste Essen gibt. Wie bei einer Bundesligatabelle im Fußball kann man sehen, wer oben und wer unten steht. Allerdings ist die Bundesligatabelle an einfache und insbesondere leicht zu überprüfende Kriterien gekoppelt. Die Mannschaft, die ein Fußballspiel gewinnt, bekommt drei Punkte, die Verlierer null Punkte. Bei einem Unentschieden bekommen beide Mannschaften jeweils einen Punkt. Gewonnen hat, wer mehr Tore schießt. Solche einfachen quantifizierbaren Kriterien gibt es leider bei der Bewertung von Essen nicht. Das Geschmacksurteil beim Essen ist und bleibt etwas sehr Subjektives. Wie kann dann ein solches Ranking erstellt werden? Wie kann sichergestellt werden, dass ein 3-Sterne-Essen wirklich besser ist als ein 2-Sterne-Essen und dieses wiederum besser als ein 1-Sterne-Menü? Warum wird das Urteil der Inspektorinnen und Inspektoren des Guide Michelin von Köchinnen und Köchen sowie Gästen gleichermaßen akzeptiert? Worin besteht die Grundlage für diese außergewöhnlich hohe Anerkennung, wobei es sich doch scheinbar um ein subjektives Geschmacksurteil handelt?

Ein Restaurant-Ranking kann nur funktionieren, wenn alle Beteiligten das Urteil als glaubwürdig und legitim ansehen. Das Urteil muss von allen sozial akzeptiert werden. Daher besteht ein Kernproblem für Guides darin, Glaubwürdigkeit aufzubauen (Lane 2014, S. 287). Warum nun hat der Guide Michelin diese Glaubwürdigkeit? Warum wird sein Urteil von allen akzeptiert? Auf Seiten der Köchinnen und Köche ist er der Goldstandard schlechthin. Die Bedeutung der Sterne kann anhand einer kleinen Anekdote über den jetzigen 3-Sternekoch Kevin Fehling illustriert werden. Der Michelin-Chefredakteur erzählte im Interview folgende Geschichte, die Kevin Fehling auch in einem Radio-Interview bestätigt hat: *»Und Kevin Fehling hat wochenlang den Guide Michelin unter dem Kopfkissen gehabt und hat jeden Morgen, als er aufgewacht ist, erst einmal reingeschaut und geguckt, ob er wirklich drinsteht«* (Chefredakteur Guide Michelin).

Initiationsriten

Der Guide Michelin hat im Laufe der Zeit Initiationsriten entwickelt, welche dafür sorgen, dass die Auszeichnungen in ein elitäres Licht gerückt werden, Gleiches gilt auch für den Gault&Millau in der Schweiz. Die Sterne werden alljährlich auf einer Oscar-ähnlichen Veranstaltung vergeben, wo dann die neue Ausgabe des Guide Michelin einem erlesenen Kreis vorgestellt wird. Diese Zeremonie stellt einen Initiationsritus für die Köchinnen und Köche dar, die jetzt neu zu der auserwählten Runde dazugehören. Bis zu dieser Veranstaltung bleibt geheim, wer welche Sterne bekommt. Allerdings werden neu ausgezeichnete 2- und 3-Sterneköche im Vorfeld darüber informiert, damit sie die Auszeichnung bei der Gala persönlich entgegennehmen. Sie dürfen jedoch nichts sagen, damit es die Presse vorab nicht erfährt. Zu diesen Anrufen erzählt der Chefredakteur des Guide Michelin:

»Da habe ich auch schon die tollsten Reaktionen erlebt. Teilweise konnten sie (die Köche) gar nicht mehr reden und ich sagte ›Hören Sie zu, Herr X, ich rufe in zehn Minuten nochmal an,

wenn Sie sich dann einigermaßen gefangen haben und dann besprechen wir die Details‹. Und ich
instruiere sie natürlich ganz genau, weil – wenn sie jetzt zu ihren Teams gehen und das bekannt
geben –, dann ist es schnell öffentlich. Und wenn dann zur Sterneverleihung viele, viele Journa-
listen erscheinen und aus erster Hand die Informationen bekommen möchten und können das
schon im Netz lesen, dann haben wir den Effekt, den wir nicht wollen. Und das verstehen die Kö-
che auch« (Chefredakteur Guide Michelin).

Die Selbstwahrnehmung der Köchinnen und Köche ist dabei, wie uns in
den Interviews immer wieder bestätigt wurde, dass sich die 1-Sterneköche
als »Ritter der Tafelrunde« fühlen. Die Köchinnen und Köche mit 2-Ster-
nen sind die nationalen Stars und jene mit 3-Sternen sind international
bekannt. Sie kochen dann in der Champions League, wie in vielen Interviews geschildert. Damit diese Errungenschaft nach außen sichtbar wird,
wird zwar kein Pokal wie im Fußball verliehen, wohl aber eine Plakette
übersandt. Diese wird für jeden gut sichtbar im Eingangsbereich des ausgezeichneten Restaurants platziert. Und wenn eine bereits vorhandene
Michelin-Plakette durch die neue Ausgabe des Guide Michelin nicht mehr
aktuell ist, dann wird auch schon einmal mit dem Edding nachgeholfen.
So wie im Fall von Juan Amador, dessen Restaurant 2019 mit dem dritten Stern ausgezeichnet wurde. Bis zum Eintreffen der neuen Michelin-
Plakette »korrigierte« er kurzerhand die Jahreszahl auf der alten Plakette und fügte ein »+1« bei den Sternen handschriftlich hinzu. Als Marco
Müller, Chefkoch des Restaurants »Rutz«, im Jahr 2020 mit drei Sternen
ausgezeichnet wurde, tat er übrigens am Tag der Verkündigung gleiches
mit der »alten« 2-Sterne-Plakette und postete die »Korrektur« in seinem
Instagram Account (siehe Abb. 13).

Auch beim Gault&Millau – allerdings nur in der Schweiz – gibt es eine
Inszenierung bei der Verleihung von 19 Punkten, die einem Initiationsritus gleichkommt. In der Schweiz ist und war der Gault&Millau lange
Zeit viel präsenter als der Guide Michelin und wird in den Interviews für
die Schweiz als ebenbürtig beschrieben. Dementsprechend groß ist das
Aufsehen, wenn es ein Koch oder eine Köchin in den erlesenen Kreis der
19-Punkte-Riege schafft, von denen es aktuell nur sieben Köche und seit
2020 mit Tanja Grandits erstmals eine Köchin gibt. So berichtet Heiko Nieder im Interview:

»Als wir 2019 ›Koch des Jahres‹ wurden und 19 Punkte bekommen haben –, das ist groß, das ist
wirklich groß. Das habe ich so nicht erwartet. Man ist in jeder Zeitung, man ist im Fernsehen,
man ist im Radio und nicht nur für den Moment, das geht die ganze Zeit so weiter. Die Leute ste-
hen im Restaurant auf und geben dir die Hand. Die Leute wollen Fotos haben, jeder schreibt dir

Abb. 13 Michelin-Plakette im Restaurant »Amador« in Wien im Jahr 2019 (© Wilkesmann & Wilkesmann)

und schickt dir irgendwas. Ich habe zwei Wochen gebraucht, um mich nur für die erste Welle zu bedanken. [...] Das ist Wahnsinn und das geht jeden Tag noch so weiter, sprich Einladungen für irgendwelche Events, Anfragen von Journalisten.«

Zudem hat der Gault&Millau ein besonderes Ritual in der Schweiz eingeführt, das Heiko Nieder wie folgt beschreibt:

»19 Punkte ist ein wirklich edler und kleiner Kreis, das waren vorher sechs Köche. Und diese Köche sind immer am Sonntag vor der montäglichen Verleihung im Restaurant des neuen ›Koch des Jahres‹. Da kommen sie mit ihren Frauen und mit dem Chef-Redakteur vom Gault&Millau, mit seiner Frau und der Chef-Sekretärin, das ist so eine Tradition. Und dieses Jahr war es so, dass ich in den 19-Punkte-Kreis aufgenommen wurde. Der Chefredakteur meinte im Vorfeld zu mir: ›Wundern Sie sich nicht, das wird eine fiese Nummer. Die kommen alle einfach rein, essen schnell und sagen kein Wort und verziehen keine Miene.‹ Und so war es hier auch. Erst ab dem vierten, fünften Gang fingen sie dann an, gute Laune zu kriegen. Dann bin ich mit meinem Team anschließend aus der Küche gekommen und dann haben sie alle geklatscht und es hieß: ›Holen Sie einen Stuhl für Herrn Nieder.‹ Und dann durfte ich mich zu dem erlesenen Kreis setzen und war aufgenommen. [...] Das war so ein bisschen wie eine Endabnahme und schlimmer als die Gesellenprüfung oder sonst irgendetwas.«

Solche Rituale, insbesondere wenn sie über die Zeit eine gewisse Tradition bekommen haben, sind sehr wichtig, um Glaubwürdigkeit und Legitimation zu erzeugen. Dies alleine kann aber nicht der Grund für die besondere Stellung des Guide Michelin sein, insbesondere weil auch der Gault&Mil-

lau in der Schweiz – wie gerade geschildert – solche Initiationsriten aufgebaut hat. Die eingangs gestellte Frage, warum der Guide Michelin eine so hohe soziale Akzeptanz und besondere Glaubwürdigkeit besitzt, kann zusammenfassend durch folgende Gründe beantwortet werden.

Finanzielle Unabhängigkeit

Der Guide Michelin ist kein eigenes Wirtschaftsunternehmen, das sich durch Werbung oder durch Verkäufe seiner Ergebnisse finanzieren muss. Bis heute wird der Guide durch den Reifenhersteller Michelin finanziert. Er ist damit unabhängig und muss sein Urteil und Ranking nicht an irgendwelche wirtschaftlichen Überlegungen knüpfen. Sollte allerdings irgendwann die Finanzierung bzw. Subventionierung durch das Mutterunternehmen wegfallen, dann würde ein wichtiges Kriterium hinfällig werden, was den Guide Michelin zur sozialen Institution gemacht hat. Seine Unabhängigkeit und Reputation wären stark gefährdet. Der wirtschaftliche Druck scheint auch beim Guide Michelin angekommen zu sein, was sich z. B. im Kauf und Wiederverkauf (ahgz.de 2019a) der Online-Plattform »bookatable.com« ausdrückt. Auch der Guide Michelin scheint zusätzliche Einnahmequellen zu benötigen, um wirtschaftlich bestehen zu können. Mittlerweile werden auch Fremdanzeigen im Guide Michelin veröffentlicht. Im Gegensatz zu anderen Guides können sich allerdings die gelisteten Restaurants und Hotels nicht durch zusätzliche Fotos optisch besser platzieren, wobei diese optische Verbesserung in den anderen Guides kostenpflichtig ist. Dadurch kann bei kritischen Leserinnen und Lesern der Eindruck entstehen, dass es den Restaurant Guides, die solche kostenpflichtigen Aufhübschungen vornehmen, mitunter an Neutralität und Objektivität fehlt.

Professionelle Beurteilung

Die Beurteilung der Restaurants ist professionell, weil nur Spezialistinnen und Spezialisten und nicht etwa interessierte Laien daran teilnehmen. Die Inspektorinnen und Inspektoren des Guide Michelin sind ausschließlich hauptamtlich angestellte ehemalige Köchinnen und Köche, die die Branche und die angewandten Techniken sehr gut kennen. In Deutschland sind momentan 12 hauptamtliche Inspektorinnen und Inspektoren unterwegs. Die fachliche Kompetenz ist die Voraussetzung für die Glaubwürdigkeit der Inspektorinnen und Inspektoren (Lane 2014, S. 287). Wenn die Testerinnen und Tester neu eingestellt werden, dann bekommen sie ein sechsmonatiges »Training on the Job«, wo sie zusammen mit erfahrenen Testerinnen und Testern arbeiten.

»Und bei uns ist es üblich, das ist nach wie vor so, dass die Inspektoren dann natürlich auch eine Probezeit haben. Und diese Probezeit, die über ein halbes Jahr geht, mit erfahrenen Inspektoren reisen und auch das Identische essen. Und sich dann über das Essen austauschen. Es wird auch über jedes Essen, das gemacht wird, ein sehr detaillierter Bericht angefertigt« (Chefredakteur Guide Michelin).

Die neuen Testerinnen und Tester werden so mit den Kriterien vertraut gemacht und ihr Geschmacksurteil wird auf den Standard des Guide Michelin geeicht. Auch von den Spitzenköchen wurde die Glaubwürdigkeit und Kompetenz in den Interviews größtenteils bestätigt. So berichteten diese, dass sie sich – im Gegensatz zu den Testerinnen und Testern anderer Restaurant Guides – mit den Michelin-Inspektorinnen und Inspektoren, wenn sie sich nach dem Essen als solche ausgeben, auf Augenhöhe begegnen.

Objektivität durch relativ klare Kriterien

Auch wenn Essen eine Geschmackssache ist, wird durch den gerade geschilderten Selektions- und Lernprozess zu Beginn der Inspektorentätigkeit dafür gesorgt, dass die Inspektorinnen und Inspektoren immer und überall möglichst die gleichen Regeln, Kriterien und Maßstäbe anwenden. Technisch gesprochen wird die Glaubwürdigkeit innerhalb einer Person (intrasubjektive Reliabilität) sichergestellt, d. h. da immer dieselbe Person die unterschiedlichen Menüs in verschiedenen Restaurants testet, ist sichergestellt, dass sie die Regeln gleich anwendet. Aufgrund ihres breiten Erfahrungshorizonts ist die Geschmackssensibilität der Inspektorinnen und Inspektoren sehr gut trainiert: *»... viele, viele meiner Mitarbeiter haben 5 000 bis 6 000 Essen gegessen ...«* (Chefredakteur Guide Michelin). Außerdem wird jedes Restaurant von mehreren, unterschiedlichen Testerinnen und Testern besucht, sodass die Urteilsbildung nicht nur auf dem Urteil einer Person beruht. Technisch gesprochen existiert zusätzlich die Glaubwürdigkeit zwischen verschiedenen Personen (intersubjektive Reliabilität).

Die Beurteilung erfolgt nach klaren Kriterien. Der Chefredakteur des deutschen Guide Michelin nennt folgende Kriterien, die auch von den interviewten Köchen genannt wurden:

»Die Produktqualität ist natürlich sehr wichtig, wie ist die Zubereitung von der fachlichen Seite her? Wie ist der Aufbau des Gerichtes? Hat das Ganze eine geschmackliche Balance, macht das alles Sinn? Das sind alles so Eckpfeiler, die jedes einzelne Gericht beschreiben und wo wir jedes einzelne Gericht separat beurteilen, zwischen schlecht, mittelmäßig, Standard und wir sagen immer kleiner Stern, Stern, guter Stern. Und dann geht es so weiter. Und zum Schluss schreibt

der Inspektor dann eine Konklusion, eine Zusammenfassung, über das Erlebte insgesamt« (Chefredakteur Guide Michelin).

Allerdings werden die konkreten Kriterien, die auf dem Bewertungsbogen stehen, nie öffentlich gemacht. Begründet wird dies mit dem Argument, dass eine Veröffentlichung zu einer Homogenisierung führen würde. Würden alle Köchinnen und Köche die Kriterien kennen, würden alle nur noch nach diesen Kriterien kochen, ohne eigene Akzente, eigene Ideen und unverwechselbarer Handschrift. Damit würden alle Küchen einer Linie folgen, was in der Konsequenz langweilig wäre. Allerdings wandeln sich die Ansprüche mit der Zeit und damit verändern sich auch die Gerichte, für die es einen Stern oder mehrere gibt: *»Für ein Holzfällersteak gibt es keinen Stern«* (Chefredakteur Guide Michelin). Zu der Kategorie der klaren Kriterien gehört auch, dass die Beurteilungen nachträglich einsehbar sind, d. h. die Restaurantbetreiber sowie die Köchinnen und Köche können nach Karlsruhe fahren und mit dem Chefredakteur zusammen die Beurteilungsbögen besprechen.

Einfachheit, Anonymität, Transparenz und kollektive Entscheidungsprozesse

Das Ranking ist mit den drei Sternen sehr einfach zu verstehen. Viele Menschen, die sich in der Spitzengastronomie nicht so auskennen, haben von den Sternen schon einmal gehört und wissen, dass drei Sterne besser als zwei oder ein Stern sind. Die interviewten Köche haben uns immer wieder bestätigt, dass gerade im Bereich der 2- und 3-Sternerestaurants ein hoher Anteil internationaler Gäste kommen, die nur aufgrund der Bewertung im Guide Michelin in dem Restaurant essen wollen.

Die Inspektorinnen und Inspektoren erscheinen anonym im Restaurant und wechseln auch ständig die Gebiete, sodass alle Inspektorinnen und Inspektoren auch wirklich unerkannt bleiben. Findet ein Besuch der Küche statt, so muss sich der Inspektor oder die Inspektorin zu erkennen geben. Dies ist aber zeitlich immer nach dem anonymen Testessen angesetzt und der jeweilige Inspektor oder die jeweilige Inspektorin wird in den nächsten zehn Jahren das Restaurant nicht mehr besuchen. Diese Anonymität trägt auch dazu bei, dass der Guide Michelin auch außerhalb der Gastronomie eines der letzten Mythen ist. Ein Interviewpartner berichtete, dass er regelmäßig von den Gästen angesprochen wird: *»Ist das dann wirklich so mit dem Michelin und haben die dann da einen Bart angeklebt? Und es ist wirklich so, mit diesen Reservierungen für zwei, die kommen dann aber alleine?«* (1-Sternekoch). Auch die Köche gehen mitunter aus der Küche und schauen, ob Autos mit

Karlsruher Kennzeichen und Michelin-Bereifung auf dem Parkplatz stehen: »*Mein alter Chef ist jeden Abend mit dem Kippchen vor dem Abend-Service oder als der schon lief über den Parkplatz und hat sich alle Kennzeichen angeguckt. Bis hin zum Seitenblock raus*« (1-Sternekoch). Alles in allem wird durch das anonyme Testverfahren die Glaubwürdigkeit nicht nur aufseiten der Köchinnen und Köche, sondern auch bei den Gästen sichergestellt.

Die Entscheidung, welches Restaurant wie viele Sterne bekommt, wird nicht individuell gefällt, sondern auf der sogenannten Sternekonferenz, zu der sich alle Inspektorinnen und Inspektoren aus der Redaktion treffen und gemeinsam ein Urteil bilden.

»Wir beschließen das im Konsens. Und wenn dann irgendwelche Zweifel bestehen, dann haben wir immer noch die Möglichkeit, noch jemanden hinzuschicken. Und gerade, wenn es um den 3-Sterne-Bereich geht, sind auch internationale Direktoren dann gefragt, ihre Meinung abzugeben. Ich war vor zwei Wochen noch in Frankreich unterwegs, ... um da auch nochmal meine Meinung abzugeben, zu dem einen oder anderen Restaurant und genauso ist es in Deutschland« (Chefredakteur Guide Michelin).

Durch diese Regel, dass sich alle Testerinnen und Tester einigen müssen, ist die Sternevergabe konservativ. Die Beurteilung ist insofern konservativ, weil die Köchinnen und Köche, um in die nächsthöhere Kategorie zu gelangen, schon mehrere Jahre auf dem höheren Niveau kochen müssen. Sollte also die Sternekonferenz zu dem Urteil gelangen, dass eine 1-Sterneköchin bzw. ein 1-Sternekoch jetzt auf 2-Sterne-Niveau arbeitet, dann muss er oder sie diese Qualität mindestens zwei, drei Jahre halten, bevor die zwei Sterne offiziell verliehen werden.

Institutionalisierung

Der Guide Michelin ist schon 100 Jahre alt und in 23 Ländern vertreten. Dadurch besitzt er Tradition und internationale Sichtbarkeit. *»Der Michelin ist eben weltweit ein Begriff. Die Kollegen wissen, auch weltweit, auf welchem Level wir sind«*, wie es ein 3-Sternekoch im Interview auf den Punkt brachte. Er ist eine Institution, mit der Köchinnen und Köche sozialisiert werden. Alle kennen die Champions League der 3-Sterneköche. Dies sind die Helden, denen die jungen Köchinnen und Köche nacheifern möchten. Da der Guide Michelin in vielen Ländern testet, können Kochkünste über Länder- und Kulturgrenzen hinweg verglichen werden. So berichteten viele Sterneköche in den Interviews, dass sie bei Kochevents im In- und Ausland bei Ankündigungen und in der Presse immer als Sterneköchin bzw. Sternekoch präsentiert werden. Zudem meinten einige, dass das selbst das Personal mitunter nicht weiß, wie viele Punkte das Restaurant im Gault&Millau oder wie viele Bestecke im Schlemmer-Atlas aktuell erkocht wurden. Die Sterne-Auszeichnung stellt somit eine harte internationale Währung dar, die von einer breiten Masse geteilt wird. Egal, wo Sterneköchinnen oder Sterneköche in der Welt auftreten, wenn sie sagen, sie seien mit einem Stern ausgezeichnet, weiß fast jeder, was das heißt. Häufig werden Bewertungen anderer Restaurantführer in das Sterne-Bewertungssystem umgerechnet: *»Also sieben Pfannen im Gusto entsprechen ungefähr einem Stern im Guide Michelin«*, wie ein Koch mit Teller-Auszeichnung im Guide Michelin und aktuell sieben Pfannen im Gusto exemplarisch im Interview meinte.

Der Guide Michelin ist aufgrund dieser Kriterien, die von allen akzeptiert und als gültig wahrgenommen werden, zu einer sozialen Institution geworden. Sowohl Köchinnen und Köche als auch Gäste folgen dem Urteil des Guide Michelin. Dadurch, dass alle dem Urteil folgen und es akzeptieren, wird der Guide Michelin als soziale Institution reproduziert. Alle richten ihr Handeln nach dem Urteil des Guide Michelin aus: Gäste reisen mit dem Guide Michelin in der Hand um die Welt und besuchen die entsprechend ausgezeichneten Restaurants. Köchinnen und Köche streben danach, in der Sterne-Hierarchie aufzusteigen. Was sie genau motiviert, werden wir später genauer analysieren (siehe Kapitel zur Motivation).

Zwischenfazit

Fast ausnahmslos alle traditionellen Restaurantführer, so lässt sich an dieser Stelle festhalten, verfolgten von ihrer Ursprungsidee her andere Zwecke und Ziele: Der Guide Michelin wurde als Marketinginstrument für Reifen konzipiert, der Schlemmer Atlas wirbt für Benzin der Marken Aral und BP. Der Restaurantführer »Der Feinschmecker Restaurant Guide« macht Werbung für sein gleichnamiges Monatsmagazin und auch der Gault&Millau verdient gut an den Fotos zu den Testberichten. Der Gusto setzt in Deutschland sicherlich neue Standards. Nicht nur, dass die Gebühr von den Restaurantbetreibern bzw. Köchinnen und Köchen weithin als legitim angesehen wird, sondern auch mit Blick auf die Transparenz, Aktualität und Echtzeitverfügbarkeit im Internet. Ein weiterer Trend besteht darin, Gästebewertungen stärker einzubinden. So wurden (zumindest bis zu dessen Verkauf) beim Buchungssystem »bookatable by Michelin« nur verifizierte Gästebewertungen veröffentlicht und auch im Webportal des Schlemmer Atlas werden mittlerweile Gästebewertungen als verifiziert markiert, indem sich die Portalmitglieder selbst postalisch verifizieren lassen können und zusätzlich die Restaurantbewertungen anhand von eingereichten Restaurantquittungen festgestellt werden können. Aktualität, Transparenz und Objektivität scheinen somit zum aktuellen Leitprinzip zu avancieren. Gerade in Sachen Aktualität kam es selbst beim renommiertesten Restaurantführer in der jüngsten Vergangenheit zu einer unschönen Panne, weil im Guide Michelin Restaurants gelistet waren, die ihren Betrieb längst aufgegeben hatten. Im Fall von Johann Lafers Ankündigung, dass er sein Sternerestaurant »Le Val d'Or« nach der Winterpause mit einem neuen Konzept jenseits der Sterneküche weiterführen möchte, lag eine zu kurze Zeitspanne zwischen ebendieser Ankündigung Mitte Januar 2019 und dem Erscheinen des Guide Michelin im Februar 2019 und ist somit zu verzeihen. Anders stellt es sich im Fall von Lars Volbrecht dar. Sein Restaurant »Alte Vogtei« wurde mit einem Michelin-Stern neu ausgezeichnet, obwohl das Restaurant schon seit Mitte 2018 geschlossen war. Auch der umgekehrte Fall, indem es eine Bib Gourmand Auszeichnung für das mittlerweile auch schon wieder geschlossene belgische Restaurant »Ostend Queen« gab, welches allerdings zur Drucklegung noch nicht eröffnet war, sorgte in der Vergangenheit des Guide Michelin 2005 für Furore. Jedoch schaffte es der Guide Michelin, den Restaurantführer Benelux rechtzeitig einzustampfen und in korrigierter Fassung neu zu drucken.

Ebenso soll die neue Bewertung bis zum Tage der Veröffentlichung des Guide streng geheim bleiben. Nicht immer gelingt dies. So sorgte die Veröffentlichung des deutschen Gault&Millau 2019 im Herbst 2018 für Aufregung. Denn obwohl das Buch noch nicht im Handel erhältlich war, sickerten die Bewertungsergebnisse an die Öffentlichkeit. In der Regel erhalten die Redaktionen überregionaler Zeitungen die Restaurantführer vor dem eigentlichen Veröffentlichungsdatum mit der Auflage, eine bestimmte Sperrfrist einzuhalten, um entsprechende Meldungen für die Zeitung vorbereiten zu können. Versehentlich wurden einige Exemplare an Gastronomen geschickt, welche die Ergebnisse über Social-Media-Kanäle verbreiteten. Glücklicherweise verzichtete der Gault&Millau auf eine öffentliche Preisverleihung im Oscarstil, ansonsten wäre der Überraschungseffekt verpufft.

Eine ähnliche Panne erlebte übrigens auch der Guide Michelin, bei denen Jahre zuvor der Blog »Sternefresser.de« die neuen Sternegewinner vorab verraten hatte. Aufgrund seiner überragenden Stellung haben dem Guide Michelin (zumindest bisher) diese Pannen nichts anhaben können. Eine soziale Institution zerbricht erst dann, wenn eine größere Gruppe von Menschen ihr Handeln nicht mehr nach den Regeln der Institution ausrichtet. Bisher ist der Guide Michelin davon (noch) verschont. Sowohl Köchinnen bzw. Köche als auch Gäste vertrauen dem Urteil des Guide Michelin und besuchen und verehren die besternten Restaurants. Werden die verschiedenen Guides nebeneinandergelegt, bildet sich ein mehr oder weniger vollständiges und relativ genaues Bild der Spitzengastronomie in den jeweiligen Ländern ab. Im Interview meinte ein Restaurantkritiker einer großen deutschen Wochenzeitung, dass für Deutschland der Guide Michelin, Gault&Millau, der Feinschmecker Restaurant Guide und der Gusto zusammengenommen eine sehr präzise Beschreibung der Szene der Top-Gastronomie ergeben. In jedem Restaurantführer gibt es seiner Meinung nach schon einmal *»ein schwarzes Schaf«*, also eine zu hohe Bewertung, die aber durch den Vergleich aller Restaurantführer auffällt. Auch er nennt den Guide Michelin als den Restaurantführer mit der geringsten Anzahl von Fehlurteilen. *»Also bei Michelin ist es so, dass es relativ wenig Häuser gibt, die die Bewertung nicht verdienen. Aus dem einfachen Grund, weil eben die Prüfkriterien am strengsten sind«* (Restaurantkritiker).

Resümierend können wir an dieser Stelle festhalten, dass die Restaurantführer und Rankings ihre Funktion, d. h. die Sichtbarkeit der Spitzengastronomie herzustellen und einen entsprechenden Markt zu bereiten, immer erfüllt haben. Am besten zeigt sich dies im Fall von Restaurants in Regionen, die jenseits von Metropolen verortet sind. So konzentrieren sich in Deutschland beispielsweise mehrere höchstdekorierte Spitzenrestaurants in Baiersbronn, einem kleinen Dorf im Schwarzwald. Eine Region, die sich dank der dort ansässigen Spitzengastronomie im Laufe der Zeit zu einem kulinarischen Mekka entwickelt hat.

Wie wir gesehen haben, ist die Sterneauszeichnung an die Leistung und somit immer an das Restaurant und den Namen der Chefköchin bzw. Chefkochs gebunden. Dennoch stehen Spitzenköchinnen und Spitzenköche nicht alleine in der Küche, sondern leiten eine größere Küchen-Mannschaft. Damit sind Spitzenköchinnen und Spitzenköche Führungskräfte, die ein Restaurant wirtschaftlich, kulinarisch und personell leiten. Doch wie ticken Sterneköchinnen und Sterneköche? Welche Ausbildung haben sie genossen? Wie schaffen sie es, ihr Team zu Spitzenleistungen zu bringen? Das Erlebnis in der Spitzengastronomie wird nicht nur durch die Küche, sondern auch durch den Service bestimmt. Deshalb sind auch die Fragen relevant, wie der Service organisiert ist, wie er untereinander und mit der Küche kommuniziert und was die Köchinnen und Köche dazu motiviert, Sterne erkochen zu wollen. Bevor wir mit der Beantwortung starten, werden wir uns in diesem Kapitel zunächst mit der personellen, räumlichen und zeitlichen Organisation der Spitzengastronomie befassen. Außerdem spielt die Frage der Wirtschaftlichkeit eine nicht zu vernachlässigende Rolle.

DIE INTERNE ORGANISATION DER SPITZENGASTRONOMIE – PERSONELLE, RÄUMLICHE, ZEITLICHE UND WIRTSCHAFTLICHE ASPEKTE

Wenn man sich mit der Organisation der gehobenen Küche befasst, kommt man nicht an Auguste Escoffier (1846–1935) vorbei. Escoffier setzte sich nicht nur für die Verbesserung der Arbeitsbedingungen und der gesellschaftlichen Stellung von Köchen ein, sondern er revolutionierte Anfang des 20. Jahrhunderts die gehobene Küche in Frankreich und gilt als der Urvater der modernen Küche. Seine Grundprinzipien und Organisationsmethoden, die auch heute noch weltweit angewandt werden, hielt er erstmals in seinem 1903 erschienenen Kochkunstführer, dem »Guide Culinaire«, fest. Dieses Werk gilt neben seinem zweiten Buch, dem »Livre des Menu« (1912), in welchem er mehrgängige Menüs auf der Grundlage des Guide Culinaire zusammengestellt hat, bis heute als »die« Bibel aller Köchinnen und Köche. Aus heutiger Sicht kann sein visionärer Geist nicht genug gewürdigt werden. So schrieb er bereits vor über hundert Jahren:

»Die Küche muss sich wie eine Mode mit der Zeit entwickeln, wir müssen allzeit mit fundamentalen Veränderungen rechnen, die das Leben der Menschen erfassen und ihrerseits beschleunigt werden. Konsequenterweise werden wir Schritt für Schritt leichtere Gerichte und einfachere, kleinere Menüs vorschlagen« (Escoffier 1903, zitiert nach Escoffier[10] 2015, S. 4).

»Kochen ist alles in allem eine Kunst, sie wird sich zukünftig mit höherer Präzision und wissenschaftlicher entwickeln, gleichzeitig werden wir die Bedeutung der Ernährung und der Aromen respektive deren Vielfalt verbessern und somit den Wert einer Speise erhöhen« (Escoffier 1912, zitiert nach ebd.).

Escoffier war weiterhin der Ansicht, dass man sich nur mit dem Besten zufriedengeben könne. Übertrieben komplizierte Rezepte oder ein unnötiges kulinarisches Schauspiel hingegen verurteilte er aufs Schärfste. Oberstes

Ziel einer jeden Köchin und eines jeden Kochs sollte seiner Meinung nach das Streben nach Perfektion, Unkompliziertheit und Aufrichtigkeit sein. Seine kulinarischen Visionen gab er an mehr als 2 000 Köche weiter, die er im Laufe der Zeit ausgebildet hatte und die auf diese Weise zur Verbreitung seiner Botschaft beigetragen haben (Berger 2015).

Damit die Arbeit in der Küche effektiver vonstattengehen konnte, führte er nicht nur moderne Garmethoden ein, sondern unterteilte die Küche in verschiedene Abteilungen, die sogenannten Posten. Diese Posten wurden in hierarchischen Abstufungen mit spezialisierten Köchen besetzt, die für klar definierte Aufgabengebiete zuständig waren und einzelne Komponenten für die Gerichte herstellten. Durch die Auflösung der vormals ganzheitlichen Zubereitungsprozesse in der Küche, ging die Zubereitung von Gerichten in Arbeitsteilung nun wesentlich schneller vonstatten. Auf diese Weise war es möglich, sich auf die wandelnden gesellschaftlichen Bedürfnisse einzustellen, die mit dem Aufkommen der Industrialisierung einhergingen (z.B. qualitativ verbesserte, leichter verdauliche Speisen). Insofern lassen sich seine arbeitsorganisatorischen Überlegungen auch als eine Übernahme neuer industrieller Fertigungsideen deuten (Ruiner & Wilkesmann 2016), indem die Arbeit in der Küche nun von einer stärkeren Standardisierung, Arbeitsteilung und Hierarchisierung geprägt war. Auf die hierarchische Aufteilung und die Verteilung der Posten werden wir nun mit Blick auf die personelle Organisation näher eingehen.

PERSONELLE ORGANISATION – WER MACHT WAS?

Die Restaurant-Teams, welche Abend für Abend für kulinarische Hochgenüsse sorgen, lassen sich in zwei Gruppen unterteilen: Die erste Gruppe ist die »weiße Brigade«. So wird das Küchenpersonal genannt. In den 2- oder 3-Sternerestaurants umfasst die weiße Brigade je nach Größe des Restaurants und der Anzahl der zu bewirtenden Gäste in der Regel etwa zehn bis zwölf Personen. Die zweite Gruppe bildet die »schwarze Brigade«, das Servicepersonal, welches in den genannten Restaurants meist aus acht bis zehn Personen besteht. In den meisten Feinschmeckerrestaurants werden Gäste nur abends empfangen. In den Gourmetrestaurants, bei denen neben dem Abendservice auch ein Mittagsservice angeboten wird, erhöht sich der Personalbedarf im Bereich der weißen und schwarzen Brigade entsprechend. In den nachfolgenden Ausführungen gehen wir von jener Restaurantvariante aus, die ausschließlich Abendservice anbietet.

Die weiße Brigade – die Köchinnen und Köche

Seit Escoffier gibt es in den Küchen fest unterteilte Posten (Abteilungen), deren genaue Bezeichnungen daher nach wie vor aus dem Französischen stammen. Dem Chef de Cuisine (Chefköchin bzw. Chefkoch) untersteht als direkter Vertreter der Sous-Chef (stellvertretender Küchenchef bzw. Küchenchefin). Darunter werden unterschiedliche Posten jeweils von einem Chef de Partie (Postenchef) besetzt, welche wiederum je nach Größe der Brigade von einem Demi-Chef de Partie (stellvertretender Postenchef) und/oder mehreren Commis de Cuisine (Gesellen/Jungköche) unterstützt werden. Ganz unten in der Hierarchie befinden sich die Apprentis cuisiniers (Auszubildende) und Stagiaires (Praktikantinnen und Praktikanten).

Die Stagiaires können allerdings auch erfahrene (Sterne-)Köchinnen und -Köche sein, die in einer anderen Sterneküche hospitieren (siehe Kapitel Der Weg zu den Sternen). Quer dazu gibt es häufig die Funktion des Tournant (Springer), einer Person, die auf allen Posten einsetzbar ist und die Chefs de Partie bei Abwesenheit ersetzt oder als Verstärkung von Posten dient. Meist stehen die Tournants kurz vor der Prüfung zum Küchenmeister, einer Fortbildung, die Köchinnen und Köche zur Leitung einer Küche befähigt. Der Küchenmeisterlehrgang dauert drei bis sechs Monate und

Abb. 14   Idealtypischer Aufbau der weißen Brigade

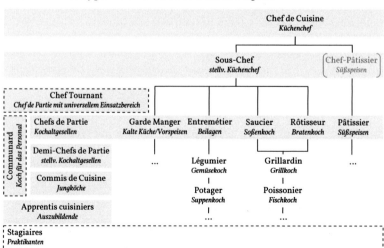

Quelle: eigene Darstellung; die männliche Form inkludiert explizit auch Frauen

ist eine gastronomische Aufstiegsfortbildung, die wirtschafts- und handlungsbezogene Qualifikationen (z. B. Recht und Steuern, Rechnungswesen, Mitarbeiterführung, Speisentechnologie) vermittelt. Die Abschlussprüfung erfolgt bei der IHK.

Neben der Erstellung der einzelnen Komponenten für die Gourmetteller, die in der Regel für den Abendservice und somit für die Gäste bestimmt sind, kocht der oder die Communard du Personel (Personalköchin bzw. Personalkoch) das Personalessen. Die Aufteilung hierfür ist recht unterschiedlich. In einigen Fällen übernehmen dies die Auszubildenden, wie ein 3-Sternekoch im Interview erzählt:

»Ich finde wichtig, dass wir auch ausbilden und wir ihnen die Basics, die wir natürlich so in der Küche nicht machen, beibringen. Man muss wissen wie Gulasch geht oder wie das und das geht. Und deswegen haben wir immer auch ein super Personalessen. Ich sage immer, wenn du für deine Mitarbeiter schlecht kochst, wie kochst du dann erst für die Gäste? Und das ist ganz wichtig. Deswegen gibt es auch immer super Personalessen. Und die können für das Personalessen eigentlich einkaufen was sie wollen. Also jetzt kein Kaviar und Gänseleber. Aber das Personalessen ist ganz wichtig« (3-Sternekoch).

An dieser Stelle muss betont werden, dass Auszubildende – wie wir später noch sehen werden (siehe Kapitel Der Weg zu den Sternen) – im höheren Sterne-Bereich eher selten anzutreffen sind. Häufig rotiert die Verantwortlichkeit für die Zubereitung des Personalessens. In manchen Fällen *»opfert«* sich eine Person und übernimmt die Aufgabe freiwillig, wie uns die Junior Sous-Chefin eines 3-Sternerestaurants erzählte:

»Mir ist da sehr dran gelegen, dass wir ein Team sind. Und deswegen koche ich das Personalessen, damit wir uns gegen 17:30 Uhr einfach alle einmal gemeinsam hinstellen, jeder hat mal fünf Minuten Zeit. Es wird mal kurz einfach an nichts gedacht, es wird mal nichts gemacht. Das ist einfach unglaublich wichtig« (Junior Sous-Chefin, 3-Sternerestaurant).

Die Abbildung 14 zeigt den idealtypischen Aufbau der weißen Brigade. Dieser umfasst nicht nur die Zuordnung von Positionen innerhalb der Küchenhierarchie, sondern noch weitere inhaltliche Funktionen, die wir kurz vorstellen werden.

Chef de Cuisine

Der Chef de Cuisine (Chefköchin bzw. Chefkoch) ist für den reibungslosen Ablauf in einer Küche verantwortlich. Unterstützt wird er oder sie durch den Sous-Chef bzw. die Sous-Chefin (stellvertretender Küchenchefin bzw.

Küchenchef). Dieser vertritt seinen oder ihren Vorgesetzten in der Abwesenheit oder aber übernimmt bestimmte Aufgabenbereiche. Je nach Aufgabenteilung und Größe der Brigade bestehen die Aufgaben an der Spitze der Küchenhierarchie im Wareneinkauf, der Kreation und Erstellung der Speisen sowie der dazugehörigen Preiskalkulation. Die Erstellung der Speisekarten bzw. des Menüs bleibt, wie wir später noch sehen werden (siehe Kapitel zur Kreativität), in der Regel exklusiv dem Chefkoch bzw. der Chefköchin vorbehalten. Zusätzlich sind die beiden für die Aus- und Weiterbildung des Küchenpersonals sowie für die Erstellung und Kontrolle der Dienstpläne verantwortlich. Häufig berichteten die interviewten Chefköche, dass sie neben dem Kochen viele administrative Aufgaben zu erfüllen haben, weil die Chefköche schauen müssen, »*dass dieses sehr komplexe Konstrukt von einem Dienstleistungsgewerbe auf allerhöchstem Niveau, dass das durch die vielen kleineren Zahnrädchen, durch die vielen kleinen Individuen, die Menschen, die da drin arbeiten, letztendlich so ineinandergreift, dass das eine Perfektion ausstrahlt, die man nicht spürt. Das ist meine Hauptaufgabe im Alltag*« (3-Sternekoch). Insofern ist die Hauptaufgabe gar nicht mehr das Kochen selbst, sondern eher das Management, wie ein anderer 2-Sternekoch folgendermaßen illustriert: »*Am Anfang, habe ich hier auf Posten gekocht und irgendwann habe ich gemerkt: Du kannst nicht mehr auf der einen Seite den ganzen Bürokram machen, kochen und dann auch noch auf die anderen aufpassen*« (2-Sternekoch). Insofern betonen alle Chefköche, dass ein verlässliches und eingespieltes Team die Hauptvoraussetzung ist, damit ein blindes Verstehen möglich ist und alle Rädchen reibungslos ineinandergreifen.

Sous-Chef

Eine besondere Rolle nehmen die Sous-Chefs ein, die den Chefköchinnen und Chefköchen den Rücken freihalten. Häufig wird in 2- und 3-Sternerestaurants die Arbeit auch auf mehrere Sous-Chefs (z. B. Sous-Chef und Junior Sous-Chef) verteilt.

»*Der eine kümmert sich um die Soßen und die Gesamtorganisation, der andere kümmert sich um den Einkauf beziehungsweise um alles, was so außer Haus-Geschichten sind und der dritte Sous-Chef macht alles, was kalt ist, sprich Pâtisserie und die ganzen Snacks, im Prinzip ein Garde Manger. Also habe ich im Endeffekt drei Leute und wird sind wie eineiige Drillinge. So funktioniert das auch ganz gut, wir kennen uns schon ewig*« (3-Sternekoch).

Früher waren die Sous-Chefs einzig und allein die Erfüllungsgehilfen der Chefköchinnen und Chefköche: »*Da schrieb zum Beispiel ein Herr Wohlfahrt die Karte, die wurde mit dem Sous-Chef besprochen und der musste dann das Ganze an die Mitarbeiter weitergeben«* (2-Sternekoch). Mittlerweile erhalten die Sous-Chefs einerseits zur Entlastung ihrer Chefs, andererseits aber auch als Vertrauensbeweis oftmals größere Handlungsspielräume im Küchenalltag (siehe dazu auch das Kapitel zu den Führungsstilen).

»Ich probiere alles durch, wobei mein Sous-Chef und meine Junior Sous-Chefin das auch tun, wenn etwas schon länger läuft. Man muss auch irgendwo das Vertrauen in die Person setzen. Und wenn das Fleisch angeschnitten wird, dann sehe ich trotzdem, ob es gut ist oder nicht« (3-Sternekoch).

Ein anderer 3-Sternekoch erzählt im Interview, dass seine beiden Sous-Chefs die Bestellung der Waren federführend übernehmen.

»Ein Sous-Chef kümmert sich um die Bestellung von Gemüse und Obst und der andere um Fleisch und Fisch. Das geht alles noch einmal über meinen Schreibtisch und ich nicke das dann ab. Aber im Prinzip machen die das selbstständig« (3-Sternekoch).

In beiden Zitaten wird deutlich, dass neben den zugestandenen Freiräumen am Ende stets die Kontrolle von ganz oben erfolgt. Die Freiräume dienen aber auch dazu, die Sous-Chefs zu motivieren und für den weiteren Karriereweg zu festigen. Sie sind in der Regel auch dafür zuständig, dass das operative Geschäft am Abend reibungslos läuft.

Sous-Chefs bleiben meist länger im Team als die Köchinnen und Köche auf anderen Positionen. Da sie in der Sterne-Szene aufgrund ihrer Chefköchin bzw. ihres Chefkochs sehr sichtbar sind, werden sie mitunter von Hotels abgeworben, um dort ein eigenes Restaurant mit Sterneambitionen zu eröffnen. Wie wir später noch sehen werden (siehe Kapitel Der Weg zu den Sternen), haben alle besternten Köchinnen und Köche längere Zeit als Sous-Chefs in renommierten Häusern gearbeitet. Es ist also das Karrieresprungbrett, um selbst einmal besternte Chefköchin oder besternter Chefkoch zu werden, wie ein Sous-Chef im Interview anmerkte:

»Man muss auch dazu sagen: Wir spielen jetzt Champions-League und das ist für das Zeugnis oder für den weiteren Werdegang einfach ein riesiger Step nach vorne.« (Sous-Chef, 3-Sternerestaurant).

Sous-Chefs arbeiten im Küchenalltag, je nach Spezialisierung, auf unterschiedlichen Posten, auf die wir nun kurz eingehen.

Posten

Die klassische Posten-Aufteilung in der Spitzengastronomie besteht aus den Posten Garde Manger, Entremétier, Saucier und Pâtissier. Auf dem Posten des Garde Manger werden alle kalten Speisen hergestellt (z. B. Terrinen, Gelatinen und Pasteten). In der Spitzengastronomie gibt es meist keinen gesonderten Vorspeisen Posten, den sogenannten Hors-s'Œvrier, sodass der Posten des Garde Manger für die Zubereitung der kalten Amuse-Bouches und Vorspeisen hauptverantwortlich ist. Der Entremétier – im Küchendeutsch auch als Gemüseposten bekannt – ist für die Herstellung der Beilagen zuständig. Dazu zählen die Vorbereitung und das Kochen von Gemüse, Eierspeisen sowie die Zubereitung von Beilagen (z. B. Kartoffeln, Reis, Teigwaren) und kleineren Zwischengerichten. Auf dem Posten des Sauciers werden Fonds, Saucen und Brühen hergestellt. Wenn die Postenaufteilung keinen Rôtisseur vorsieht, übernimmt der Saucier auch das Braten von Schlachtfleisch (Rind, Schwein), Wild, Geflügel und Wildgeflügel. In größeren Brigaden gibt es auch noch einen Posten, der für die Vor- und Zubereitung von Fisch zuständig ist, den sogenannten Poissonier. Aufgrund einer zunehmenden Anzahl von vegetarischen Gästen, hat sich die interne Hierarchie zwischen den Posten ein wenig zu Gunsten der Entremétiers verschoben:

»*Ich habe die Posten Fleisch und Fisch, dann habe ich zweimal Gemüse aufgeteilt. Das Gemüse ist ein großes Feld. Um da noch mehr ins Detail zu gehen und die Möglichkeiten größer zu machen, habe ich den Posten erweitert. Früher war es so, dass dort das tournierte Gemüse in der Schublade war. Das wurde dann in der Butter mit ein bisschen Brühe warm gerührt und irgendwo dazugelegt. Das Gemüse hat heute einen viel größeren Stellenwert. Ich nenne es auch nicht mehr Beilage, weil es inzwischen zum Gericht dazugehört. Deswegen ist es wichtig, dass dieser Counterpart mehr Zeit bekommt, um damit etwas Kreatives zu machen und etwas Intellektuelles oder Interessantes herauszuholen und nicht nur irgendwo am Tellerrand liegt, weil da eben etwas liegen soll*« (3-Sternekoch).

Ebenso an Bedeutung gewonnen hat die Pâtisserie. Hier werden Süßspeisen, Desserts, Kuchen, Torten, Gebäck, Eis und Sorbets hergestellt. Je nach Größe und interner Aufteilung der Küche kann der Chef Pâtissier entweder dem Sous-Chef in der Hierarchie gleichgestellt sein oder als normaler Posten mit entsprechenden Unterposten (Demi-Chef Pâtissier und/oder Commis de Pâtissier) organisiert sein. In Deutschland, Österreich und der Schweiz erfolgt die Spezialisierung im Bereich der Pâtisserie nach dem Abschluss der Ausbildung zum Koch, Bäcker, Konditor oder Confiseur. Bisweilen absolvieren sie auch zwei Ausbildungsberufe, so wie Christian Hümbs, der mit über 41 200 Followern auf Instagram (Stand Februar 2020) der Popstar in der Pâtisserie-Szene ist. Hümbs ist sowohl gelernter Konditor als auch Koch und begann seine Karriere als Pâtissier bei Johann Lafer. Seine größte Prägung erfuhr er beim 3-Sternekoch Sven Elverfeld, wie er in einem Interview verriet: *»Das war wichtig, um meinen Horizont zu erweitern und mal mitzubekommen, was auf globaler Ebene auf dem Teller passiert. Die Jungs wussten einfach, was weltweit abläuft, und vor allem dadurch bin ich heute auch so, wie ich bin«* (sternefresser.de 2017).

Die größte Herausforderung bei der Gestaltung der Speisen in der Spitzengastronomie besteht darin, dass ein Menü vom Anfang bis zum Schluss des Menüs eine Linie und die Handschrift des Chefs de Cuisine haben sollte. *»Bei vielen Restaurants gibt es den Cut dann nach dem Hauptgang und dann kommt eine andere Linie«* (2-Sternekoch). Pâtissiers sind oft als Diven oder Küchen-Picassos verschrien oder wie ein 2-Sternekoch meinte *»Ich habe schon mit vielen Pâtissiers gearbeitet und das sind sehr, sehr spezielle Leute. Vielleicht bekommen sie zu viel Zucker. Sie sind einfach sehr eigen«* (2-Sternekoch). Allerdings essen sie laut Selbstauskunft im Interview gar nicht so viel Süßes, wie man vermuten könnte:

»Wenn ich mit meiner Frau essen gehe, achte ich zwar besonders auf die Desserts, aber ich bestelle meistens Käse. Meine Frau muss dann immer das Dessert wählen und zwar das, was ich am liebsten hätte. Also ich bin nicht so der süße Fan, wenn ich privat esse. Ich würde zuhause lieber etwas Salziges abends naschen als eine Tafel Schokolade. Das ist, glaube ich, einfach beruflich bedingt, weil ich mittags halb zwei schon mit der Schokolade anfange. Warum soll ich nach Hause kommen und dann noch Schokolade essen?« (Sous-Chef und Pâtissier, 1-Sternerestaurant).

Die Sonderstellung der Pâtissiers innerhalb der Küche ist darauf zurückzuführen, dass ihnen mehr Freiraum in zeitlicher Hinsicht zugestanden wird als dem Rest der weißen Brigade, etwa bei der Pralinenherstellung, weil diese weit im Voraus hergestellt und gelagert werden können.

»In der Chocolaterie ist es bei mir so: Du kannst arbeiten, wann du möchtest. Wichtig ist: Es muss alles da sein, keine Frage. Letzte Woche hatte sie frei und die Woche davor hat sie mehr gearbeitet und die Kühlschränke mit Pralinen vollgemacht. Damit sie kein schlechtes Gewissen hat und wir nicht in Stress verfallen, weil wir jetzt noch schnell zwischendurch Pralinen machen müssen« (2-Sternekoch).

Zum anderen und weitaus wichtiger ist die gestalterische Freiheit ihrer Arbeit, welche die Pâtissiers genießen:

»Der Pâtissier ist für die Dessertabteilung verantwortlich und hat da sehr, sehr viel Freiraum. Ich komme meistens nur zum Probieren und sage: ›Ja, da müsste man noch dies, da vielleicht noch das verändern.‹ Aber er hat dort den Freiraum den er eben braucht, um kreativ zu sein« (1-Sternekoch).

»Für mich ist da mehr Ruhe auf dem Posten, ich kann kreativer sein beim Anrichten. Und in den Geschmäckern kann ich für mich noch kreativer sein. Die neuen Techniken, wie Stickstoff, Vakuum, Sous-Vide, die wir alle im Haus haben, die landen größtenteils erst immer alle bei mir« (Sous-Chef und Pâtissier, 1-Sternerestaurant).

Wie wir später im Kapitel zu Innovationen und Kreativität in der Spitzengastronomie noch ausführlicher zeigen werden, stammen viele Techniken ursprünglich aus der Pâtisserie, die mittlerweile für die Zubereitung und Gestaltung von Texturen bei herzhaften Komponenten genutzt werden. Etwa der Gebrauch von Siphons, die ursprünglich nur in der Pâtisserie zum Aufschlagen von Sahne eingesetzt wurden, werden heute für die Herstellung von warmen Espumas (z. B. als Kartoffel- oder Pilzschaum) genutzt. Den Grundstein dafür legten die Brüder Ferran und Albert Adrià, die im Restaurant »El Bulli« die Spitzengastronomie revolutionierten. Mittlerweile verschwimmen die Grenzen zwischen moderner Pâtisserie und moderner Küche immer mehr. Dies macht sich einerseits dadurch bemerkbar, dass aktuell der Trend zu zuckerreduzierten Desserts geht, welche durchaus Komponenten enthalten, die man eher dem Entremétier zurechnen würde (z. B. Mandarinen Crème brûlée kombiniert mit Olive). Vor allem Christian Hümbs steht dafür, dass er Gemüse in Deutschland desserttauglich gemacht hat. Andererseits und umgekehrt finden süße Komponenten Einzug in die Gänge weit vor dem Dessert, etwa die berühmte karamellisierte Kalamata-Olive, die bei Sven Elverfeld im Restaurant »Aqua« als Amuse-Bouche gereicht wird. Insofern verschwimmen die Grenzen zwischen Pâtisserie und anderen Bereichen. Ein Pâtissier erklärt diesen Prozess uns gegenüber im Interview folgendermaßen:

»Wir haben auch ganz viele Gerichte, die ursprünglich ein Dessert waren und die dann in eine Vorspeise umgewandelt wurden. Quasi mit weniger Süße, mehr Säure, ein bisschen Schärfe und das funktioniert wunderbar« (Sous-Chef und Pâtissier, 1-Sternerestaurant).

Der Bereich der Pâtisserie kann daher als kreative Keimzelle in der Spitzengastronomie interpretiert werden und folglich erklärt dies auch ein Stück weit ihre Sonderstellung innerhalb der weißen Brigade.

Damit der reibungslose Ablauf im Abendservice gelingt, gibt es schließlich noch die Position des Annonciers, welcher je nach interner Organisation eines Restaurants entweder zur weißen oder zur schwarzen Brigade gehört und das Bindeglied zwischen beiden Brigaden ist. Annonciers übermitteln Bestellungen in die Küche und kontrollieren diese vor dem Verlassen der Küche auf ihre Richtigkeit. Somit haben wir die Hauptfunktionen und Posten in der weißen Brigade erklärt und wechseln nun über zum Service, der schwarzen Brigade.

Die schwarze Brigade – der Service

Die schwarze Brigade, der Service, ist ähnlich hierarchisch aufgestellt wie die weiße Brigade. Wie in Abb. 15 deutlich wird, ist der Servicebereich von den Funktionen nicht so ausdifferenziert wie der Küchenbereich.

Maître, Sommeliers und Co

Für die Leitung eines Restaurants ist der oder die Maître zuständig. Hier finden sich durchaus mehr Frauen in Führungsposition als dies im Küchenbereich der Fall ist. Die Restaurantleitung hat häufig eine Stellvertreterin oder einen Stellvertreter (Assistant Maître), welche bzw. welcher die Restaurantleitung in Abwesenheit vertritt. In kleineren Restaurants übernimmt diese Funktion manchmal der Sommelier bzw. die Sommelière oder ein Chef de Rang (Stationskellner).

»Ich habe ein festes Team draußen, also im Restaurant. Das ist jetzt zum einen unser Sommelier. Dann habe ich noch einen Mitarbeiter und eine Mitarbeiterin als Demi-Chef de Rang. Dazu kommen noch eine Auszubildende und meine Wenigkeit, also fünf Leute in dem operativen Bereich« (Maître, 3-Sternerestaurant).

Häufig haben die Personen, die im Service tätig sind, zunächst eine Ausbildung zur Restaurant- oder Hotelfachfrau bzw. zum Hotelfachmann absolviert. Ähnlich wie bei der weißen Brigade durchlaufen die Servicekräfte in der Spitzengastronomie eine zweite »Ausbildung«, in der sie in die Feinheiten des gehobenen Service eingewiesen werden. Heutzutage bedeutet dies aber nicht mehr, sich steif und zurückhaltend zu verhalten. Schon in dem Vorzeigerestaurant der 1990er und des ersten Jahrzehntes der 2000er Jahre, dem »El Bulli«, war der Service locker und entspannt, wie uns eine Besucherin berichtete. Mittlerweile stellt sich der Service in den Sternerestaurants auf die Gäste ein und versucht mit ihnen ins Gespräch zu kommen und – je nach Gast – dabei auch durchaus witzig und locker zu sein,

Abb. 15   Idealtypischer Aufbau der schwarzen Brigade

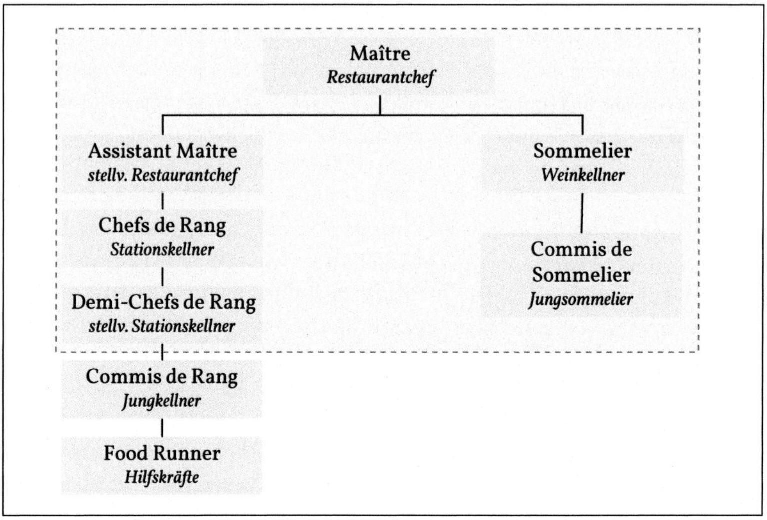

Quelle: eigene Darstellung; die männliche Form inkludiert explizit auch Frauen

wie ein Maître eines Restaurants berichtet, das in einem sehr gehobenen Ambiente eines Luxushotels beheimatet ist.

»Also es gibt natürlich einen Unterschied zwischen einem lockeren und professionellen Service auf der einen Seite und einem sehr steifen professionellen Service auf der anderen Seite. Heutzutage gibt es in der Sternegastronomie beides. Also auch dieses klassische Französische nach dem Motto: Nase in die Höhe und ich bin was Besseres. Das ist heute nicht mehr unbedingt angebracht. Aber viele handhaben das noch so. Mein Ansatz ist eher entspannter. Die Gäste kommen zu uns zum Essen, aber es soll sich auch ein bisschen so anfühlen, als ginge man zu Freunden essen. Das ist das, was wir gerne vermitteln wollen. Einfach eine unkomplizierte, tolle Erfahrung zu haben, ohne dass man jetzt glaubt man befindet sich in einem – wie sagt man so schön – Schnöselschuppen. Das wollen wir auf keinen Fall. Unser Haus ist auch schon von außen sehr eindrucksvoll und wir wollen eigentlich ab dem Zeitpunkt, wo die Fahrstuhltür aufgeht, ein bisschen den Druck von diesem noblen Restaurant nehmen« (Maître, 2-Sternerestaurant).

Die erste, formale Ausbildung zur Hotelfachfrau bzw. zum Hotelfachmann ist wesentlich breiter aufgestellt als die Ausbildung zur Restaurantfachfrau bzw. zum Restaurantfachmann. Erstere gewährt während der Ausbildung Einblicke in alle Bereiche eines Hotels, während Letztere sich einzig und allein auf den Restaurantbereich fokussiert. In der Ausbildungsbeschreibung des Deutschen Hotel- und Gaststättenverbandes (DEHOGA) heißt es:

»Restaurantfachleute bedienen und betreuen Gäste, arbeiten im Restaurant, am Buffet und in der Bar. Sie begrüßen und beraten Gäste, servieren Getränke und Speisen, sie erstellen die Rechnung und kassieren. Die Planung und Ausrichtung von Veranstaltungen, Tagungen und Festlichkeiten ist ein weiterer Schwerpunkt dieses abwechslungsreichen Berufes.« (DEHOGA o. J.)

An die Ausbildung können verschiedene Zertifikatslehrgänge der Industrie- und Handelskammer (IHK) angeschlossen werden, etwa zum Sommelier bzw. zur Sommelière. Die Aufstiegsfortbildung zum Restaurantmeister wird von der IHK hoheitlich geprüft. Häufig haben Restaurantleitungen eine Zusatzausbildung zum Sommelier bzw. zur Sommelière. Die Weiterbildung »Assistant Sommelier/Sommelière« bei der regional ansässigen IHK umfasst 50 Unterrichtseinheiten und soll die Absolventen dazu befähigen, ein breites Wissen rund um die Welt der Weine und anderer alkoholischer Getränke sowie über eine versierte Verkostungstechnik zu haben. Voraussetzungsvoller im Sinne einer nachweisbaren Berufserfahrung im Gastronomiebereich und mit 420 Unterrichtseinheiten wesentlich umfassender und mit höheren Kosten verbunden ist die Weiterbildung »Geprüfte/r Sommelier/Sommelière« bei der IHK. Die geprüften Personen müssen in der Lage sein, die Qualität und das Potential großer Weine selbstständig und fachmännisch zu beurteilen. Dazu gehört neben der sensorischen Schulung auch das Arbeiten am Tisch des Gastes, Menükunde, Weinkartenerstellung und die Weinkellerpflege. Personal, das sich in der Fortbildung zum Sommelier bzw. zur Sommelière befindet, reiht sich als Commis de Sommelier (Jungsommelier) in die Hierarchie der schwarzen Brigade ein.

Im Bereich des Service untersteht dem oder der Maître ein Chef de Rang (Stationskellnerin bzw. -kellner), dessen bzw. deren Arbeit sowohl von einem oder mehreren Demi-Chef de Rang (stellv. Stationskellnerin bzw. -kellner) als auch von einem oder mehreren Commis de Rang (Jungkellnerin bzw. -kellner) unterstützt wird. Deren Arbeit umfasst zum Beispiel Besteck oder Gläser für die Weinbegleitung nachlegen, Brot an den Tisch bringen, Wein und Wasser nachschenken und Speisen anreichen. Die Demi-Chefs de Rang sind dafür zuständig, die Tische abzurufen: »*Das bedeutet, er oder sie schaut: Aha, Tisch fünf ist gleich fertig, Tisch sechs ist auch gleich fertig. Die kann ich schon mal in der Küche melden, damit sie dort schon einmal anfangen können, den nächsten Gang herzurichten*« (Maître, 3-Sternerestaurant). Der Annoncier, eine Person, die als Pass-Manager das Kommunikations-Bindeglied zwischen Service und Küche ist, nimmt entgegen, was der oder die Demi-Chef de Rang abruft. Beim Annoncier handelt es sich um einen sehr komplexen Arbeitsplatz, weil die Person ihre Ohren im Service, aber auch in der Küche haben muss. Das bedeutet, dass sie koordinieren können muss, wann bestimmte Informationen an die Küche weitergegeben werden können und wann nicht. »*Sie muss zum Beispiel wissen: Nach Tisch fünf, sechs, sieben, was jetzt angerichtet wird, wird erst mal Tisch zehn gemacht, weil das habe ich vorher abgerufen. Und danach kann ich erst die Information vom Service weitergeben*« (Maître, 3-Sternerestaurant).

Der Aufstieg in der Service-Hierarchie kann durchaus auch sehr hart und langwierig sein, wie ein Maître im Interview schilderte:

»Ich habe in einem 3-Sternerestaurant als Commis angefangen. Da habe ich acht Monate das Restaurant gar nicht zu Gesicht bekommen. Ich musste nur im Keller arbeiten, habe Besteck und Teller poliert und auf einmal ist jemand zu mir gekommen und hat mir gesagt: ›Du machst das so gut, du wirst befördert und darfst schon ab morgen die Gläser polieren‹« (Maître, 1-Sterne-restaurant).

Ähnlich wie im Bereich der weißen Brigade sind Auszubildende eher selten in der schwarzen Brigade der Spitzengastronomie zu finden. Auch hier dürfen sie, wenn sie eine Ausbildung in einem größeren Restaurant- oder Hotelbetrieb mit mehreren Restaurants absolvieren, im dritten Lehrjahr im Fine Dining Bereich arbeiten. Häufig starten sie als Food Runner, welche fein bestückte Tabletts vom Pass zu den Gästen tragen (siehe Abb. 16).

Abb. 16 Tablett mit Apéros am Beispiel des Instagram Eintrags von Jan Hartwig am 06.02.2020

Quelle: Hartwig 2020

Die Food Runner bekommen ihre Anweisungen vom Annoncier: »*Du gehst an Tisch eins, auf die Position eins. Auf der linken Seite auf dem Tablett ist derjenige mit der Glutenunverträglichkeit*« (Maître, 3-Sternerestaurant). Die Positionen der Gäste sind klar zugeordnet, d.h. wenn man vor dem Tisch mit zwei Gästen steht, sitzt aus Sicht des Servicepersonals zur linken Hand der Gast mit der Position eins und zur rechten Seite der Gast mit der Position zwei. Dieses ist eines der vielen ungeschriebenen Gesetze, welche die Gäste durch einen Gourmetabend schweben lassen und die wir in der Beschreibung des Tagesablaufs später noch vertiefen werden. Die Food Runner halten dabei das Tablett mit den zu servierenden Speisen und die ranghöheren Servicekräfte reichen in einer lautlos abgestimmten Choreographie die Teller jedem Gast am Tisch gleichzeitig an. Jeder Teller wird dem Gast mit ein paar Sätzen erklärt. Dazu haben die Servicekräfte die wichtigsten Bestandteile des Gerichts auswendig zu lernen. Bei Menü-Wechsel fragt der oder die Maître den Chef de Rang, den Demi-Chef de Rang und Commis de Rang wie in einer Prüfung dieses Wissen ab. Dabei müssen die Servicekräfte das Essen auf Deutsch und Englisch korrekt beschreiben und Nachfragen ebenso gekonnt beantworten können. Diese Prüfungen beginnen vier bis fünf Tage vor dem neuen Menü und werden solange wiederholt, bis der oder die Maître mit dem Ergebnis zufrieden ist. Bevor wir auf den Ablauf eines Abends genauer eingehen, befassen wir uns zunächst mit der räumlichen Organisation eines Gourmetrestaurants.

RÄUMLICHE ORGANISATION – WIE FUNKTIONIERT DIE LOGISTIK?

Die Abbildung 17 zeigt einen idealtypischen Grundriss eines Gourmetrestaurants. Die räumliche Struktur sollte im besten Fall die Logistik im Küchen- und Servicebereich unterstützen. Etwa, dass die Kühl- und Lagerräume nicht allzu weit vom Anlieferungsbereich entfernt sind. Nicht selten erstreckt sich der Küchen- und Servicebereich aufgrund der gegebenen Bausubstanz über mehrere Etagen. Dies führt dann dazu, dass für das Küchen- und Servicepersonal bisweilen lange und anstrengende Laufwege mit vielen Treppen erforderlich sind.

Klassischerweise sind die Küchen in einen Bereich für die Zubereitung der warmen Speisen (warme Küche) und einen weiteren Bereich für die Zubereitung der kalten (Vor-)Speisen (kalte Küche) aufgeteilt. Meist gibt es

Abb. 17 Idealtypischer Grundriss eines Gourmetrestaurants

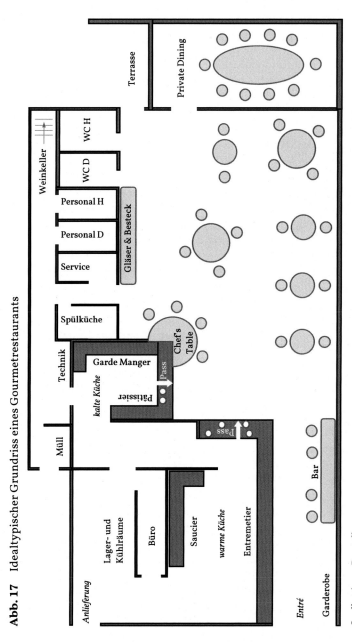

Quelle: eigene Darstellung

jeweils einen Pass für die kalten und warmen Speisen, an denen die Teller tischweise für den jeweiligen Gang finalisiert werden und dann vom Servicepersonal zum Servieren abgeholt werden. In der Regel steht die Chefköchin bzw. der Chefkoch am Pass und richtet final die Teller an. Die räumlichen Gegebenheiten und die damit verbundene Küchenlogistik nimmt durchaus Einfluss auf die Menügestaltung. Wie hoch der erforderliche logistische Organisationsaufwand an einem einzigen Abend ist, schildert ein 2-Sternekoch sehr eindrücklich:

»Als wir noch das Zwölf-Gang Menü hatten, da hatten wir an einem Abend 55 Gäste und als ich alle Teller gezählt habe, die wir angerichtet haben – und damit meine ich jetzt kein extra Schälchen, nicht das Apero, nicht die Süßigkeiten, nicht die Pralinen, nicht das Brot oder Käse dazwischen – da haben wir an dem Abend bei 55 Gästen 550 Teller angerichtet. Dafür brauche ich diese Logistik, die muss ich organisieren« (2-Sternekoch).

Wenn beispielsweise der Bereich für die warme Küche aufgrund der räumlichen Struktur und der Ausstattung (z. B. Wärmelampen am Pass) relativ klein ist und einen Flaschenhals darstellt, versuchen Chefköchinnen und Chefköche im Menü warme und kalte Gänge im Wechsel zu arrangieren, damit kein Stau in der abendlichen Routine entsteht. Insofern fragen sich Chefköchinnen und Chefköche immer, wann, wie und wo der nächste Teller schon vorbereitet werden kann, damit der Ablauf reibungslos über die Gangfolgen im Menü funktioniert.

»Ich muss mir im Vorhinein überlegen: Wird das Menü über den Abend hinweg auch im größten Stress funktionieren, wenn das Restaurant voll ist? Bringe ich uns selber in die Bredouille? Ich meine nicht nur mit der Arbeitsweise, sondern auch die Kombinationen. Der Garde Manger macht die erste Vorspeise, anschließend machen wir etwas am Herd. Dann vielleicht noch einmal etwas vom Herd. Darauf muss aber wieder etwas vom Garde Manger kommen, der eigentlich nur die Vorspeisen macht, weil er wieder ein Tickchen Luft hat, aber nur ein Tickchen, damit der Herd und der Pass zum Anrichten nicht zu voll werden. Mache ich vielleicht noch einen Gang dazwischen, der von der kalten Küche kommt? ... Das ist wirklich eine Logistik, die man sich vorstellen muss, wenn jetzt hier 40 Gäste drinsitzen. Die Gäste fangen ja unterschiedlich an und die essen unterschiedlich schnell, wir haben auch ein vegetarisches Menü. Die meisten essen das Zehn-Gang Menü, plus Amuse-Bouche, plus Apero, plus Gebäck und diese kleinen Dinger, da kommt schon mal was zusammen« (2-Sternekoch).

Nicht immer ist die räumliche Gestaltung so ideal wie in unserer Abbildung. Es kann durchaus vorkommen, dass der Bereich für die kalte und warme Küche räumlich weit voneinander getrennt oder aber sehr eng zu-

sammengedrängt sind. Mitunter ist den Spitzenköchinnen und Spitzenköchen die Architektur der Küche vor Dienstantritt gar nicht bekannt, so
wie im Fall eines interviewten 3-Sternekochs:

*»Ich habe hier angefangen, da war die Küche noch nicht umgebaut. Die ist jetzt noch sehr winzig.
Das Problem ist, dass dieses Hotel natürlich aufgrund des Alters gewisse architektonische Möglichkeiten bietet, die einfach nicht verhandelbar sind. Wenn da eine tragende Wand ist, kann ich
einfach nichts machen. Als ich mich im Hause vorgestellt habe, da durfte noch niemand wissen,
dass ich hier anfange. Und deswegen konnte ich mir auch diese ganzen Bereiche nicht angucken.
Ich war also das erste Mal in der Küche, als ich schon unterschrieben und meinen ersten Arbeitstag hatte. Das war alles schon sehr in die Jahre gekommen, schiefe Arbeitsflächen und so weiter. Aber was sollte ich machen? Ich dachte mir: Erst einmal Leistung bringen, erst einmal abliefern und dann fordern. Dann kam der erste Stern, die ersten Erfolge. Die Kritiker haben sich
eigentlich gleich überschlagen: ›Toll!‹ und ›Es passiert hier Großes!‹ war überall zu lesen. Damit konnte ich zur Geschäftsführung gehen und sagen: ›Ich bin dankbar und happy hier zu sein,
aber wenn da noch eine Schippe drauf soll, dann müssen wir etwas an der Küche machen.‹ Mit
einer großen Portion Vorschussvertrauen wurde mir die Küche umgebaut. Es ist immer noch
laut, weil alles offen ist und zwei Teams im Prinzip zusammenarbeiten. Der Service trifft sich
da im Gang. Es ist nicht optimal, aber es ist viel, viel besser als vorher. Und dann ging es mit den
Sternen weiter bergauf«* (3-Sternekoch).

Während in der Vergangenheit Küche und Gastraum streng voneinander getrennt waren und das Anrichten in der Küche hinter verschlosse-
nen Türen stattfand, verwischt mittlerweile in einigen neu konzipierten
Restaurants die Grenze zwischen Küche und Gästen. Sei es in Form einer Glasfront zur Küche oder einer ganz offen gestalteten Küche, wie im
Fall von Kevin Fehlings 3-Sternerestaurant »The Table« in Hamburg. Dort
sitzen die Gäste an einem geschwungenen Tresen und können von jedem
Platz aus in die offene Küche schauen. Eine weitere Form besteht in der
Konzeption eines »Chef's Table« im Gastraum wie er in unserer Abbildung zu sehen ist. So können beispielsweise bis zu vier Gäste im Restaurant »Palmgarden« wortwörtlich in der ersten Reihe am Pass sitzen und
dem 1-Sternekoch Michael Dyllong samt Team nicht nur über die Schulter
schauen, sondern auch über die besonderen Zutaten und Aromen der Speisen ins Gespräch kommen. In der Beschreibung des »Opus V«, bei dem es
ebenfalls einen Chef's Table gibt, ist zu lesen:

*»Als Gast können Sie live erleben, was in der Küche passiert. Ein weiteres Highlight ist der
Chef's Table, ein Séparée mit einer Trennwand zur Küche, die sich auf Wunsch öffnen lässt und
so Einblicke in die hohe Kunst der kreativen Küche gewährt. Das Restaurant wird dadurch*

transparent, persönlich und interaktiv: Man kann den Zubereitungsprozess riechen, hören und spüren.«

Insgesamt scheint sich ein Trend zu mehr Transparenz und Offenheit gegenüber den Gästen im Gourmetbereich abzuzeichnen. Dies wird nicht nur am wachsenden Angebot von Kochkursen in besternten Restaurants, sondern an Angeboten, wie dem »Chef for a Day« deutlich, bei dem interessierte Gäste einen Einblick in den Tagesablauf eines Gourmetrestaurants, was uns zum nächsten Kapitel führt.

ZEITLICHE ORGANISATION – WIE SIEHT DER TAGESABLAUF AUS?

Viele Spitzenköchinnen und Spitzenköche betonen die Differenz zwischen ihrer und der heutigen Ausbildungszeit, was vermutlich auch ein Alterseffekt ist. Dabei wird von 16 bis 18 Stunden-Schichten berichtet. Die Lehre fand in Betrieben statt, wo es Frühstücks-, Mittags- und Abend-Service gab und alles in einer Schicht abgedeckt wurde. Die langen und sozial unverträglichen Arbeitszeiten begründen aber auch eine Art Mythos und Zusammenhalt. In der Küche arbeiten echte und harte Kerle, denen solche Marathonschichten nichts anhaben können. Vielmehr schweißt dies die Küchenbrigade noch enger zusammen. Aufgrund der Arbeitszeiten bis tief in die Nacht verbringen viele Köchinnen und Köche ihre Freizeit miteinander, da andere Freunde vollkommen andere Arbeits- und somit auch Freizeitrhythmen haben, die nicht kompatibel sind. Nachfolgend werden wir einen »typischen« Tagesablauf in der heutigen Spitzengastronomie nachzeichnen. Wer übrigens einmal in die Rolle eines Team-Mitglieds in der Sterne-Gastronomie schlüpfen mag, hat bei 2-Sternekoch Silvio Nickol im Restaurant »Palais Coburg« in Wien dazu die Möglichkeit (siehe Abb. 18).

Die Beschreibung der aufgeführten Tätigkeiten umfasst im Prinzip einen typischen Tagesablauf. Unsere Interviewpartner haben uns ihren Tagesablauf geschildert, der sich idealtypisch wie in Abb. 19 zusammenfassen lässt, wenn es keinen Mittagsservice gibt und nur ein Abendmenü angeboten wird.

Die Abbildung zeigt die typische Routine eines durchschnittlichen Tages in der Spitzengastronomie, die wir nun etwas ausführlicher erläutern.

Abb. 18   »Chef for a Day« bei Silvio Nickol im »Palais Coburg«

> ERLEBEN SIE HAUTNAH RHYTHMUS, TEMPO
> UND TEAMSPIRIT EINER GOURMETKÜCHE:
> DIENSTANTRITT, REIN IN DIE KOCHJACKE,
> TAGESPLANUNG, PASSZUTEILUNG, WAREN-
> ANNAHME, MIS EN PLACE, PAUSE, SIEDEN,
> DAMPFEN, MUSIK HÖREN, GAREN, BRATEN,
> BACKEN, RÜHREN, VAKUUMIEREN (UND
> VIELES MEHR), GEMEINSAMES ABENDESSEN,
> LINE-UP, SCHICKEN, GÄSTE VERABSCHIEDEN,
> REINIGUNG, NACHBESPRECHUNG (AUCH
> GENANNT FEIERABENDBIER). UND ALS
> ZEICHEN DER ANERKENNUNG ERHALTEN SIE
> MÖGLICHERWEISE IM LAUFE DES TAGES VOM
> TEAM IHREN EIGENEN KÜCHEN-SPITZNAMEN.

Quelle: https://www.palais-coburg.com/kulinarik/specials/chef-for-a-day (letzter Abruf: 15.05.2020)

Vormittags

Die Chefköchin bzw. der Chefkoch kommt als erster oder erste in das Restaurant. Bevor der Rest der weißen Brigade erscheint, wird der größte Teil der administrativen Arbeit erledigt. Die E-Mails werden bearbeitet. Dort befinden sich noch Reservierungswünsche, aber vor allem Nachrichten von Zulieferern. Bestellungen müssen geplant und abgewickelt werden. Eventuell stehen Besuche bei Produzenten an oder Handelsvertreter von Zulieferern kommen vorbei, um neuartige Produkte vorzustellen und anzupreisen. Wenn Presse-Termine angesetzt sind, dann finden sie ebenso

Abb. 19   Typischer Tagesablauf in der Spitzengastronomie

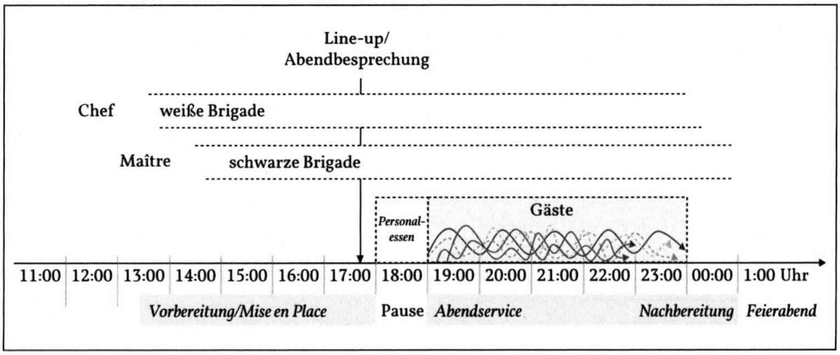

Quelle: eigene Darstellung

in dieser Zeitspanne ihren Platz wie Budget-Besprechungen mit der Hotelkette. Werden mehrere Restaurants geleitet, muss auch die Planung für die anderen Restaurants vorgenommen werden, was insbesondere unter dem Aspekt der Wirtschaftlichkeit wichtig ist, wenn die nicht verbrauchten Produkte des Vorabends dort verarbeitet werden müssen (siehe Kapitel zur Wirtschaftlichkeit). Personalgespräche oder, wie ein interviewter 3-Sternekoch sagte, »*Interviews mit zwei Professoren*« haben hier ihren Ort. Diese Zeitspanne vor dem Start der eigentlichen Produktion ist auch der Freiraum für den kreativen Part, die Entwicklung neuer Gerichte, die Planung und Komposition neuer Menüs (siehe Kapitel zur Kreativität). In dieser Zeit, wenn das restliche Küchenpersonal erscheint, findet die Anlieferung der Ware statt, die dann in den Kühlhäusern verstaut werden muss. Für die Chefs geht am Nachmittag häufig die administrative Arbeit weiter oder sie finden die Zeit, in der Küche mitzuarbeiten, manchmal nehmen sie sich auch explizit die Zeit, um alleine oder mit ihren Sous-Chefs neue Gerichte auszuprobieren.

Mittags
Um ca. 13 Uhr kommt die weiße Brigade, die zuerst die Warenlieferung einräumen muss. Die Chefs de Partie schreiben anschließend für ihre Posten die Mise en Place-Listen und suchen im Kühlhaus die Zutaten für ihre Liste zusammen. In der Küche beginnt dann die umfangreiche Vorbereitung. Für alle Gänge des Menüs werden die Vorprodukte erstellt, die Fonds oder Jus angesetzt, das Gemüse geschnitten, der Sous-Vide Garer angestellt und die vielen anderen Vorarbeiten erledigt. Dies erfolgt alles in einem hohen Tempo und unter Zeitdruck, da der Starttermin für den Service immer unverrückbar jeden Tag feststeht. Einige Köche zeichnen sich durch einen besonderen Stil aus, wie z. B. in der Verwendung von vielen Blüten und Kräutern, die dann gezupft werden müssen.

»*Wir stellen uns zwei Mal in der Woche hin und zupfen Kräuter. Das dauert ungefähr ein- bis anderthalb Stunden. Alle, die ganze Küche zusammen. Und da zupfen wir die ganzen Kräuter, die wir vom Bauern haben, von der Gärtnerei XY haben und sonstige Sachen. Das sind ungefähr momentan so um die 45 Kräuter und 25 verschiedene Blüten. Zupfen wir alles vor für Dienstag, Mittwoch, Donnerstag. Und am Freitag wieder für Freitag und Samstag zupfen wir die Kräuter vor, packen das in Boxen rein*« (2-Sternekoch).

Um das Tempo bei der Vorbereitung hoch zu halten, wird in manchen Küchen laut Musik gehört. Alle aus der Küche dürfen ihre Playlist einmal auflegen.

Die Chefköchin bzw. der Chefkoch probiert in der Regel noch mal die vorgekochten Produkte.

»Wenn die Jungs etwas gekocht haben, kommen sie sogar mit dem Löffel ins Büro und geben mir das zum Probieren. Oder sie rufen mich. Oder wenn ich sowieso in der Küche bin, dann laufe ich, gucke von Topf zu Topf, checke alles, sehe alles, kontrolliere alles. Aber das ist dann nur während der Vorbereitung« (2-Sternekoch).

Die schwarze Brigade kommt um ca. 15 Uhr und beginnt mit der Mise en Place des Service. Die Tische müssen eingedeckt, Servietten gefaltet, Weingläser poliert und die Gäste im Tischplan den einzelnen Tischen zugewiesen werden. Ebenso erhält die schwarze Brigade Informationen zu Unverträglichkeiten und Sonderwünsche der Gäste, welche bei der Zubereitung der Teller zu beachten sind. Bei Gästen, die in der Vergangenheit schon einmal das Restaurant besucht haben, sind Gewohnheiten (z. B. welches Wasser sie trinken, welche Weinvorlieben sie haben) notiert worden und werden auf dem Tischplan vorgemerkt. Der Maître eines 1-Sternerestaurants beschreibt dies folgendermaßen:

»Ich schaue auf die Reservierungslage für den Tag. Hat sich etwas geändert? Ist irgendwas dazu gekommen, was passiert? Stelle unser Telefon um, damit wir dann auch wieder erreichbar sind und dann gucken wir, dass wir in die Mise en Place gehen, d. h. wir decken die Tische entsprechend der Reservierungslage ein. Sprich Tischdecken auflegen, bügeln, Servietten brechen, Gläser, Teller eindecken. Währenddessen poliert schon jemand Geschirr und Besteck, damit wir das auch für den Abend parat haben. ... Dann wird alles hübsch gemacht, die Blümchen werden hingestellt. Anschließend wird noch einmal komplett kontrolliert, ob für den Abend alles ausreichend vorhanden ist, sprich Getränkeschubladen kontrollieren, dass genügend Wasser, Softgetränke, dass das alles da ist. Dann wird der Raucherbereich bei uns vorbereitet, heißt auch da Blumen raus, Decken raus, Kissen raus, Kerzen raus, damit alles schön ist. Dann ist es meistens schon kurz vor fünf und wir essen. Nach der Abendpause wird Eis und die Getränke entsprechend aufgefüllt. Ich gehe in der Zwischenzeit noch Weine holen oder sitze im Büro, bearbeite Anfragen von Gästen, nehme Reservierungen an, besorge Wein, ändere die Weinkarte« (Maître, 1-Sterne Restaurant).

Wenn in der Küche alle Komponenten für die einzelnen Gänge hergestellt wurden, d. h. die Mise en Place an den Posten abgeschlossen ist, wird die Küche geputzt und auf Hochglanz poliert. Dieses Ritual zwischen der Vorbereitung und dem Abendservice ist für alle Köchinnen und Köche ganz wichtig und unumstößlich. Ohne dieses Putz-Ritual darf der Abendservice nicht beginnen.

Abendbesprechung, Personalessen und Pause

Um ca. 18 Uhr findet dann ein gemeinsames Meeting von weißer und schwarzer Brigade statt. Die Gästeliste des Abends wird gemeinsam besprochen. Wer sitzt wo? Welche Besonderheiten, Vorlieben oder Allergien haben die einzelnen Gäste? Auf was ist besonders zu achten?

»Und um 20 vor sieben haben wir dann ein Service-Meeting mit Herrn XY (3-Sternekoch), mit den Sous-Chefs und mit der Pâtisserie und mit dem Garde Manger. Wo wir dann den Abend durchgehen, das bedeutet an Tisch eins sitzt Herr soundso mit einer Glutenallergie: Was muss gleich nochmal beachtet werden? An Tisch zwei haben wir einen Tester, an Tisch drei einen VIP, Tisch fünf, Stammgast. Und dann wird das dann alles durchgesprochen, dann werden eventuelle Fragen geklärt. Und dann schneiden wir auch noch den nächsten Tag an. Also, wir haben 25 Couverts. Morgen haben wir eine Meeresfrüchte-Allergie und einen Geburtstag« (Maître, 3-Sterne Restaurant).

Die Besprechung mündet im gemeinsamen Personalessen. Bevor die ersten Gäste kommen, ziehen sich bei Bedarf alle einmal um und machen sich frisch.

»Um 18 Uhr ist ein Line up. Das heißt, Service und Küche treffen sich draußen im Restaurant. Dann gibt es die Reservierungsliste. Kriegt jeder einen Zettel in die Hand. Dann wird durchgegangen, Name, Personenanzahl, Uhrzeit, welche Allergien, Unverträglichkeiten, Geburtstage. Was auch immer. Ein Stammgast, der schon da war, was kriegt der für ein Wasser? Was kriegt der für einen Champagner? Was mag er? Was mag er nicht? Also mega-viel Input für den Abend. Dann gehen wir gemeinschaftlich essen, setzen uns an eine große Tafel zusammen. Also Service und Küche setzen sich zusammen hin und essen. Anschließend geht der eine oder andere noch rauchen, und dann haben wir noch eine halbe Stunde Zeit, um uns für den Abendservice herzurichten« (2-Sternekoch).

Service am Abend

Die meisten Restaurants beginnen um 19 Uhr mit dem Service. Die Gäste werden von den Servicekräften in Empfang genommen. Wichtig ist dabei, dass diese die Namen der Gäste vorab schon kennen, ebenso wie die Tischzuordnung. Die Reservierungen sind dabei so angeordnet, dass die Gäste zeitversetzt erscheinen, damit auch die einzelnen Menüs entsprechend zeitversetzt starten. Bei der Abnahme der Mäntel und Jacken beim Empfang des Gastes ist darauf zu achten, dass in der Garderobe auch markiert wird, wem welche Jacke gehört, um am Ende des Abends den Gästen die richtige Garderobe zurück zu bringen. Für die schwarze Brigade heißt das:

»Garderobe wird weggebracht. Die Gäste werden zum Tisch gebracht. Es wird auch keiner alleine gelassen. Die werden platziert. Dann werden die Speisekarten geholt. Es wird der Aperitif gefragt und dann kommt auch schon das erste Häppchen zum Aperitif. Dann nehmen wir die Bestellung auf, klären ab wie das mit den Weinen und weiteren Getränken sein soll. Gegebenenfalls gibt es die Weinkarte. Wenn die Gäste ausgesucht haben, wird per Hand bei uns der Bon geschrieben. Mit einem Durchschlag. Einer vorne für die Küche, einer hinten für die Küche« (Maître, 1-Sternerestaurant).

Die Gäste werden bei einem sieben oder acht Gänge-Menü für drei bis vier Stunden durch den Abend begleitet. Bei Weinbegleitung sind für jeden Gang die passenden neuen Weingläser zusätzlich zur sonstigen Eindeckung des passenden (Silber-)Bestecks bereitzustellen. Der Sommelier muss ein Auge darauf haben, welche Gläser wo stehen, weil dies für ihn markiert, wo er welchen Wein einschenken muss. Steht ein falsches Glas auf dem Tisch, dann kann es passieren, dass der Sommelier den falschen Wein einschenkt. Das Einschenken und die Verkostung des Weines mit dem Gast geschieht immer vor dem nächsten Gang und nicht erst, wenn der Teller schon auf dem Tisch steht. In der Küche werden die Menüwünsche der Gäste auf Bons ausgedruckt und mit einer Klemme oder einem Magneten gut sichtbar an eine Leiste am Pass festgemacht. Der einzelne Bon wird von der Chefköchin bzw. vom Chefkoch immer abgestrichen, wenn ein Gang raus ist. Der oder die Annoncier gibt dann Bescheid, wann der nächste Gang vorbereitet werden kann. In einem Restaurant mit Teller-Auszeichnung, wo wir Interviews geführt haben, war der Bon elektronisch. Die Servicekraft kann im Kassenbereich eingeben, wann welcher Gang an welchem Tisch zu erledigen ist und in der Küche wird dies auf einem großen Bildschirm angezeigt, den alle Köche sehen können. Die Chefköche bzw. Chefköchinnen selbst orchestrieren ihr Team mit entsprechenden Kommandos, damit alle Komponenten für den jeweiligen Teller am Pass ankommen. Die Kommandos werden häufig mit einem »Oui Chef« vom Team salutiert. Nur so kann sichergestellt werden, dass die Teller am Pass »à la minute« angerichtet und den Gästen serviert werden können.

Die größten Probleme während des Abendservice bereiten jene Gäste, die kurz vor dem nächsten Gang die Toilette aufsuchen, telefonieren, rauchen gehen oder aus anderen Gründen das Restaurant kurzzeitig verlassen. In diesem Fall muss der Küche sofort signalisiert werden, dass der nächste Gang für den ganzen Tisch noch warten muss. Schließlich werden alle Teller gleichzeitig angereicht und somit können alle Teller erst zum Tisch gebracht werden, wenn der Gast wieder zurück ist. Stehen allerdings zu diesem Zeitpunkt die Teller schon am Pass, tritt ein Problem bei warmen, eishaltigen oder sich leicht verflüchtigenden Speisen auf. Im schlimmsten Fall sind alle warmen Komponenten kalt, das Eis geschmolzen oder die Espuma flüssig geworden und jeder Teller muss ganz neu zubereitet werden, was für die Küche doppelte bis vierfache Arbeit bedeutet – je nachdem wie viele andere Gäste mit dem ausscherenden Gast noch am Tisch sitzen.

Während des Abendservice kommunizieren die Servicekräfte untereinander mit unsichtbaren Geheimzeichen. Das können spezielle Blicke sein, die sie sich zuwerfen, um sich wechselseitig um Hilfe zu bitten oder um zu klären, ob jetzt gemeinsam der Tisch ausgehoben wird. In einem 2-Sternerestaurant wurde uns berichtet, dass sich die Servicekräfte mit einem Zunge-Schnalzen verständigen. Dieses Schnalzen ist für die Gäste nicht wahrnehmbar. Wir hatten selbst einmal dort gegessen und es war auch uns nicht aufgefallen.

»Der Service basiert bei uns sehr viel auf non-verbaler Kommunikation. Wir haben viele Zeichen, die offenbaren, da ist schon jemand dabei. Das wird schon gemacht, da muss ich gar nicht erst nachfragen. Das sind so Kleinigkeiten« (stellv. Maître, 3-Sternerestaurant).

In einem anderen Beispiel wird auf einem Beistelltisch mit Hilfe der Position der sich dort befindenden Serviette für alle Servicekräfte signalisiert, ob bei dem dazugehörigen Tisch schon der Aperitif aufgenommen wurde oder nicht. Liegt die Serviette in der linken oberen Ecke ist der Aperitif noch nicht aufgenommen, liegt sie in der rechten oberen Ecke bedeutet dies, dass der Aperitif aufgenommen, aber noch nicht serviert worden ist. Nach dem Menü wird in der Regel gefragt, ob jemand noch Kaffeespezialitäten möchte. Eine Zuckerdose auf dem Tisch signalisiert dann, dass an dem Tisch Kaffee bestellt wurde. Auch damit wird vermieden, dass eine andere Servicekraft ein zweites Mal dieselbe Frage stellt. So können kleine, unsichtbare Zeichen die Kommunikation im Service steuern und dem Gast ein einmaliges Erlebnis bieten.

In mehreren von uns untersuchten 3-Sternerestaurants streichen die Servicekräfte eine zusätzliche Menü-Liste (wie in der Küche der Bon) jeweils nach jedem Gang ab. Dafür ist in der Regel die Menü-Liste in einer Schublade eines Beistelltischchens versteckt, wo auch andere Utensilien (z. B. die Silberbestecke) gelagert sind. Dort wird mit einem Kreis die Frau am Tisch markiert und mit einem Kreuz der Mann, oder es werden Position 1 (Gast zur linken Seite) und 2 (Gast zur rechten Seite) – wie zuvor beschrieben – vergeben, sodass immer klar ist, wer am Tisch was bekommt, falls es Unterschiede bei den Tellern gibt oder wenn jemand eine spezielle

Unverträglichkeit hat und etwas anderes serviert bekommt. Ebenso ist dort vermerkt, ob und wer eine Weinbegleitung bekommt. Gute Servicekräfte haben sowohl den Stand des Menüs als auch die Sitzposition der einzelnen Gäste immer im Kopf. Ein absolutes No-Go stellt die Nachfrage einer Servicekraft dar, wer was bestellt hat.

»Der Demi-Chef de Rang ist dafür zuständig, die Tische abzurufen. Das bedeutet, er guckt: Aha, Tisch fünf ist gleich fertig, Tisch sechs ist auch gleich fertig, die kann ich schon mal in der Küche melden, dass die schon mal anfangen können, den nächsten Gang herzurichten. Hört sich erst einmal einfach an, ist aber trotz der wenigen Tischen im Vergleich zu anderen Restaurants, finde ich, recht anspruchsvoll. Weil, dann steht mal wieder jemand auf. Dann möchte mal wieder jemand eine Pause. Dem einen geht es zu langsam, dem anderen vielleicht zu schnell. Und da wirklich einen Rhythmus zu finden, dass man sinnvoll abruft, das muss man schon erst mal lernen und reinkommen. Unsere Auszubildende deckt ein, sie annonciert auf Deutsch und Englisch, weil sie es kann und wir das einfach auch trainiert haben. Die schenkt Wasser nach und macht am Ende des Tages auch den Pralinen-Service. Die zweite Demi-Chefin hilft mir beim Aufnehmen der Menüs, beim Reichen der Menükarten und sie gibt dabei noch das ein oder andere Wort zur Erklärung. Sie ist dafür verantwortlich, die Bestellung auf das Papier zu bringen und das fehlerfrei. Und auch sonst ist sie relativ viel im Einsatz, also vom Eindecken, Nachschenken bis hin zum Wein-Service. Auch die Weinbegleitung macht sie ein bisschen mit und sie hält mir mittlerweile auch den Rücken frei, wenn am Empfang irgendwas ist. Zum Beispiel wenn ein Gast auftaucht und behauptet, er hätte eine Reservierung, was aber nicht stimmt. ... Das bedeutet, ich bin für alle Gäste da, ich bin Ansprechpartner, ich versuche, an jeden Tisch mindestens einmal im Verlaufe des Abends zu gehen, um zu fragen, ob alles in Ordnung ist, ob sich die Gäste wohlfühlen. Und dann, wenn die Gäste dann auch Lust haben, auch vielleicht ein bisschen mehr als das. Also, so ein bisschen Small-Talk. ... Ich finde, das verleiht irgendwie immer noch so eine persönliche Note« (Maître, 3-Sternerestaurant).

Wenn Auszubildende im Service eingesetzt werden, dann arbeiten sie als Food Runner, d. h. sie müssen die Tabletts tragen, auf denen die Gerichte stehen und sie mit der erfahrenen Servicekraft zusammen zum Tisch bringen, wo dann die ausgebildete Servicekraft das Essen dem Gast annonciert. Servicekräfte müssen im Sterne-Bereich sehr genau, um nicht zu sagen perfekt arbeiten.

»Ich liebe das, was ich tue. Ich will es aber auch jeden Tag immer zu 120 % perfekt machen und haben. Das gelingt leider nicht immer, also gestern ist mir etwas passiert und ich war felsenfest der Überzeugung, dass ich es richtig gemacht habe. Und noch abends dachte ich, dass mir so ein Fehler gar nicht mehr passieren könnte, so überzeugt war ich davon. Und jetzt gibt es einen Beweis, dass ich es doch falsch gemacht habe« (Maître, 3-Sternerestaurant).

Diese Liebe und Passion, einen perfekten Abendservice für die Gäste zu ermöglichen, umfasst nicht nur die im Interview geäußerte Reflexion über den (vermutlich kleinen) Fehler, sondern manifestiert sich auch im perfekten äußeren Erscheinungsbild des Servicepersonals.

Service-Ende

Gegen 24 Uhr endet in der Regel der Service. In vielen Restaurants gibt es gemeinsame Rituale, um den Abend ausklingen zu lassen.

»Wenn der letzte Gast gegangen ist, gönnen wir uns fünf Minuten, die nur uns gehören. Das heißt kurz an die frische Luft, gemeinsam irgendwas trinken. Eine Apfelsaftschorle, ein Bier oder sonst irgendetwas« (Maître, 1-Sternerestaurant).

Die Servicekräfte müssen dann die Tische ab- und aufräumen. In der Küche wird ebenfalls alles wieder in die Kühlhäuser gebracht und die Küche selbst geputzt.

»Und dann geht der Sous-Chef meistens nochmal die Küche durch, kontrolliert, ob alles sauber ist, ebenso das Kühlhaus. Jeder Posten hat auch sein eigenes Aufgabengebiet, das heißt, der Entremétier, der Gemüseposten, ist für das Gemüsekühlhaus zuständig. Pâtisserie ist für das Milchkühlhaus zuständig, der Saucier ist für das Fleischkühlhaus zuständig. Jeder hat ein Aufgabengebiet. Dann muss abends noch unten im Keller das Trockenlager durchgemoppt werden, alles ausgewischt werden, dass alles picobello ist. Das heißt, alles wird immer so hergerichtet, dass jeden Tag eine Kontrolle kommen kann und wir uns keine Gedanken machen. Abends wird alles umgefüllt. Vorschriftsmäßig abgedeckt, mit dem Datum versehen. Das heißt, wir haben da so eine Etikettier Maschine aus dem Supermarkt. Da wird das Datum dann draufgemacht auf die Sachen, die wir gemacht haben« (2-Sternekoch).

Die Mitarbeiterinnen und Mitarbeiter der Spitzengastronomie haben spät Feierabend und entwickeln in der Regel persönliche Rituale, wie sie den Abend ausklingen lassen und so weit entspannen, dass sie schlafen gehen können. Die von Bourdain (2001) in seiner Autobiographie geschilderten Saufgelage nach der Arbeit scheint es in der heutigen Spitzengastronomie in Deutschland nicht (mehr) zu geben.

Ein weiterer Aspekt, der im idealtypischen Tagesablauf nicht explizit thematisiert wurde, ist die Kommunikation zwischen Gästen, Service und Küche. Damit werden wir uns im nächsten Kapitel ausführlich beschäftigen.

WISSENSTRANSFER ZWISCHEN SERVICE UND KÜCHE

Für Köchinnen und Köche ist immer die Meinung der Gäste wichtig, schließlich sollen diese einen schönen Abend haben und sie bezahlen das Essen. Vom Feedback des Gastes können die Köchinnen und Köche lernen. Aus organisatorischer Sicht ist dafür wichtig, dass es einen Feedback-Prozess für die Köchin oder den Koch gibt. Da die Küche vom Speiseraum meistens getrennt ist, bis auf wenige Ausnahmen (z. B. beim Chef's Table), muss der Informationsfluss zwischen Küche und Speiseraum extra organisiert werden.

Der Informations- und Wissenstransfer im Restaurantbetrieb umfasst zwei Richtungen: Zum einen ist der Wissenstransfer von der Köchin und dem Koch zum Service wichtig, weil sonst die Servicekraft weder das Gericht erklären, noch auf Nachfragen korrekt reagieren kann. Zum anderen soll auch Kritik oder Lob vom Gast zurück zur Köchin und zum Koch über die Servicekraft gelangen.

Der erste Schritt, aus der Küche zum Service, ist besonders bei neuen Menüs oder einzelnen Tellern wichtig. Jede einzelne Servicekraft muss am Tisch die Hauptbestandteile des Tellers erläutern können. Dazu werden zum einen die Mise en Place-Listen den Servicekräften ein paar Tage vorher verteilt, sodass sie sich die einzelnen Zutaten schon einmal ansehen und lernen können sowie gegebenenfalls zu einzelnen Bestandteilen, die sie nicht kennen, Nachforschungen vornehmen können. Zum anderen wird das Gericht für die Servicekräfte meist einmal Probe gekocht und zusammen mit ihnen verkostet. Der Chefkoch bzw. die Chefköchin erklärt dann die Idee und die einzelnen Bestandteile des Tellers. Ein 1-Sternekoch meinte, dass die Erklärungen der Servicekräfte am Tisch auch nicht länger als 19 Sekunden dauern sollen, weil sich die Gäste ohnehin nicht so viel merken können. Wenn der Gast Nachfragen hat, dann kann er oder sie sich nach weiteren Details erkundigen.

Der andere Weg des Wissenstransfers vom Gast über die Servicekraft zur Chefköchin bzw. zum Chefkoch ist meistens als Prozesskette klar definiert. In der Regel wird der oder die Maître, also die Restaurantleitung, durch die Servicekraft informiert, der oder die sich dann noch einmal selbst an den Gast wendet und dies später dem Koch meldet. Allerdings kann diese Feedbackschleife Köchinnen und Köche vor Herausforderungen stellen. Von Eckard Witzigmann ist folgende Anekdote zu einem Gast-Feedback bekannt: Als ein Gast einmal nach Pfeffer und Salz verlangte und die Servicekraft ihm dies in der Küche meldete, ist er sofort zu jenem Gast gelaufen und hat ihm deutlich gemacht, dass er in einem Museum auch nicht nach Ölfarben und Pinsel verlangen würde, wenn er vor einem Rembrandt-Gemälde stehen würde (Bauer 2006). Leider ist nicht überliefert, wie der Gast darauf reagierte. Über Witzigmann wird auch berichtet, dass er bei jedem Teller, der nicht leer in die Küche zurückkam, sofort von großen Selbstzweifeln geplagt wurde, ob er denn immer noch so gut kochen könne, dass es den Gästen auch schmecken würde. Aus diesem Grund ordnete seine damalige Ehefrau an, die als Maître bei ihm arbeitete, dass alle nicht vollständig leer gegessenen Teller an einem Platz in der Garderobe zu sammeln seien und erst später zum Spülen in die Küche gebracht werden durften, wenn Witzigmann sich nicht mehr im Restaurant aufhielt (Bauer 2006). Auch in unseren Interviews berichteten Köche davon, dass sie sofort beim Service nachfragen würden, wenn ein Teller zurückkommt, auf dem sich noch größere Essensreste befinden. Dies ist und bleibt für jede Spitzenköchin bzw. jeden Spitzenkoch augenscheinlich eine persönliche Kränkung oder zumindest eine symbolisch vorgetragene Kritik am Essen. Die meisten Köchinnen und Köche begegnen dem aber so, dass sie den Grund wissen möchten, um so eventuell einen Fehler beheben oder ein Gericht anpassen zu können.

Die klassische Form des Feedbacks, dass die Chefköchin bzw. der Chefkoch am Ende des Abends von Tisch zu Tisch geht, »Honneurs« macht und mit allen Gästen redet, ist inzwischen etwas aus der Mode gekommen. Die Bereitschaft dazu ist aber auch eine Typ Frage. Einige Köche berichteten, dass sie sich in dieser Situation unwohl fühlen, für andere ist es wiederum motivierend, direktes Feedback von den Gästen zu bekommen (siehe Kapitel Motivation). Die Köchinnen und Köche, die nicht mehr regelmäßig zu den Gästen gehen, kommen aber auf Anfrage und gehen danach auch zu den anderen Tischen, um niemanden zu benachteiligen oder zurückzusetzen. Wo die Runde aber noch gemacht wird, können die Köchinnen und Köche direkt Feedback einholen. In einem Fall der interviewten Köche ist es sogar so, dass alle Gäste zur Verabschiedung kurz in die Küche kommen dürfen. Dort bekommen sie einen kurzen Einblick in die Arbeitsbedingungen ihres zuvor genossenen Menüs und können gleichzeitig auch dem Chefkoch ein persönliches Feedback geben. Dabei berichtete der 2-Sternekoch im Interview, dass dieser Küchenbesuch die Gäste in ihrer Kritik konstruktiver werden ließ. Da in der Küche ein vertiefendes Gespräch zwischen Gast und Koch möglich ist, kann und muss die Kritik fundierter und ausführlicher begründet vorgetragen werden, zumal der Koch – im Gegensatz zu Kritiken im Internet – die direkte Möglichkeit hat, detailliert beim Gast nachzufragen. Kritik im Internet ist mittlerweile für die Gäste durchaus eine wichtige Entscheidungshilfe für oder gegen den Besuch eines gehobenen Restaurants. Für die Köchinnen und Köche ist diese Form allerdings oft die unerfreulichere Variante des Feedbacks. Dort wird im Schutz der Anonymität auch negatives Feedback in destruktiver Form gepostet. Ein Koch bewertet diese Posts folgendermaßen:

»Da sieht man auf Tripadvisor, dass jemand andauernd zum Griechen essen geht und der ist dann einmal im Sternerestaurant und zerreißt dann alles. Ich meine, gut, was soll ich dazu sagen? Ich habe auch schon mal ein Jazzalbum gehört, deswegen habe ich keine Ahnung von Jazz und würde mir niemals anmaßen, über die Musik zu schreiben und zu sagen, die gefällt mir nicht, weil ich eigentlich Heavy Metal höre« (1-Sternekoch).

Dennoch benutzen einige Köchinnen und Köche die Bewertungen im Internet als Lernanlass und als Ausgangspunkt, sich selbst und ihre Prozesse zu hinterfragen.

»Es ist auch so, man muss lernen damit umzugehen. Es ist natürlich am Anfang nicht schön, wenn man auch negative Sachen liest. ... Es ist tatsächlich so, dass ich schon aufgrund von manchen Kritikpunkten, die ich im Internet gelesen habe, mich selbst hinterfragt und gesagt habe: Ja, der Gast hat recht. Und dann habe ich da auch zwei, drei Sachen in der Küche umgestellt oder geändert« (1-Sternekoch).

In diesem Sinne werden die Kritiken im Internet als Fluch und Segen zugleich angesehen. Zum Teil als unverschämte Kritik wahrgenommene Bemerkungen können auf der einen Seite die Köchinnen und Köche kränken. Sie werden dann aber häufig, wie im Zitat oben, als Kritik aus Unwissenheit eingeschätzt. Auf der anderen Seite kann es durchaus Anlass sein, über ein paar Punkte nachzudenken. Aus diesem Grund gaben ein paar der interviewten Köche an, sich hin und wieder die Kritik im Internet anzusehen. Das Feedback der Gäste ist auch deshalb wichtig, weil sie am Ende die Rechnung zahlen und für das wirtschaftliche Überleben sorgen. Welche Herausforderung sich aus dem Aspekt der Wirtschaftlichkeit für die Spitzengastronomie ergeben, erörtern wir im nächsten Kapitel.

WIRTSCHAFTLICHE ASPEKTE

Ein Restaurant muss sich rechnen. Auch die Spitzengastronomie muss am Ende des Tages schwarze Zahlen schreiben. Dies ist aber nicht so einfach. In der Spitzengastronomie werden nur höchste Qualitätsprodukte eingesetzt und es bedarf in der Küche und im Service vieler helfender Hände, um ein kulinarisches Erlebnis erster Klasse zu schaffen. Was sind genau die Gründe für die wirtschaftlichen Herausforderungen in der Spitzengastronomie und welche Lösungsstrategien existieren dafür? Diese Fragen werden nun beantwortet.

Gründe für die wirtschaftlichen Herausforderungen

Auf der einen Seite können Sterne zwar den Umsatz steigern, weil mehr Gäste ins Restaurant kommen. So ist die Anzahl der Gäste gestiegen, die sich so ein Essen leisten können und wollen. Auf der anderen Seite muss in der Zukunft damit gerechnet werden, dass der Markt der Spitzengastronomie gesättigt ist. Weitere Restaurants in dieser Liga werden den schon bestehenden Gourmetrestaurants Gäste wegnehmen, da der gesamte Kuchen nicht größer wird. Zudem bedeutet die Auszeichnung mit einem Stern nicht, dass deswegen der Gewinn steigt. Ganz im Gegenteil: Zwar locken Auszeichnungen der Gastronomieführer häufig mehr Gäste an, insbesondere auf internationale Gäste trifft dies zu, wie die 2- und 3-Sterneköche in den Interviews berichten, dennoch rechnet es sich nicht. Je mehr Sterne ein Restaurant hat, desto schwieriger kann es wirtschaftlich geführt werden. Woran liegt das? Derzeit kostet ein Menü pro Stern in Deutschland ca. 100 Euro. Doch selbst durch die höheren Einnahmen pro Menü können die Kosten kaum gedeckt werden. Die 300 Euro pro Menü bei einem 3-Sternerestaurant reichen häufig nicht aus, um den Betrieb gewinnbringend führen zu können. Dies liegt in der Kostenstruktur der Spitzengastronomie begründet. Folgende Punkte treiben dabei die Kosten besonders hoch:

Erstens liegt der Wareneinsatz in der Spitzengastronomie im Schnitt bei über 30 % des gesamten Kostenanteils. In den Interviews berichteten die Köche von Wareneinsatz-Anteilen zwischen 26 % und 50 %. Die Gründe liegen darin, dass die Spitzenköchinnen und Spitzenköche natürlich ihren eigenen Ansprüchen genügen wollen und deshalb nur höchste Qualität bei den verwendeten Lebensmitteln akzeptieren. Schließlich soll der nächste Stern erzielt und die bereits erkochten Sterne verteidigt werden. Dabei bleiben schon mal wirtschaftliche Aspekte im Hintergrund (Johnson et al. 2005). Ein Steinbutt kostet ca. 500 Euro, wobei dies dann nur eine Komponente eines Ganges ist. Trüffel schlägt pro Kilo mit über 1 000 Euro zu Buche. Bei Lebensmitteln solcher Qualität treibt es schnell die Kosten für ein Menü mit sieben bis acht Gängen in die Höhe.

Zweitens ist der Personaleinsatz in der Spitzengastronomie ebenfalls ein starker Kostentreiber, wie wir an den Ausführungen zur personellen Organisation bereits gesehen haben. Auch hier beziffert sich der Kostenanteil im Schnitt auf über 30 %. Ein Interviewpartner sprach sogar von 44 % Personalkostenanteil. Neben dem Servicepersonal ist eine große Anzahl von Köchinnen und Köchen notwendig, da häufig 30 bis 40 Handgriffe pro Teller gemacht werden. Auch die Zubereitung von ausschließlich frischen Lebensmitteln erfordert eine Vielzahl von Personen. In einem Interview berichtete ein Koch, dass er früher in Hotels gearbeitet hätte, wo ein hoher Anteil an Convenience-Produkten verarbeitet wurde, was die Personalkosten reduziert, aber nicht dem Selbstbild eines Spitzenkochs entspricht. Genau aus diesem Grunde hat der Interviewpartner diese Hotelküchen verlassen und sich wieder der Spitzengastronomie zugewandt.

Schließlich und drittens sind Ausstattungskosten, Pacht, Verwaltungskosten, Versicherung, Weinkeller etc. jene Kostenfaktoren, die in der Spitzengastronomie ebenfalls zu Buche schlagen. Die Ausstattung der Küche besteht aus einer Vielzahl modernster Geräte, die meistens sehr teuer sind und auch nicht ewig halten und mit der Zeit ersetzt werden müssen. Das Restaurant wird in der Regel mit Silberbesteck und hochwertigen Tischen und Stühlen sowie mit einem ansprechenden Raumkonzept ausgestattet. Ein Weinkeller muss zuerst einmal aufgebaut und bestückt werden, was hohe Investitionskosten verlangt, die keine Bank vorfinanziert. Zusammenfassend rechnet ein Interviewpartner folgende Kosten vor, wobei er allerdings auch einen Mittagsservice anbietet:

»*Ich habe 22 Angestellte, ich zahle Pacht, ich bin seit fünf Jahren Inhaber. Wir machen sechseinhalb Wochen Betriebsferien, einer von zwei Ruhetagen ist ein Freitag und bezahlen übertariflich. Das treibt die Personalkosten natürlich in die Höhe. Trotzdem haben wir ein sehr faires Preis-Leistungsverhältnis für das, was wir machen, weil ich nur Top-Ware einkaufe. Ich liege trotzdem bei einem Wareneinsatz von ungefähr 26 %, aber bei den Mitarbeiterkosten liege ich ungefähr bei 44 %*« (1-Sternekoch).*

Ein prominentes Beispiel in Deutschland, welches zeigt, dass es ein 3-Sternekoch als Selbstständiger nicht unbedingt wirtschaftlich einfach hat, ist Juan Amador. Er musste 2012 mit seiner »Amador AG« Insolvenz anmelden. Mittlerweile hat er aber wieder in Wien ein Restaurant unter eigener Regie aufgemacht, mit dem er wieder drei Sterne erkocht hat.

Strategien, mit dem Kostendruck umzugehen

Welche Strategien hat die Spitzengastronomie entwickelt, um den Kostendruck zu reduzieren und schwarze Zahlen zu schreiben? Folgende Punkte erweisen sich als besonders wichtig:

Kalkulation – Die Blutwurst subventioniert den Kaviar

Die Kalkulation betrifft nicht nur den Wareneinsatz beim Menü, sondern kann sich auch auf weitere Speisen beziehen, wenn zusätzlich zum Menü noch ein Angebot à la Carte existiert. In diesem Fall subventionieren die scheinbar billigeren Gerichte das vermeintlich teurere Menü. Mit der Blutwurst wird der Kaviar bezuschusst. Da in den meisten Spitzenrestaurants aber nur ein Menü angeboten wird und der Gast nur zwischen der Anzahl der Gänge wählen sowie bei der Reservierung auch Sonderwünsche zu Unverträglichkeiten äußern kann, vereinfacht sich die Kalkulation. Über die obligatorische Reservierung und das vorgegebene Menü kann der jeweilige Abend einfach vorgeplant und kalkuliert werden. Eingekaufte Ware, die nicht verwertet wird, kann auf ein absolutes Minimum reduziert werden.

Auslastung in der Woche durch Stammgäste

An Wochenenden sind die Lokale der Spitzengastronomie meistens ausgebucht. Unter der Woche gestaltet es sich häufig schwierig, die Tische besetzt zu bekommen. Damit sich Spitzengastronomie aber rechnet, muss auch in der Woche eine hohe Auslastung erzielt werden. In einem Fall berichtete uns der Interviewpartner (1-Sternekoch) von 70 % Stammgästen, die eine hohe Auslastung auch in der Woche garantieren.

Zweitrestaurant für die Zweitverwertung

Ein anderer Koch berichtet, dass er ursprünglich einen Wareneinsatz von 50 % hatte. Durch das Eröffnen eines zweiten Restaurants, das mit einem anderen Konzept jenseits der Spitzengastronomie gefahren wird und eine etwas einfachere Küche anbietet, wird die Verwertung der nicht verwendeten Teile aus dem anderen Restaurant ermöglicht. Die Teile eines Produktes, die nicht für die Spitzengastronomie verwertbar sind, werden in dem zweiten Restaurant verarbeitet. Für das Spitzenmenü wird dabei z. B. nur das Mittelteil eines Rinderfilets verwendet, in dem zweiten Restaurant oder in einem anderen Teil der Karte können auch die Spitze und der Kopf des Filets verarbeitet werden. Da in diesem Fall das gesamte Filetstück verarbeitet wird, wird der Wareneinsatz optimiert. Der Wareneinsatz konnte in diesem Fall auf 38 % gedrückt werden. Ein weiterer Koch berichtet, dass er in seinem angeschlossenen Hotel eine Zweitverwertung beim Mittagessen bzw. bei bestellten Büffets für Tagungen, die im Hotel abgehalten werden, erzielen kann. So reduziert er den Wareneinsatz enorm. Die Reduktion des Wareneinsatzes kann, neben dem Zweitrestaurant, auch durch einen Mittagstisch erzielt werden. Dann können mittags die nicht verwendeten Teile verarbeitet werden. Allerdings ist ein tradeoff dabei zu bedenken: Die Entscheidung, mittags zu öffnen oder ein zweites Restaurant aufzumachen, reduziert zwar den Wareneinsatz, erhöht allerdings auch den Personaleinsatz.

Spitzengastronomie als Teil von Hotel-Ketten

Wirft man einen genaueren Blick auf die Restaurants, in denen die deutschen 3-Sterneköche arbeiten, fällt auf, dass mit Klaus Erfort und Kevin Fehling nur zwei aller zehn 3-Sterneköche als Selbstständige arbeiten. Alle anderen 3-Sterneköche sind als Angestellte tätig. Auf die Unterschiede und Herausforderungen zwischen der Tätigkeit als selbstständige oder angestellte Spitzengastronomen und die Herausforderungen, die sich daraus ergeben, gehen wir nun ein. Da gerade im obersten Segment der Spitzengastronomie in Deutschland das Angestelltenverhältnis überwiegt, werden wir uns damit etwas intensiver beschäftigen.

Ein Interview mit einem 2-Sternekoch fand in dem Restaurant statt, das Teil eines Grand Hotels ist. Der Tisch, an dem das Interview geführt wurde, stand unter einem Original-Gemälde von Gerhard Richter. Die Wände, an denen weitere, sehr hochwertige Kunstwerke, u. a. von Ferdinand Hodler und Salvador Dalí hängen, sind mit Blattsilber verziert. Überall findet sich Kunst in Form von Skulpturen und Gemälden. Insofern ist das gesamte Hotel ein Ebenbild dessen, was man sich unter einem Grand Hotel vorstellt – alles nur vom Feinsten. Das Restaurant ist Teil des Hotels und der Koch selbst ist dort angestellt, was aus seiner Sicht viele Vorteile hat:

>>*Ein Vorteil ist dieser Restaurantraum, in dem wir hier sitzen, den kann sich keiner selber leisten. Außer man verschuldet sich für sein ganzes Leben. [...] Ebenso vom ganzen Handling her, angefangen bei der Lohnbuchhaltung, die normale Buchhaltung, die Warenannahme, das Engineering, also wenn ich Handwerker rufe, bis hin zur Marketing- und PR-Abteilung<<* (2-Sternekoch).

Nicht nur aus diesem Grund befinden sich – bis auf zwei Ausnahmen – alle deutschen 3-Sternerestaurants im Besitz von Hotels bzw. Hotelketten. Die Althoff Collection betreibt mit dem Restaurant »Überfahrt« am Tegern-

see und dem Restaurant »Vendôme« in Bergisch Gladbach gleich zwei
3-Sternerestaurants. Hotelketten bzw. Hotels versprechen sich von den
Restaurants eine Anziehungskraft für ihr Hotel und damit eine bessere
Auslastung. Aus Sicht des Hotels ist das Spitzenrestaurant nicht nur ein
Marketingfaktor, sondern bringt auch Übernachtungsgäste, indem Gour-
met-Pakete angeboten werden: Eine oder zwei Übernachtungen im Hotel
mit Besuch in dem 2- oder 3-Sternerestaurant zum Festpreis. So gewinnt
das Hotel Übernachtungsgäste und das Restaurant profitiert von einer höheren Auslastung. Restaurants in Hotels können eine große Anziehungskraft erzeugen, wie ein Interviewpartner sagt:

»Es wird auch keiner in den Schwarzwald fahren und die ›Traube Tonbach‹ wäre nicht jeden Tag
voll, wenn die ›Schwarzwaldstube‹ nicht wäre. Das ist halt nun mal eine Institution, das Schloss
Bensberg genauso. ... Bei uns kann ich sagen, dass der größte Teil der Gäste über 80 Kilometer
anfährt« (3-Sternekoch).

In der Regel wird die Ausstattung des Restaurants und der Küche durch das
Hotel finanziert. Der laufende Betrieb aber, sprich die operativen Kosten,
müssen durch das Restaurant selbst eingespielt werden. Dafür handeln die
Chefköchinnen und Chefköche ein Budget mit dem Hotel aus, welches sie
einhalten bzw. welches bei Überschreitung spätestens im nachfolgenden
Jahr ausgeglichen sein muss. Die Köchinnen und Köche agieren dabei als
Unternehmer im Unternehmen, weil sie beispielsweise ihr Personal selbst
auswählen und den Einkauf eigenständig organisieren. In einigen anderen Fällen stehen auch Sponsoren bzw. Förderer hinter dem Restaurant,
wie z. B. der Bauunternehmer Fritz Eichbauer beim »Tantris« in München,
das Modeunternehmen Engelhorn beim »Opus V« in Mannheim oder aber
Red Bull im Fall des Salzburger Restaurants »Ikarus«. Die Tabelle 17 zeigt
für Deutschland die Verteilung für das Jahr 2019. In Österreich wird das
einzige 3-Sternerestaurant von Juan Amador eigenständig geführt. In der

Tab. 17   Status der Sterneköchinnen und Sterneköche als Selbstständige
oder Angestellte im Jahr 2019

	selbstständig	angestellt oder Hotelkette/Förderer
1 Stern	51,0 %	49,0 %
2 Sterne	35,9 %	64,1 %
3 Sterne	20,0 %	80,0 %

Quelle: eigene Berechnung

Schweiz sind zwar alle drei 3-Sternerestaurants in Hotels eingebunden, das Hotel und Restaurant »Schloss Schauenstein« wird allerdings von Andreas Caminada in Eigenregie geführt.

Im Kontext von größeren Hotels ist es ebenso einfach, den Wareneinsatz zu reduzieren, da die bereits genannte Strategie gewählt werden kann, eine Verwertung in einem weiteren Restaurant durchzuführen. Hotels unterhalten in der Regel nicht nur das eine Spitzenrestaurant, sondern auch (häufig mehrere) andere Speisestätten, die preislich unter den Spitzenrestaurants angesiedelt sind. Diese werden meist unter die Regie der Sterneköchin bzw. des Sternekochs gestellt und so in ein Gesamtbudget integriert.

Was auf der einen Seite vielleicht ein Nachteil ist, eben keinen Sponsor im Rücken zu haben, kann sich auch als Vorteil erweisen. In den vergangenen Jahren gab es auch bekannte Beispiele von Schließungen. Das bekannteste deutsche Beispiel aus der jüngsten Vergangenheit ist das 3-Sternerestaurant »La Vie« in Osnabrück. Der Stahlmanager Jürgen Großmann unterhielt mit seiner Georgsmarienhütte Holding GmbH das Restaurant, in dem der 3-Sternekoch Thomas Bühner seine Spitzenküche ohne Kostendruck realisieren konnte. Über die jährlichen Zuschüsse für das Restaurant gab es wilde Spekulationen, aber keine offiziellen Zahlen. Fakt ist, dass es hoch subventioniert wurde. Als die Georgsmarienhütte Holding GmbH diese Subventionierung strich, musste das Restaurant sofort geschlossen werden. Insofern fahren manche Hotels, die früher ein Spitzenrestaurant hatten, wie das Brenners Park Hotel in Baden-Baden, ihr Engagement zurück und verzichten bewusst auf die Spitzengastronomie. Andere wiederum betreiben Werbung mit dem Restaurant, um die Auslastung im Hotel zu erhöhen. So wirbt z.B. das Grandhotel »Schloss Bensberg« mit dem Restaurant »Vêndome« und seinem 3-Sternekoch Joachim Wissler oder, um ein Beispiel aus der Schweiz zu nehmen, das Grandhotel »Dolder Grand« mit dem 2-Sternekoch Heiko Nieder in Zürich oder in Österreich das »Palais Coburg« mit dem 2-Sternekoch Silvio Nickol in Wien.

Weitere Strategien

Eine zusätzliche Strategie, das Budget zu entlasten und wirtschaftlich zu operieren besteht darin, Partnerschaften einzugehen, etwa mit Luxusmarken aus dem Automobilbereich, Luxusuhren oder aber Küchen- bzw. Küchengeräteherstellern, um eine Art Sponsoring zu erreichen. Darüber hinaus nutzen die Sterneköchinnen und Sterneköche (mehr oder weniger gut bezahlte) Fernsehauftritte, um den Bekanntheitsgrad weiter zu steigern und neue Gäste anzulocken. Die Medienstars unter den Köchinnen und Köchen erzielen über die Vermarktung von Produkten mit ihrem Namen ebenfalls Zusatzverdienste. Nicht nur Kochbücher sind ein Kassen-schlager, sondern z. b. auch die Gewürzmischungen von Alfons Schuhbeck, spezielle Öle oder sogar Fertigprodukte werden unter dem Namen von be-kannten Kochstars verkauft. Einige Sterneköchinnen und Sterneköche eröffnen kleine Lädchen, in denen (eigene) Gourmetprodukte verkauft werden, wie etwa Tanja Grandits, die im Restaurantgebäude eine Fein-schmecker-Boutique betreibt. Darüber hinaus bieten einige Sterneköche, etwa der 3-Sternekoch Klaus Erfort, Beratungsleistungen im Bereich von Gastronomiekonzepten und Küchenplanungen an.

Trotz dieser widrigen wirtschaftlichen Umstände steigt, wie im Kapitel zu den Restaurantführern beschrieben, die Zahl der Spitzenrestaurants in Deutschland kontinuierlich an. Warum sich trotz aller Probleme und Her-ausforderungen immer wieder Köchinnen und Köche auf den Weg zu den Sternen machen, zeigen wir im nächsten Kapitel.

EINBLICKE IN DEN STERNEKOSMOS – DER WEG ZUR SPITZE

Der Arbeitstag in der Spitzengastronomie ist lang. Die Arbeitszeiten sind weder familienfreundlich, noch dazu geeignet, Freundschaften pflegen zu können. Die Bezahlung ist eher schlecht. Warum gehen dennoch viele Köchinnen und Köche diesen Weg? Warum streben so viele danach, eine Auszeichnung durch die Gastronomieführer zu erlangen? Wo kommen die Köchinnen und Köche her? Wie ist ihr Weg an die Spitze? Diese Fragen werden wir in diesem Kapitel ausführlich beantworten.

DER WEG ZU DEN STERNEN

Köchin und Koch ist in Deutschland, Österreich und der Schweiz ein Ausbildungsberuf. Als Eingangsvoraussetzung reicht in Deutschland ein Hauptschulabschluss, in Österreich der Abschluss der 9-jährigen Schulpflicht und in der Schweiz ein Abschluss der obligatorischen Schule mit mittleren oder hohen Anforderungen. Allerdings ist der Beruf des Kochs – im Gegensatz zum Arztberuf beispielsweise – kein geschützter Beruf. Dies führt dazu, dass Restaurantbetreiber ohne fachlichen Hintergrund dem Gesamtansehen der Branche schaden können. Ein 3-Sternekoch bringt es folgendermaßen auf den Punkt:

»*Es kann doch jeder irgendwo eine Gastronomie aufmachen. Jeder fährt zu Metro, holt sich eine Fritteuse, Pommes, stellt sich irgendwo in die Ecke rein und verkauft da irgendwelche Pommes. Diese schlechte Breite nimmt eigentlich denen, die sich Mühe geben, das Geschäft weg*« (3-Sternekoch).

© Der/die Herausgeber bzw. der/die Autor(en), exklusiv lizenziert durch Springer Fachmedien Wiesbaden GmbH, ein Teil von Springer Nature 2020
M. Wilkesmann und U. Wilkesmann, *Nicht nur eine Frage des guten Geschmacks!*, https://doi.org/10.1007/978-3-658-30545-1_5

Viele der interviewten Köche haben erst während oder sogar nach ihrer Ausbildung von der Spitzengastronomie erfahren. Die Begeisterung für den »perfekten Teller«, also das Streben, das beste Gericht in Geschmack und Optik zu kreieren, kam dann meistens von einer Sterneköchin oder einem Sternekoch, bei denen sie mehr oder weniger in eine zweite Lehre gegangen sind. Alle Sterneköche sprechen übereinstimmend von einer zweiten Lehrzeit. Die erste Lehrzeit war die Ausbildung, die zweite Lehrzeit dann die Einführung in die Spitzengastronomie, die entweder mit einem Praktikum in einem Spitzenrestaurant oder einem regulären Job dort verbunden war. Erst in der zweiten Phase lerne man dann »richtig« kochen, weil man dadurch in die Geheimnisse der Spitzenküche eingeführt werde, meinten die Interviewpartner übereinstimmend. Deshalb ist es auch so wichtig, Station in einem Spitzenrestaurant gemacht zu haben, falls man selbst Karriere in der Spitzengastronomie machen möchte. Dementsprechend hoch ist einerseits der Preis für diese zweite Ausbildung und anderseits aber ebenso hoch die Fluktuation in der Spitzengastronomie, wie ein 3-Sternekoch im Interview beklagte.

»Erstens haben wir in der Spitzengastronomie eine viel zu hohe Fluktuation. Und zweitens bilden wir absolute, sofern sie dazu geeignet sind, absolute Spitzenleute aus. In der Regel kommt jemand zu mir, der einen gewissen Erfahrungsschatz hat, also jemand der schon besser als das Mittelmaß ist. Und nach einer gewissen Zeit geht er wieder weg von uns. Das ist ungefähr so, als würde ein Champions-League-Anwärter einen Fußballer zu einem großen Talent machen und der dann in einer anderen Mannschaft eine ganz andere Position innehat und mehr Geld verdient. Sie bekommen aber mehr oder weniger keine Ablösesumme, weil wir nicht im Fußball sind. Das ist ein ganz großes Problem. Sie investieren viel Wissen und Können in Menschen, wo sie nicht wissen, wie lange die bei ihnen sind« (3-Sternekoch).

In den 3-Sternerestaurants werden fast nie Auszubildende aufgenommen. Hier dürfen meist nur ausgebildete Köchinnen und Köche in ihre zweite Lehrzeit gehen. Nur in der 1-Sterneküche und manchmal in den 2-Sternerestaurants wird überhaupt regulär ausgebildet. Meistens fungieren die Restaurants auch nur dann als Ausbildungsbetrieb, wenn sie zu einer Hotelkette gehören und die Auszubildenden im dritten Lehrjahr in die Spitzenküche schnuppern können. Die geringe Ausbildungsbereitschaft haben die meisten Köchinnen und Köche damit begründet, dass der Kosten- und Zeitdruck in der Spitzengastronomie so groß sei, dass einem Lehrling nicht noch erklärt werden könne, wie das Messer zu halten sei. Außerdem sei bei den verwendeten Edelprodukten beim Einsatz von Auszubildenden der Verschnitt viel zu teuer. Ein Stück Wagyu Beef ist einfach viel zu wertvoll, als dass es für Schneideübungen zur Verfügung stehen kann.

Wer keine Ausbildung in einem Restaurant der Spitzengastronomie absolviert hat, war in der Regel wenigstens für mehrere Hospitationen oder ein längeres Praktikum in einem solchen. Bei diesen Praktika – auch unter dem Begriff »Stage« bekannt – handelte es sich in der Vergangenheit um unbezahlte Aufenthalte in einer angesehenen Spitzenküche. In Deutschland, Österreich und der Schweiz sind unbezahlte Praktika mittlerweile verboten. Auch heutzutage dauern laut unserer Interviewpartner diese Aufenthalte zwischen einer bis drei Wochen, manchmal auch bis zu sechs Monaten. Interessierte Köchinnen und Köche erhalten dadurch einen Einblick in die Techniken der Stars sowie in die Abläufe in den Sterneküchen. So berichtet einer der interviewten Köche exemplarisch:

»Im Quartal sind es vielleicht so drei bis vier Köche, die zu uns kommen, die anfragen, sie möchten ein Praktikum bei uns machen, sich anschauen wie wir kochen und zubereiten oder sonstiges. Da ist der Austausch schon immer sehr groß« (1-Sternekoch).

Der Interviewausschnitt zeigt auch, dass wenige der interviewten Köchinnen und Köche Angst vor einem Wissensverlust durch die Hospitationen haben, sondern insgesamt ein sehr kollegialer Austausch herrscht. Wissenstransfer wird erbracht, da zum einen eine billige Arbeitskraft zusätzlich zur Verfügung steht und zum anderen ein Netzwerk aufgebaut wird, auf das man später wieder zurückgreifen kann, z. B. wenn gute Nachwuchskräfte gesucht werden. Auf die Frage, ob es Begrenzungen mit Blick auf die bereits erkochten Auszeichnungen der anfragenden Praktikanten geben würde, gab es unter den interviewten 3-Sterneköchen durchaus unterschiedliche Formen der Handhabung. Während einer der 3-Sterneköche *»eigentlich alle bis zu zwei Sternen«* zulässt, meinte ein anderer *»Alle, die einen guten Eindruck machen und die wirklich etwas lernen wollen, dürfen zu mir kommen.«* Es ist allerdings nicht zu vermuten, dass es tatsächlich Anfragen unter den höher dekorierten Sterneköchinnen und Sterneköchen gibt, diese treffen sich eher auf Gourmetfestivals und tauschen sich dort aus.

In vielen europäischen Ländern ist es bis heute noch so, dass Praktika unbezahlt sind. So arbeiteten beispielsweise in den 1990er und 2000er Jahren im »El Bulli«, dem wohl berühmtesten Restaurant in der Nähe von Barcelona, das von den Brüdern Ferran und Albert Adrià geführt wurde, in seinen Hochzeiten 40 bis 45 Köchinnen und Köche, wovon die allermeisten unbezahlte Praktikanten waren. So meinte ein 3-Sternekoch im Interview:

»Ich glaube, das ist moderne Sklavenhaltung. Bei uns werden die Praktikanten bezahlt. Hier ist es auch verboten, gratis arbeiten zu lassen – selbst wenn die das wollen. Und in Spanien werden die Leute ausgebeutet. Dann sieht man so eine Küchenbrigade. Da sind draußen dreißig Gäste und vierzig Mann in der Küche. Dann schlafen die unter den widrigsten Bedingungen. Das ist unmenschlich, das ist moderne Sklaverei. Und dann reden wir immer vom Doping beim Sport – das ist doch nichts anderes! Die jungen Köche, die sehen dann die Teller von den spanischen Cowboys – und das sind pro Teller locker dreißig bis vierzig Handgriffe. Und dadurch entsteht eine Küche, die fernab jeder Realität ist und die auch nicht mehr wirklich schmeckt und nicht mehr das Hauptaugenmerk auf das Produkt und den Geschmack, sondern auf Optik legt. Und die Temperatur ist meistens lauwarm bis kalt. Und das wird noch gerechtfertigt mit irgendwelchen Geschichten, Temperatur muss so und so sein. Das ist totaler Schwachsinn.«

Die Karriere mancher Köchinnen und Köche wurde durch ein Praktikum im »El Bulli«, das mittlerweile nicht mehr als Restaurant, sondern nur noch als Museum existiert, aber enorm angekurbelt. Bei den Erfindern der Molekularküche gearbeitet zu haben, war (und ist bis heute) eine der größten Meilensteine, die eine Köchin und ein Koch in seinem Lebenslauf vorweisen kann. Aus diesem Grund entstand auch in anderen Spitzenrestaurants ein großer Wettbewerb von ambitionierten Köchinnen und Köchen um die (un)bezahlten Praktika. Wie enorm wichtig auch heute noch ein Praktikum bei einer Sterneköchin bzw. einem Sternekoch für die Sternekarriere ist, zeigt Tabelle 18: 90 % aller 3-Sterneköche (es gibt derzeit nur männliche Vertreter) können dieses Kriterium in ihrem Lebenslauf aufweisen.

Für den jungen Nachwuchs sind die Kochlegenden natürlich Vorbilder. So versuchen sie deren Gerichte und Teller nachzuahmen, um so zu lernen. Neben einem Praktikum in einer der angesagten Küchen kann der Nachwuchs auch in Kochbüchern und heute besonders im Internet sehr viel von und über die Spitzengastronomie lernen. Dieses Nacheifern geht sogar so weit, dass ein Koch im Interview beklagt, dass man Nachwuchsköchinnen und Nachwuchsköchen nicht mehr die Aufgabe stellen könne, eine Linsensuppe zu kochen, sie aber sehr wohl im Stande sind, routiniert eine Praline von der Geflügelhaut zuzubereiten.

Ein weiteres herausstechendes Charakteristikum der Sterneküche ist die Geschlechterverteilung. Wir benutzen nicht umsonst häufiger die männliche Form: Die Sterneküche ist nach wie vor männlich dominiert (siehe Tab. 19). In unserem Datensatz, der alle Sterneköchinnen und Sterneköche von 2004 bis 2019 abbildet, sind nur 2,7 % in der 1-Sternekategorie weiblich, in der 2-Sternekategorie sind es nur 1,5 % und im 3-Sternebereich gibt es derzeit keine Frau in Deutschland. Derzeit gibt es mit Douce Steiner und ihrem Restaurant »Hirschen« nur eine 2-Sterneköchin in Deutsch-

Tab. 18   Prozentualer Anteil der Sterneköchinnen und Sterneköche
mit Vorerfahrungen in der Sternegastronomie

	Hat im Laufe seiner Karriere noch nie für eine andere Sterneköchin bzw. einen anderen Sternekoch gearbeitet.	Hat im Laufe seiner Karriere für eine andere Sterneköchin bzw. einen anderen Sternekoch gearbeitet.
1 Stern	13 %	86,6 %
2 Sterne	18,5 %	81,5 %
3 Sterne	9,9 %	90,1 %

Quelle: eigene Berechnung

Tab. 19   Prozentualer Anteil von Frauen unter den Sterneköchinnen
und Sterneköchen

	Männlich	Weiblich
1 Stern	97,3 %	2,7 %
2 Sterne	98,5 %	1,5 %
3 Sterne	100 %	–

Quelle: eigene Berechnung

land. Douce Steiner selbst ist der Ansicht, dass Feminismus in Spitzengastronomie nichts verloren hat oder wie Jakob Strobel y Serra einmal über Douce Steiner schrieb: »*Frauenfragen sind in der Kulinarik unerheblich. Das begreift man spätestens dann, wenn sie ihr großes Menü kocht und es jedem Menschen von Verstand gleichgültig ist, ob es von weiblichen oder männlichen Händen und Köpfen zubereitet wurde*« (Strobel y Serra 2014).

Dennoch sind die Gründe für die wenigen Frauen in der Liga der Sterneküche sicherlich vielfältig: Zum einen ist die Sprache und die gesamte Kultur in der Küche sehr rau. Vulgärsprache war früher häufig zu beobachten. Der Umgangston in der Küche soll sich aber nach Auskunft aller interviewten Köchinnen und Köche in den letzten Jahren sehr zum Positiven gewandelt haben. Zum anderen beklagen sich viele über die Arbeitszeiten. Köche und Köchinnen müssen immer abends bis spät in die Nacht und häufig auch am Wochenende arbeiten. Sprich, immer dann, wenn andere berufstätige Menschen frei haben. Dies ist nicht nur für das Familienleben unattraktiv, sondern führt mittlerweile insgesamt zu Nachwuchsproblemen in der Gastronomie. Ein 1-Sternekoch beschreibt die aktuelle Situation sehr treffend und exemplarisch für viele Aussagen von anderen Interviewpartnern wie folgt:

»Wir haben ein großes Problem mit dem Nachwuchs. Und wir bieten viel hier. Dieses Bild, das wir in der Gastronomie einmal hatten, mit 14 Stunden arbeiten, angeschrien werden in einem Kellerloch und beschissener Bezahlung, das ist ja durch. Wir haben hier ganz normale Arbeitszeiten, die sich anders auf den Tag verteilen, aber es sind schlichtweg ganz normale Arbeitszeiten. Wir haben Betriebsferien, in denen wir das Restaurant komplett schließen. Was wirtschaftlich natürlich ein Horror ist. Wir haben zwei Ruhetage, von denen einer ein Freitag ist. Wir bezahlen übertariflich, es gibt Schulungen, es gibt Extras im Betrieb, es gibt Personalfeiern, es gibt, es gibt, es gibt und trotzdem will es keiner mehr« (1-Sternekoch).

Der 3-Sternekoch Klaus Erfort vom Restaurant »Gästehaus Klaus Erfort« buhlte im Frühjahr 2020 mit folgendem Posting auf Instragram um Personal:*»3 Michelin-Sterne & freies Wochenende? Servieren wir Dir à la carte! Klaus Erfort sucht Commis oder Chef de Rang«* (Instagram Eintrag im Profil von Klaus Erfort am 28.02.2020).

Wenn es eine Köchin oder ein Koch in den Sterne-Olymp schaffen will, sind Erfahrungen in einem Sternerestaurant äußerst wichtig. Ohne diese Erfahrung schafft es niemand nach ganz oben. Wie gerade beschrieben, gibt es Nachwuchsprobleme auf der einen Seite, aber nur sehr wenige Ausbildungsplätze in der Sternegastronomie auf der anderen Seite. Dennoch haben signifikant mehr 3-Sterne- und 2-Sterneköchinnen und Sterneköche eine Ausbildung bei einer Sterneköchin bzw. einem Sternekoch absolviert als die aktuellen 1-Sterneköchinnen und 1-Sterneköche (siehe Tab. 20).

Sterne fallen nicht vom Himmel. Um in die Königsklasse aufzusteigen, muss ein langer und steiniger Weg beschritten werden. Alle Köchinnen und Köche müssen sich erst langsam hocharbeiten. Aus diesem Grund überrascht es auch nicht, dass der dritte Stern der amtierenden 3-Sterneköchinnen und Sterneköche erst in einem Durchschnittsalter von 37,7 Jahren erworben wurde. In der Abbildung 20 teilt die mittlere vertikale Achse genau bei diesem Altersdurchschnitt, sodass die Abweichungen vom Mittelwert sichtbar werden.

Tab. 20 Ausbildung der 1-Sterneköchinnen und 1-Sterneköche bei einer Sterneköchin bzw. einem Sternekoch

	Keine Ausbildung bei einem Sternekoch	Ausbildung bei einem Sternekoch
1 Stern	79,7 %	20,3 %
2 Sterne	76,7 %	23,3 %
3 Sterne	72,3 %	27,3 %

Quelle: eigene Berechnung

Abb. 20   Alter der 3-Sterneköche bei der Verleihung des dritten Sterns (Stand 2020)

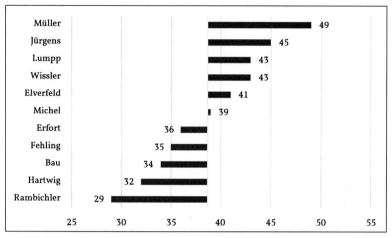

Quelle: eigene Recherche

Der jüngste 3-Sternekoch war mit 29 Jahren Clemens Rambichler, der als Sous-Chef das Erbe seines verstorbenen Chefs Helmut Thieltges antrat, gefolgt von Jan Hartwig (32 Jahre), Christian Bau (34 Jahre), Kevin Fehling (35 Jahre) und Klaus Erfort (36 Jahre). Die ältesten erstmals ausgezeichneten 3-Sterneköche waren Marco Rutz (49 Jahre) und Christian Jürgens mit 45 Jahren, gefolgt von Joachim Wissler und Claus-Peter Lumpp (jeweils 43 Jahre) sowie von Sven Elverfeld (41 Jahre) und Torsten Michel (39 Jahre). Hier stellt sich die Frage, inwieweit den Sterneköchen der Weg zu den Sternen gewissermaßen in die Wiege gelegt wurde. Daher werden wir nachfolgend die soziale Herkunft der Sterneköche näher betrachten.

Zur Sterneköchin bzw. zum Sternekoch geboren?

Einige der interviewten Köche wollten schon immer Köchin bzw. Koch werden, weil sie familiär bedingt in diesen Beruf hineingewachsen sind. Der 1-Sternekoch Sascha Stemberg hat beispielsweise das in der fünften Generation betriebene »Haus Stemberg« in den Sternehimmel gekocht. Ein anderes bekanntes Beispiel ist der 3-Sternekoch Jan Hartwig, der schon als kleiner Junge Koch werden wollte,

*»aber nicht irgendeiner, sondern einer der Besten, weil ihm seine Eltern, die einen gutbürger-
lichen Waldgasthof in der Nähe von Braunschweig betreiben, früh die Freuden der Feinschme-
ckerei vorlebten. Bis heute erzählt Hartwig mit leuchtenden Augen, wie sein Vater eines Tages
alles Ersparte zusammenkratzte, mit seinem Kleinwagen nach München fuhr, im legendären
Drei-Sternerestaurant ›Tantris‹ aß, sich den ganzen Abend lang nur eine Flasche Wasser leisten
konnte und noch in derselben Nacht zurückkehrte«* (Strobel y Serra 2017).

Andere Sterneköchinnen und -köche berichteten in Interviews häufig,
dass sie in der Schule nicht unbedingt die motiviertesten Schüler waren
und zum Teil über die klassische Berufsberatung der Agentur für Arbeit
auf ihren Ausbildungsberuf gekommen seien und ihr beruflicher Ehrgeiz
erst später entbrannt sei. Dies spiegelt sich auch in der Auswertung unseres Datensatzes wider, der alle deutschen 1-, 2- und 3-Sterneköchinnen
und -köche von 2004 bis 2019 umfasst: 3,5 % der Köchinnen und Köche haben Abitur gemacht. Von den 3-Sterneköchinnen und -köchen hat keiner
Abitur, unter den 2-Sterneköchinnen und -köchen sind es 3,4 % und unter
den 1-Sterneköchinnen und -köchen sind es 9,3 % mit Abitur. Hier ist ein
Alterseffekt zu vermuten, der sich auch in unserem Datensatz der Sterneköchinnen und -köche zeigt. Im Durchschnitt hat die junge Generation der
Sterneköchinnen und -köche Abitur. Damit wird zum einen der ›Fahrstuhl-
Effekt‹ der schulischen Ausbildung in Deutschland abgebildet, d. h. immer
mehr Personen eines Altersjahrgangs machen Abitur. Wenn sich mehr
Personen mit Abitur auf Lehrstellen bewerben als Personen ohne Abitur,
werden diese auch bevorzugt genommen. Allerdings wollen die meisten
Abiturientinnen und Abiturienten studieren. So studieren in Deutschland
mittlerweile über 50 % einer Jahrgangskohorte (Hüther und Krücken 2016,
S. 78). Diese Entwicklung führt allerdings dazu, dass den Ausbildungsberufen insgesamt der Nachwuchs ausgeht. Ein Koch drückte dies so aus:

*»Wir haben da momentan meines Erachtens eine gewaltige Fehlentwicklung. Eltern, die ihre
Kinder, die eigentlich für das Handwerk geeignet sind, aus falschen Ambitionen durch das
Abitur prügeln, mit Nachhilfelehrern, in ein vermeintlich besseres Leben durch ein Studium, was
ich komplett anders sehe – immer schon. Ich war selber auf dem Gymnasium, war auch nicht der
schlechteste, ich war halt nur ein bisschen faul. Bin nie kleben geblieben, bin nach der Zehn abge-
gangen und habe mich für eine Kochausbildung entschieden und nicht das Abitur gemacht, was
mir heute sehr zu Gute kommt. Wir können unseren Lebensunterhalt gut bestreiten mit dem,
was wir tun und mein gesamter Freundeskreis besteht nur aus selbstständigen Handwerkern.
Da ist vom Fliesenleger über den Galvaniseur über Energieelektroniker, da ist alles dabei. Und
alle suchen händeringend Leute. Keiner bekommt mehr Leute. Also, wir haben ein völlig ver-
schobenes Bild im Moment. Das ist traurig«* (1-Sternekoch).

Zum anderen drückt sich in der Zunahme von Abiturientinnen und Abiturienten unter den jüngeren Köchinnen und Köchen auch ein gestiegenes Prestige dieses Berufes aus. Aufgrund der vielen Fernsehkochshows ist Köchin bzw. Koch zu sein mittlerweile ein hoch angesehener Beruf mit Promifaktor, zumindest was die Sterneköchinnen und Sterneköche anbelangt. Daraus resultiert der Wunsch, genauso zu werden wie die Fernsehköchinnen und Fernsehköche. Ein 3-Sternekoch brachte es wie folgt auf den Punkt »Wenn Sie einen jungen Menschen fragen: ›Was wollen Sie werden?‹ Dann antwortet er: ›Fernsehkoch.‹ Aber das ist kein Beruf« (3-Sternekoch). Die große körperliche Anstrengung des Kochens sowie die sozial unverträglichen Arbeitszeiten werden bei den Lehrlingen häufig unterschätzt. Die Alltagserfahrung der Küche führt dann bei vielen dazu, dass sie die Lehre abbrechen oder später den Beruf wechseln. So teilten uns auch viele Sterneköchinnen und Sterneköche mit, dass sie häufig die einzige Person aus ihrer Gruppe von Auszubildenden seien, die heute noch als Köchin und Koch tätig ist.

In den Interviews berichteten uns die Sterneköche, dass sie aus Familien stammen, wo die Eltern entweder auch in Ausbildungsberufen tätig waren und in der Regel eine Facharbeiterausbildung vorzuweisen hatten oder aber sie waren selbstständig. Die Berufe der Eltern reichen dabei von Kartograph über technischer Zeichner und Uhrmacher bis hin zu Buchhalter. Vielfach sind es Berufe, bei denen es auch um eine gewisse Fingerfertigkeit und ästhetisches Verständnis geht. Aber nur selten waren die Eltern oder Großeltern bereits in der Gastronomie tätig. Ein 2-Sternekoch berichtet, dass sein Vater mit nur 32 Jahren starb. Da die Mutter dann alleine für die Familie sorgen musste, hat sich der 2-Sternekoch schon in sehr jungen Jahren um das Essen gekümmert. So ist in der Jugend eine gewisse Leidenschaft im wahrsten Wortsinn für das Kochen angelegt worden, die ihn bis zum 2-Sternekoch getragen hat.

Der Bereich der Sterneküche kann als sozialer Aufstiegsbereich charakterisiert werden. Dabei verweisen die meisten Köchinnen und Köche darauf, dass man kein Millionär wird, aber ein relativ gutes Einkommen erzielt werden kann und es mittlerweile ein hoch angesehener Beruf ist, zumindest in der Sterne-Gastronomie. Der Hype in den Medien, wie Fernsehsendungen zum Thema Kochen (z.B. »Kitchen Impossible« oder »Chef's Table«), Food-Blogger (z.B. »Sternefresser.de«) und die vielen Instagram-Accounts der Köchinnen und Köche haben die Spitzengastronomie und ihre Akteure populär gemacht. Fernsehköchinnen und Fernsehköche gehören heute zu einer Gruppe von Personen, die selbst Rockstar-Potential besitzen, so populär sind einige.

Die meisten Sterneköchinnen und Sterneköche waren sich aber vor ihrer Ausbildungszeit noch nicht darüber bewusst, dass sie später einmal in der Spitzengastronomie arbeiten wollen. Vielen war es nicht einmal bekannt, dass es diesen Bereich überhaupt gibt, wie beispielhaft die folgende Erzählung eines 1-Sternekochs verdeutlicht:

»Als ich meine Ausbildung damals angefangen habe, da wusste ich gar nicht, was Sterneküche ist. Ich wusste es nicht. Und ich habe eine ältere Schwester, die hat damals gesagt, wenn du die Ausbildung als Koch machen möchtest, die Kochausbildung war damals überhaupt nicht gut angesehen, dann musst Du das im besten Restaurant in X (Stadt in Deutschland) machen. Dann haben wir ein bisschen im Internet geschaut und haben das Restaurant Y gefunden, die hatten früher zwei Sterne und dann hat sie gesagt, das ist das beste Restaurant in der Stadt, dann bewirb dich da. Ich wurde auch angenommen und so habe ich erst davon erfahren, dass es Sternerestaurants gibt. Zu meinem Geburtstag im zweiten Lehrjahr habe ich ein Buch über den Sternekoch Dieter Müller geschenkt bekommen, der hatte damals zwei Sterne, und habe das erste Mal Gerichte gesehen, die wie ein Bild aussehen. Und das hat mich dann begeistert« (1-Sternekoch).

Nachdem die jungen Köchinnen und Köche mit der Spitzengastronomie in Berührung gekommen sind, liegt aber noch ein weiter, meist steiniger Weg vor ihnen, bis sie es in den Sternehimmel schaffen. Was bewegt die Köchinnen und Köche, diesen nicht einfachen Weg einzuschlagen? Dieser Frage gehen wir im folgenden Kapitel nach.

Was motiviert Sterneköchinnen und Sterneköche?

Köchinnen und Köche müssen generell immer dann arbeiten, wenn andere Freizeit haben und das mit Arbeitszeiten von 11 Uhr bis 24 Uhr oder sogar 1 Uhr in der Nacht. Dazu werden keine hohen Löhne bezahlt. Warum soll sich eine Köchin oder ein Koch noch einmal extra anstrengen, um in einem Restaurantführer ausgezeichnet zu werden? Gerade wenn es ökonomisch nicht so lukrativ ist, in der Spitzengastronomie tätig zu sein, ist es umso wichtiger zu klären, was die Menschen dazu antreibt.

Motivation
Motivation ist ein gedanklicher Prozess, um bestimmte Ziele zu erreichen und besteht aus den individuellen Motiven, die sich jeder im Laufe des Lebens angeeignet hat. Ein individuelles Motiv setzt voraus, dass eine Person in ähnlichen Situationen immer wieder das gleiche Verhalten zeigt. Motive werden im Arbeitskontext entweder durch einen äußeren Anreiz (z. B. durch Geld) oder durch die Arbeits-

situation selbst (z. B. durch Gestaltungsfreiheit, wie Arbeit ausgeführt wird) akti-
viert und damit in ein Handeln der Person überführt (Wilkesmann 2019).

Die Aktivierung der Motive kann durch einen äußeren Anreiz erfolgen (z. B.
der Wunsch, einen Stern als Auszeichnung zu erlangen). Ist dies der Fall, dann
wird von extrinsischer Motivation gesprochen, da der Impuls von außerhalb der
handelnden Person kommt. Es kann aber auch sein, dass der Impuls von der Per-
son selbst kommt, weil die ausgeführte Tätigkeit Spaß oder Freude bereitet und
sie nur deshalb ausgeführt wird und nicht, weil damit möglicherweise auch noch
eine Belohnung verbunden ist. In diesem Fall, in dem die Motivation in der Tätig-
keit selbst liegt, bezeichnet man die Motivation als intrinsisch (Wilkesmann und
Wilkesmann 2018).

In den letzten Jahren war und ist eine Motivationstheorie in der wissenschaft-
lichen Forschung sehr dominant, die sogenannte Selbstbestimmungstheorie nach
Ryan und Deci (2000). Entlang eines Kontinuums finden sich die drei Formen
der Motivation: **Amotivation** *(jemand ist überhaupt nicht motiviert) –* **extrin-**
sische Motivation *(jemand ist von außen motiviert) –* **intrinsische Motiva-**
tion *(jemand ist von innen motiviert). Eine weitere wichtige Grundidee hinter der*
Theorie ist der Zusammenhang zwischen der Motivation und der Wahrnehmung
der Selbstbestimmung (siehe Abb. 21). Wird die Arbeitssituation als vollkommen
fremdbestimmt wahrgenommen, muss die Person also ausschließlich Handlun-
gen ausführen, die ihr kleinteilig vorgegeben werden, dann ist es äußerst wahr-
scheinlich, dass sie amotiviert ist.

Wird hingegen die Arbeitssituation als sehr stark selbstbestimmt gesehen,
dann resultiert daraus eine hohe intrinsische Motivation, sprich eine Motivation,
die von innen herauskommt. Aus einer theoretischen Perspektive kann vermutet

Abb. 21   Übertragung der Selbstbestimmungstheorie auf das Kochen

Amotivation	Extrinsische Motivation				Intrinsische Motivation
überhaupt nicht motiviert	*von außen motiviert*				*von innen motiviert*
Ich fühle mich beim Kochen überfordert.	Ich koche, weil ich Geld verdienen muss.	Wenn ich beim Kochen nachlässig bin, bekomme ich ein schlechtes Gewissen.	Ich identifiziere mich mit den Normen der Köchinnen und Köche. *(brotherhood of chefs).*	Ich halte mich für eine gute Köchin bzw. einen guten Koch.	Ich koche aus Freude!
fremdbestimmte Arbeit					selbstbestimmte Arbeit

Quelle: eigene Darstellung

werden, dass die Küchenchefs eher intrinsisch motiviert sind. Dies liegt daran, dass eine hohe Selbstbestimmung drei Faktoren voraussetzt: (1) Die handelnde Person nimmt sich als in der Sache kompetent wahr. Dies kann im Fall der Chefköchinnen und Chefköche natürlich unterstellt werden. Alle gehören zur Koch-Elite. (2) Sie genießen hohe Handlungsautonomie. Auch dieser Punkt ist erfüllt, da die Chefköchinnen und Chefköche das Menü immer selbst kreieren. Sie erschaffen wunderbare Kunstwerke auf dem Teller. (3) Die Personen fühlen sich einer für das Handlungsfeld relevanten Gruppe zugehörig und teilen deren soziale Normen (Wilkesmann 2019). Soziologisch gesprochen handelt es sich dabei um den Prozess der Vergemeinschaftung (siehe Infokästchen zur Vergemeinschaftung). Warum dieser Sachverhalt zutrifft, wird in diesem Kapitel ausführlich erläutert.

In der Selbstbestimmungstheorie wird nicht nur zwischen Amotivation, extrinsischer Motivation und intrinsischer Motivation unterschieden, stattdessen wird die extrinsische Motivation, wie man in der Abbildung 21 sehen kann, noch in weitere Unterkategorien abgestuft. Extrinsisch im engeren Wortsinn meint, dass eine Handlung durch externe Belohnung oder Bestrafung aktiviert wurde. Jemand arbeitet nur, weil und insofern er Geld dafür bekommt. Daneben kann die Person aber auch ein schlechtes Gewissen haben, wenn ein Gericht durch schlechte Vorbereitung oder Unachtsamkeit nicht so gut geworden ist, wie es eigentlich sein sollte. Außerdem kann es sein, dass die Person eine Handlung ausführt, weil eine soziale Norm, der sie folgt, dies als richtiges Handeln ansieht. Dabei handelt es sich um die soziale Norm der Gruppe, zu der sich die Person zugehörig fühlt. Eine solche Norm in der Spitzengastronomie ist es, alles für das perfekte Gericht zu tun und Qualitätsstandards immer hoch zu halten. Zusätzlich existiert die soziale Norm, dass sich untereinander geholfen wird. Auch wenn jemand selbst viel zu tun hat, sollte der Person geholfen werden, die zeitlich noch stark zurückhängt. Schließlich kann eine Person eine Handlung auch deshalb ausführen, weil sie ihrem Selbstbild entspricht. Wer sich für eine gute Köchin bzw. einen guten Koch hält, handelt so, wie eine gute Köchin bzw. ein guter Koch handeln sollte. Wichtig ist, dass eine Person nicht ausschließlich nur in einer Form motiviert ist, sondern gleichzeitig verschiedene Ausprägungen von Motivationsformen vorweisen kann, je nachdem, was gerade zu tun ist: Manchmal motiviert die Sterne-Auszeichnung als Bestätigung von außen (= extrinsischer Anreiz), mitunter überwiegt die intrinsische Motivation, weil man gerade im Moment Spaß an der Arbeit hat.

Die Überlegungen in diesem Kapitel sind nach dieser Motivationstheorie sortiert und wir starten von der linken Seite des abgebildeten Kontinuums mit der Amotivation. Amotivation liegt bei den Spitzenköchinnen und Spitzenköchen nicht vor, sonst wären sie nicht da, wo sie jetzt sind, oder wie es ein Restaurantkritiker formuliert hat: »*Ich habe ganz selten Kö-*

che kennengelernt, die nicht für ihren Beruf gebrannt haben« (Restaurantkritiker). Ganz im Gegenteil: Spitzenköchinnen und Spitzenköche leben und verwirklichen sich durch ihre Kreationen. Sie produzieren mit der Gestaltung ihrer Teller essbare Kunst. Dennoch verstehen sie sich nicht als Künstler, sondern als Kunsthandwerker, wie alle Interviewpartner durch die Bank weg zu verstehen gaben: *»Ich bin Handwerker mit dem Ehrgeiz, immer wieder kreativ zu sein«* (3-Sternekoch). Dies ist wichtig, weil das Essen in der Spitzengastronomie ein besonderes Erlebnis sein soll, von dem der Gast noch Wochen und Monate später schwärmt. Ein 3-Sternekoch verglich den Besuch eines Spitzenrestaurants mit einer Karussellfahrt, bei der einem die Erinnerung sofort den Wunsch erwachsen lässt, immer wieder ins Karussell einsteigen zu wollen.

Man könnte vermuten, dass ein drohender Sterneverlust (de-)motivieren kann. In Deutschland wird man nach den Aussagen eines interviewten Kochs vorgewarnt bzw. man bekommt telefonisch mitgeteilt, dass ein Stern in Gefahr ist und zusätzliche Anstrengungen notwendig sind, um den Stern zu halten. Die Angst steht aber nicht im Vordergrund, insgesamt wurden die Sterne einhellig von allen Sterneköchen nicht als Last oder Bürde empfunden, sondern als Anerkennung und Ansporn. Der in der Presse häufig thematisierte »Druck durch die Sterne« oder der »Fluch der Sterne« wurde von allen interviewten Spitzenköchen zurückgewiesen.

So gesehen können Sterne als selektiver Anreiz die extrinsische Motivation aktivieren. In allen Interviews wurde eine externe Bewertung und damit dieser von außen gesetzte Anreiz als besonders wertvoll und wichtig angesehen. Dabei existiert eine Hierarchie der Wertigkeit der Auszeichnungen. Wie wir bereits zuvor analysiert haben, sticht die Auszeichnung durch den Guide Michelin besonders hervor. Alle interviewten Personen bezeichneten den Guide Michelin als den Goldstandard. Der Guide Michelin wurde in den Interviews als *»das Maß aller Dinge«* (3-Sternekoch), als *»die Bibel, die Oscars«* (3-Sternekoch) beschrieben. Begründet wurde es von den Köchen damit, dass es *»in der internationalen Wertung nichts Höheres als den Guide Michelin«* (2-Sternekoch) gibt, *»weil er das meiste Ansehen bringt«* (Koch mit Teller-Auszeichnung) und weil er *»in der Öffentlichkeit ganz weit vorne steht«* (Koch mit Teller-Auszeichnung).

»Aus meiner Perspektive ist es so, dass das Ein und Alles der Michelin ist, die Sternebewertung, weil die auch international angesehen ist. Ob jetzt jemand 15, 16 oder 17 oder 18 Punkte im Gault&Millau hat, das wissen noch nicht mal die Köche unter sich. Da müsste man in den Führern schauen und gucken, wie steht es denn aktuell. Aber Sternekoch hat schon eben eine Wertigkeit, die auch in unserem Kreis, in der Branche, sehr, sehr angesehen ist und auch eben nicht

leicht zu bekommen ist. Kann man nicht beeinflussen. Viele versuchen immer einen Stern zu bekommen, aber scheitern oft eben daran« (1-Sternekoch).

Deshalb ist eine der wichtigsten Motivationsfaktoren für Spitzenköchinnen und Spitzenköche natürlich die Sternvergabe. Ein 3-Sternekoch vergleicht die Verleihung des ersten Sterns mit einer Bronzemedaille, die Verleihung des zweiten Sterns mit einer Silbermedaille und entsprechend dann die Verleihung des dritten Sterns mit dem Umhängen einer Goldmedaille. Ein anderer 3-Sternekoch zieht einen Vergleich mit dem Fußball: Der erste Stern sei wie die Bundesliga, der zweite Stern wie die UEFA League und der dritte Stern sei wie die Champions League. Beim ersten Stern ist man in der Gemeinschaft der Köchinnen und Köche national bekannt, beim zweiten Stern ist man in der nationalen Gemeinschaft ein Star und beim dritten Stern ist man international ein bekannter Superstar. Es ist also eine Auszeichnung, die innerhalb der Community der Köchinnen und Köche höchste Anerkennung und Legitimation genießt und auch unter den Gästen sehr bekannt ist. Ein 1-Sternekoch umschrieb die Bekanntheit der Sterne damit, dass er – egal wo er gerade auf der Welt sei – wenn er sagt, dass er einen Stern besitzt, jeder etwas damit anfangen könne. Es ist eine weltweite Leitwährung. An dieser Aussage wird deutlich, dass die Sterne-Vergabe eine Zuteilung von Prestige darstellt. Jeder auf der Welt kennt die Bedeutung dieser Auszeichnung. Mit den Sternen wird innerhalb der Gastronomie-Szene eine Anerkennungshierarchie geschaffen und eben Prestige vergeben. Ob Gast oder Mitarbeiterin bzw. Mitarbeiter in dem Bereich, jeder kann den Wert einschätzen und damit auch die Anerkennung der Person zollen, die diese Auszeichnung bekommen hat. Nicht ohne Grund wird diese Errungenschaft den Gästen nach außen und dem Team nach innen präsentiert, wie das Foto zeigt (siehe Abb. 22), das wir im Eingangsbereich des Restaurant »Amador« in Wien aufgenommen haben. Der Eingangsbereich ist an Symbolik kaum zu übertreffen und gleicht einer sakralen Stätte: Linkerhand erblickt man eine tischhohe Glasvitrine, in die drei aufgeschlagenen Guide Michelin Ausgaben mit der jeweiligen Erstverleihung der 3-Sterne-Auszeichnung für die geschlossenen Restaurants »Amador« in Langen und in Mannheim sowie dem aktuell betriebenen Restaurant »Amador« in Wien liegen. Vor der Vitrine geht man linkerhand an der warmen Küche vorbei. Durch ein Fenster erblickt man an der Abzugshaube drei goldene Michelin-Sterne. Dieses Motiv wiederholt sich in Form von drei roten Michelin-Sternen, die von innen an der Fensterscheibe lehnen. Auf dem Fenstersims gesellen sich verschiedene Figuren des Michelin-Männchens rund um die gesammelte Michelin-Chronik.

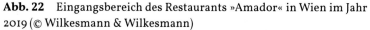

Abb. 22   Eingangsbereich des Restaurants »Amador« in Wien im Jahr 2019 (© Wilkesmann & Wilkesmann)

Sozialer Status und Prestige

Der Begriff sozialer Status wird hier als Oberkategorie von Prestige definiert. Der soziale Status einer Person bestimmt sich aus der (Berufs-, Schul- und Hochschul-)Qualifikation, dem Einkommen und dem Prestige. »Die Stellung eines (Berufs-)Positionsinhabers auf den Abstufungen von Qualifikation, Einkommen oder Prestige nennt man ›Status‹« (Hradil 1993, S. 151). Unter Prestige wird der Ruf oder das Ansehen einer Person oder einer Gruppe verstanden. Durch die Sterne-Auszeichnung wird den prämierten Köchinnen und Köchen Prestige verliehen. Dieser kann langfristig auch zu einem höheren sozialen Status führen. Koch ist keine Ausbildung mehr für Personen, die nicht wissen, was sie sonst machen sollen, sondern wird auch von Personen angestrebt, die eine höhere Schulausbildung besitzen. Im Segment der Spitzengastronomie verdienen die Köchinnen und Köche mittlerweile auch gutes Geld, sodass von einer Statusaufwertung gesprochen werden kann.

Für die Köchin und den Koch ist deshalb der Anruf des Chefredakteurs vom Guide Michelin, der meistens ein paar Tage vor der Preisverleihung erfolgt, einfach umwerfend: »*Das werde ich nie (!) vergessen: 09:30 Uhr morgens wurde ich angerufen und ich musste erst einmal tief durchatmen*« (3-Sternekoch). Ein anderer 3-Sternekoch beschreibt anlässlich der Verleihung seines zweiten Sterns sehr eindrucksvoll die Achterbahnfahrt seiner Gefühle vor der offiziellen Sterne-Verleihung in Berlin:

»*Es geht auf diesen Tag zu, wo man weiß: Nächste Woche ist die Sterne-Vergabe und ich wusste, dass sie die Leute anrufen – beim ersten Stern nicht, aber ab dem zweiten Stern schon. Und ich dachte, wenn Dienstag die Verleihung ist, dann rufen die vielleicht ab dem Freitag davor an. Freitag hat keiner angerufen. Und ich habe alle verrückt gemacht, weil ich diesen zweiten Stern unbedingt haben wollte. Irgendwann ist man so fertig mit den Nerven, weil einem auch die Gäste sagen ›Das sind doch zwei Sterne, was Sie hier kochen.‹ Und dann sagen die Kollegen: ›Hast Du schon ein Ticket für die Sterneverleihung in Berlin gebucht?‹ und so weiter. Es war also Freitag und es passierte nichts. Es war Samstag und es passierte nichts. Es war Sonntag und da denkt man sich: Gut, Sonntag ruft keiner an, da haben alle frei. Wobei warum eigentlich nicht? Ich muss schließlich noch einen Zug oder Flug buchen. Meine Gedanken kreisten hin und her und ich habe alle verrückt gemacht. Dann legte ich mich Sonntagabend ins Bett und werde am nächsten Morgen wach und sage zu meiner damaligen Freundin: ›Ich habe gerade geträumt, dass ich heute den (!) Anruf bekomme.‹ Darauf meinte sie nur: ›Tut mir leid, ich kann dir langsam nicht mehr helfen. Du bist ja völlig fertig.‹ Dann stehe ich unter der Dusche und bekomme einen Anruf von der Direktion. Ich gehe ans Handy und meinte nur: ›Zwei Sterne, oder?‹ Ich bekomme jetzt schon wieder Gänsehaut, wenn ich das sage. Und am Ende der anderen Leitung hieß es: ›Ja, ich gratuliere Ihnen!‹ Daraufhin habe ich das Handy fallen lassen und Rotz und Wasser geheult*« (3-Sternekoch).

Die Spannung war in Erwartung des dritten Sterns ebenso hoch, wie er weiter schildert:

»*Später beim dritten Stern war es genauso. Ich habe mich vorher auch wieder ohne Ende verrückt gemacht. Den einen Tag bin ich, weil ich es nicht mehr ausgehalten habe, vier Stunden im strömenden Regen durch die ganze Stadt gelatscht, habe auf meinen Nägeln herum gekaut und gedacht: Das gibt es doch gar nicht! Ich hatte Tag und Nacht mein Handy dabei, hatte sogar eine Powerbank in der Tasche, damit der Handy Akku immer nachgeladen werden konnte. Und am Montagabend war ich mit einem Freund Essen und ich wusste, morgen ist die Sterne-Gala in Berlin. Und dachte mir: Okay, dann ist es so! Und dann habe ich mir schön einen angetrunken und ich bekomme 22:30 Uhr oder so einen Anruf aus der Direktion mit den Worten: ›Ich habe schon einen Flug gebucht. Morgen um 8 Uhr fliegen Sie nach Berlin, Sie haben drei Sterne.‹ Das war wirklich krass*« (3-Sternekoch).

Auf der anderen Seite wollen sich die Sterneköchinnen und Spitzenköche nicht verbiegen lassen, sondern folgen neben der externen Auszeichnung und Anerkennung ihren ganz eigenen Ansprüchen an ihre Arbeit.

»Ich will das so erreichen, wie ich bin und so, wie ich es mache, mit dem, was ich mache. Also auch mit der Art, wie ich koche. Mit dem, was mir Spaß macht, was unseren Gästen Spaß macht. Wenn die da draußen alle meckern würden, wäre es etwas anderes, aber die sind alle happy. Also so verkehrt sind wir wohl nicht. Und wenn es dann ein bisschen länger dauert, dann ist das okay. Und wenn nicht, dann ist es auch okay. Ich habe auch keine Vorgabe vom Haus, dass ich jetzt einen weiteren Stern haben muss, ich habe da keinen Druck. Ich will mit meinem Team und meinen Gästen gut auskommen« (2-Sternekoch).

Neben der Auszeichnung mit Sternen ist für die Köchinnen und Köche ein weiterer externer Anreiz wichtig, das Feedback der Gäste. Ein Koch beschrieb das Gefühl wie folgt: *»Aber einfach dieses Rausgehen zum Gast, und diese volle Zufriedenheit von diesem Gast abzukriegen. Das fängt hier an (zeigt auf seinen Arm) und hört hier auf (zeigt auf seinen Nacken) und im Nacken kitzelt das noch«* (Koch mit Teller-Auszeichnung). Auch die anderen interviewten Köche beschreiben das immer wieder wunderschöne Gefühl, wenn die Gäste glücklich sind.

Über alle Sterne-Hierarchien hinweg wurde uns gegenüber immer wieder die Freude am Beruf betont: *»Es ist ein toller Beruf. Der macht einfach Spaß und du kannst die Welt bereisen und du lernst unglaublich interessante, tolle Menschen kennen«* (1-Sternekoch). Diese Freude bezeichnet die intrinsische Motivation, die unter den Besten sehr häufig anzutreffen ist, weil die Spitzenköchinnen und Spitzenköche für ihren Beruf brennen und der Beruf im wortwörtlichen Sinn eine Art Berufung für sie ist. Diese intrinsische Motivation spüren auch Nachwuchskräfte, sodass andere Faktoren (z. B. suboptimale Arbeitszeiten) keine Rolle spielen, wie eine Junior-Sous-Chefin im Interview wunderbar umschreibt:

»Wir haben uns letztens erst darüber unterhalten: Da sind wir so um 17:30 Uhr vor dem Service an der Straße entlanggelaufen und dann meinte ich zu meinem Kollegen: ›Stell dir mal vor, wir würden jetzt nach Hause gehen.‹ Darauf sagte er: ›Ja, das wäre schon cool.‹ Und dann meinte ich: ›Aber ich glaube, so nach drei Tagen wäre mir wieder langweilig.‹ Und ich glaube, so ist es auch. Wir sind so in diesem Job und in den Arbeitszeiten drin, dass man sich A daran gewöhnt und wir es B aber auch irgendwie missen würden, wenn es nicht mehr so wäre, weil es einfach unser Leben ist. Für uns ist das glaube ich kein Job, also es dient nicht dazu, dass das Konto gefüllt ist, sondern es dient dazu, dass das Leben gefüllt ist. Weil es einfach Spaß macht, weil wir das einfach lieben, was wir machen« (Junior-Sous-Chefin, 3-Sternerestaurant).

Dieser Berufung zu folgen wäre ohne einen tiefen inneren Antrieb vermutlich nicht zu schaffen. Schließlich hat der Weg zum Erfolg viele unsichtbare und entbehrungsreiche Seiten, wie die beeindruckende Schilderung eines 3-Sternekochs exemplarisch zeigt:

»*Ich laufe durch das Restaurant und mache meine Honneurs und bin da für die Gäste der tolle Küchenchef und so. Aber da ist natürlich viel, viel, viel mehr dahinter und damit ist vor allem in den ersten Jahren extrem viel persönlicher Verzicht verbunden. Ich war auf keiner Familienfeier, keiner Hochzeit, keiner Taufe und so weiter. ... Ich habe da so viel zurückgesteckt. Früher haben mich meine Freunde Freitagabend angerufen:* ›*Wir sind in der Disco, kommst du noch?*‹ *Konnte ich natürlich nicht, weil ich am nächsten Tag wieder früh arbeiten musste. Ich habe immer verzichtet, immer zurückgesteckt an Weihnachten, Silvester, an jedem Tag. Jemand hat Geburtstag, es ist Heiligabend, es ist Ostern, egal was. Und das ist das, was keiner sieht. Ich bin schon viele Jahre im Beruf, ich habe drei Sterne und wenn ich mit einer schönen weißen Jacke durch das Restaurant laufe und meine Honneurs mache, sagen alle:* ›*Das war großartig!*‹ *Da sieht keiner, diesen Schweiß und die Tränen. Das sieht keiner. Und das muss auch keiner sehen. Aber ich weiß, dass es dazugehört. Und das wissen viele Berufseinsteiger eben nicht. Und deswegen brechen auch viele ab*«* (3-Sternekoch).

Alle 3-Sterneköche, also diejenigen, die es geschafft haben, die schon ganz oben angekommen sind, verstehen sich immer als hoch intrinsisch motiviert. »*Ich wollte mein Ding machen, auf Biegen und Brechen und dann ist es schon gut und schön zu sehen, dass es erfolgreich ist, dass es wächst, dass man andere dafür begeistern kann*« (3-Sternekoch). Die absoluten Spitzenköchinnen und Spitzenköche beschreiben ihre Motivation durchweg als, aus sich selbst herauskommend, als Spaß an der Arbeit und Freude am perfekten Teller. »*Also erstmal macht es mir Spaß. Ich sehe es dann auch nicht als Höchstleistung, sondern ich sehe es für mich als Herausforderung*« (3-Sternekoch).

Die intrinsische Motivation spielt also ebenfalls eine wichtige Rolle. Man macht nicht etwas, um einen Zustand oder eine Belohnung zu erreichen, sondern weil die Tätigkeit selbst Freude bereitet. Wird eine Handlung mit großer Freude ausgeführt, ist sie sehr wahrscheinlich auch sehr gut und mit hoher Qualität umgesetzt worden. Wenn dem so ist, wird vermutlich auch die Belohnung erreicht. Allerdings ist die Belohnung nicht der eigentliche Grund der Handlung gewesen, sondern die Freude an der Sache. Die Belohnung stellt somit lediglich ein Nebeneffekt dar.

»*Ich möchte jeden Tag besser werden und ich möchte mich dafür nicht verbiegen. Ich möchte das machen, was mir Spaß macht, und möchte es so machen, wie es mir Spaß macht. Es gibt z. B. ein paar 3-Sterneköche, die sind supernett und es gibt auch Arschlöcher oder Idioten darunter. Man*

lernt auch den ein oder anderen kennen und dann sagt man sich, dass man nicht so werden will,
um das zu erreichen. Das brauche ich nicht« (2-Sternekoch).

Die hohe intrinsische Motivation, besonders bei den 2- und 3-Köchen spiegelt sich auch bei unserer Abschlussfrage wider, die wir den interviewten Köchen gestellt haben: *»Wem gegenüber fühlen Sie sich am meisten verpflichtet?«* Dabei ist höchst interessant, dass sich die Köche mit Teller-Auszeichnung oder mit einem Stern meistens den Gästen oder dem Restaurant- und Küchenteam gegenüber verpflichtet fühlen. Die 2- und 3-Sterneköche haben hingegen alle geantwortet, sie würden sich nur sich selbst gegenüber verpflichtet fühlen. Einer umschrieb es mit dem Bild, dass er morgens immer in den Spiegel sehen können muss und mit seiner Arbeit zufrieden sein will. Dieses ›sich selbst zum Maßstab‹ setzen ist aber kein Egoismus oder ein Anflug von Selbstverliebtheit, sondern Ausdruck einer inneren Motivation und eben nicht von externen Gründen bewegt. Diese Motivation und Selbstverpflichtung ist im oberen Sternebereich auch wichtig und funktional, da dort schließlich bewertet wird, ob jemand neue Trends gesetzt hat, eine besondere eigene Handschrift vorweisen kann, die einmalig und individuell ist. Dafür darf eine Köchin bzw. ein Koch natürlich keinen anderen Prinzipien, sondern nur sich selbst treu sein und muss sich eben jeden Tag wieder neu im Spiegel selbst beurteilen. Anthony Bourdain hat dies einmal so ausgedrückt:

»Ich denke niemals, niemals, niemals über meinen Erfolg nach. ... Wenn man anfängt, darüber
nachzudenken, was die Leute mögen, fängt man an, darüber nachzudenken, was die Leute er-
warten. Dann fängt man an, sich den Erwartungen der Menschen anzunähern« (Bourdain,
zitiert nach Kanani, 2019, S. 6, Übersetzung durch die Autoren).

Die Spitzenköchinnen und Spitzenköche streben immer nach dem perfekten Gericht, wie es einmal die slowenische Spitzenköchin Ana Ros ausdrückte:

»Sie träumen von Perfektion und sind immer auf der Jagd, aber Ihr Fluch ist der Tag, an dem Sie
sie finden, denn an diesem Tag müssen Sie mit dem Kochen aufhören« (Ros, zitiert in Kanani,
2019; S. 23, Übersetzung durch die Autoren).

Die intrinsische Motivation ist bei allen Spitzenköchinnen und Spitzenköchen sehr stark vorhanden und tief verwurzelt. Sie treibt sie immer wieder an. Da sie hoch intrinsisch motiviert sind, erzielen sie hervorragende Ergebnisse, die von den Restaurantführern honoriert werden. Die Sterne-

Auszeichnung steht aber nicht (immer) im Vordergrund, sondern ist ein Ergebnis exzellenter und aufopferungsvoller Arbeit. Natürlich kann es auch immer wieder Situationen geben, in denen die intrinsische Motivation ausbleibt und dann der extrinsische Anreiz der Sterne-Auszeichnung doch der Hauptaspekt ist.

Neben der intrinsischen Motivation und der extrinsischen Motivation, die durch den Anreiz der Sterne-Vergabe ausgelöst wird, spielt eine weitere Motivationsquelle eine bedeutende Rolle: die Zugehörigkeit zu der Gemeinschaft der Köchinnen und Köche und deren soziale Normen.

Gemeinschaft und Gefolgschaft – The Brotherhood of Chefs

Alle Köchinnen und Köche aus der Spitzengastronomie fühlen sich einer speziellen Gruppe zugehörig und teilen auch deren Norm, d.h. sie fühlen sich – egal ob männlich oder weiblich – der »Brüderschaft der Köche« bzw. »*brotherhood of chefs*« (Lane 2014, S. 82) verpflichtet. Man nimmt sich als eine Gemeinschaft wahr, der jeder verpflichtet ist und in der man sich gegenseitig schätzt und respektiert, auch wenn man sich in einer Konkurrenzsituation befindet. Ein Koch drückt dies wie folgt aus:

»*Das Schöne an dieser Gastronomie oder zumindest einem kleinen Teil dieser Gastronomie ist, dass wir uns alle kennen und schätzen. Da ist diese Wertschätzung da*« (1-Sternekoch).

Dies führt dann auch zu Sonderbehandlungen untereinander, die ein 1-Sternekoch im Interview so beschreibt:

»*Ich bin mit meiner Frau – da waren wir gerade erst so mit Mitte zwanzig – einmal in dem 3-Sternerestaurant eines befreundeten Kollegen essen gewesen und nebenan sitzen wirklich High-End Gäste mit Bentley und Stammgäste, die es so richtig krachen lassen. Der Unterschied war aber, dass bei uns die Gänge vom 3-Sternekoch persönlich am Tisch serviert werden, der Maître macht höchstpersönlich für uns eine passende Flasche Champagner auf und schenkt uns den ein. Und das ist mir damals schon immer wieder aufgefallen, wie dann ältere Herrschaften am Nebentisch saßen und Du gemerkt hast, dass die gedacht haben:* ›*Was sind das denn für Leute? Das sind bestimmt Prominente oder Politiker oder so.*‹ *Aber nein, wir kommen einfach aus der Gastronomie. Und da ist einfach diese besondere Wertschätzung zwischen den Kollegen vorhanden*« (1-Sternekoch).

In dieser Gemeinschaft werden auch soziale Normen geteilt, wie z.B., dass keine Gerichte plagiiert werden und dass man sich im Team immer wechselseitig hilft. Auffallend ist, wie ungeheuer hoch die Identifikation aller Köchinnen und Köche mit den gemeinsamen Normen der Koch-Community ist. Alle brennen für das gute Essen, alle akzeptieren die externe Bewertung der Guides. Allerdings hat dies auch Grenzen für einige Köchinnen und Köche. Individuell sind alle Konkurrenten untereinander. Es wird um die knappen Ressourcen der Sterneauszeichnungen, der Anerkennung und der zahlenden Gäste konkurriert. Auch wenn sich alle einer Gemeinschaft zugehörig fühlen, stehen sie untereinander im Wettbewerb und beobachten sich auch wechselseitig. So vergleichen sich die Köchinnen und Köche mit den nächst höher dekorierten Kolleginnen und Kollegen und stellen dabei fest, dass sie nicht mehr so weit weg sind von der nächsten Auszeichnungsebene. Einige führen sogar eigene Listen, ob ihre Teller jeweils schon in die nächste Kategorie gehören oder nicht. Damit werden aber die Normen der sozialen Gruppe gelebt und zementiert. Diese Gemeinschaft wird durch die Ausbildung in der Küche erzeugt. Verena Lugert (2018) beschreibt dies in ihrem Buch wunderbar anschaulich, was passiert, wenn der Abendservice beginnt und alle unter Hochdruck die Menüs produzieren müssen:

»Wir sind keine Ichs mehr, gehen auf in einem Gemeinschaftsbewusstsein, die Egos verschwinden – wir sind jetzt eins mit der Küche, wir sind die Küche. Das Hirn ist ausgeschaltet, nur ein einziger Wille bleibt: das Essen just in time auf den Pass zu bekommen« (Lugert 2018, S. 97).

Diese Gemeinschaft wird manchmal auch über brutale Rituale erzeugt. Wer seinen Teil nicht erfüllt, hat auch mit physischer oder psychischer Gewalt zu rechnen. Das beginnt mit dem Anschreien vor der gesamten Mannschaft und endet damit, dass man die Hand in kochendes Wasser halten muss, wie sowohl Verena Lugert als auch Anthony Bourdain in ihren Autobiographien schildern. In diesen Situationen wird das eigene Ego gebrochen. Es darf nicht das eigene Ego, sondern es muss die Gesamtleistung der Gemeinschaft im Vordergrund stehen. Für das Menü müssen alle in der Küche wie ein Räderwerk zusammenarbeiten. Ein 3-Sternekoch beschrieb dies wie folgt:

»Also, wenn ich merke, dass einer immer versucht, sein eigenes Ding durchzudrücken, dann ist er bei mir eh falsch. Wenn ihm im übertragenen Sinn die Straße und die ist sehr breit bei mir, aber wenn die ihm zu eng ist, dann muss er gehen. Es gibt natürlich andere, meist nicht so kreative, die sind froh, Teil von dem Ganzen zu sein. Und die braucht man auch. Das ist wie so ein Uhrwerk. Man braucht nicht nur die Feder, sondern auch die Zahnrädchen. Also die Mischung macht es. Ich brauche Leute unter mir, die jetzt keine Grundsatzdiskussion über Gerichte an-

fangen. Die dann immer mit ›Ja, aber‹ um die Ecke kommen. Bei der Aussage kriege ich schon grüne Haare. Und deshalb ist es manchmal gut, dass ein Wechsel stattfindet. Leute, die sehr von sich überzeugt sind, die ›famous as soon as possible‹ werden wollen, kann ich hier nicht gebrauchen« (3-Sternekoch).

Ein Menü ist immer eine Gemeinschaftsleistung. Wenn ein Posten mit der Mise en Place zeitlich hinterher ist, dann ist es selbstverständlich, dass die Köchin und der Koch, die oder der schon fertig ist, der Person hilft, die noch nicht fertig ist. Ebenso muss in der abendlichen Routine, wenn die Teller raus gehen, die Küchenmannschaft auch immer dahin rotieren, wo gerade die höchste Arbeitsdichte ist und dort aushelfen. Der Michelin-Stern wird bei Teams, die schon länger zusammenarbeiten, auch als Teamauszeichnung verstanden. Ein Koch beschreibt die Wirkung des erwarteten, aber bisher noch nicht erreichten Sterns für das Team: »*Da hängt dann vorne an der Tür so eine rote Plakette und die kriegen alle, wenn die zur Arbeit kommen, bekommen die alle so ein Grinsen und wissen, wofür sie es tun*« (Koch mit Teller-Auszeichnung). In einem Fall hat sich sogar der Sous-Chef den Michelin-Stern auf den Arm tätowieren lassen, als das Restaurant den ersten Stern bekam. In diesem Fall war die Identifikation des Sous-Chefs, der schon lange im Team arbeitete, so hoch, dass er sich diese Auszeichnung auch auf die Haut stechen lassen wollte. Ein Glücksgefühl, das im wahrsten Sinne des Wortes unter die Haut geht. Diese Geschichte dokumentiert, wie hoch das Commitment und wie groß der Stolz durch diese externe Auszeichnung sind. Das Team in der Sterneküche hält immer zusammen und ist eine eingeschworene Gemeinschaft. Dieses Gruppen- und Gemeinschaftsgefühl ist für viele Köchinnen und Köche auch eine wichtige Motivationsquelle. Hier werden die Normen der Spitzenküche erlernt.

Vergemeinschaftung
Eine Form der Motivation bezieht sich aus der sozialen Norm der Gruppe. Spitzenköchinnen und -köche fühlen sich der Gemeinschaft der Köche sehr eng verbunden und die dort geteilten Werte werden verinnerlicht. Der deutsche Soziologe Ferdinand Tönnies (1979 [1935]) verortet die Gemeinschaft in den engen Beziehungen zwischen Mutter und Kind, Mann und Frau sowie zwischen den Geschwistern. Dieses Miteinander gründet sich auf gemeinsame Existenzsicherung und gleichzeitig in einem gemeinsamen erlebnisbezogenen Handeln. Durch Gespräche über gemeinsame Erfahrungen werden Definitionen und Bestätigungen über das relevante Wissen über die Welt fortwährend erzeugt und erneuert. Max Weber (1972 [1921]) hat Tönnies' Gemeinschaftsbegriff von der Orts- und Abstammungsbedingung durch die Hinzunahme der sozialen Phänomene Nachbar-

schaft und Freundschaft erweitert. Dabei kommt es nur auf die subjektive gefühlte Gemeinsamkeit an, nicht darauf, ob es wirklich eine Gemeinsamkeit gibt. Ganz gut deutlich wird dieses Phänomen unter Fußballfans, die sich trotz ihrer unterschiedlichen Herkunft zu ihrem Verein zugehörig fühlen. Auch Köchinnen und Köche erzeugen durch gemeinsame Kommunikation, durch gemeinsame Erlebnisse und Geschichten eine Gemeinschaft. So entsteht eine Gemeinschaft der Köchinnen und Köche (brotherhood of chefs) die definiert, wer dazu gehört und wer nicht dazugehört.

Die Verinnerlichung der Werte der Gemeinschaft der Köchinnen und Köche wird auch daran deutlich, dass dies immer als eigenes Selbstbild, als eigene Erwartung formuliert wird, die ganz unhinterfragt wichtig ist. Durch die Vergemeinschaftung wird ein Selbstbild erzeugt, dem alle entsprechen wollen. Die Motivation besteht also genau darin, das gemeinschaftlich erzeugte Selbstbild individuell zu erfüllen: *»Eigentlich ist es so, wenn man als Sternekoch nicht an den zweiten Stern denkt, hat man den ersten nicht verdient. Weil man dann aufhört, das ist dann Stillstand und dann ist es so, dass man einfach mit dem zufrieden ist, was man tut. Dafür sind wir noch zu jung«* (1-Sternekoch). Ein 2-Sternekoch, der den dritten Stern anstrebt, begründet dies so:

»Es war immer ein Traum von mir, weil ich in einem 3-Sternerestaurant gearbeitet habe. Das war immer ein Traum, das selbst auch mal zu erreichen. Man muss immer Ziele vor Augen haben. Ob ich es erreiche, weiß ich nicht, aber ich arbeite dran und es ist immer ein Ziel gewesen« (2-Sternekoch).

Ein anderer Sternekoch begründet seine Freude an der Arbeit damit, dass ein früherer Chef sie ihm gelehrt hat. Im Idealfall wird Jungköchinnen und Jungköchen durch das Lehrmeister-Schüler-Verhältnis die Liebe zum perfekten Teller vorgelebt und sie werden dadurch in die Gemeinschaft eingeführt.

»Der hat mir das Gefühl gegeben, für den Teller zu leben, zu arbeiten, zu machen und zu tun. Sich über einen Teller zu freuen. Also nicht nur dieses reine Kochen, sondern diese Liebe zum Teller. Ich will nicht direkt sagen, sich dafür aufzuopfern, aber eine gewisse Hingabe zu vermitteln. Dann war ich geflasht und infiziert und bin dann meinen Weg gegangen« (2-Sternekoch).

Auch im Bereich des Service spielen solche Erweckungserlebnisse durchaus eine Rolle. Das Beispiel der Maître eines 3-Sternerestaurants beschreibt sehr eindrücklich, wie die Motivation und Leidenschaft für die Spitzengastronomie in ihr zum Leben erweckt wurde:

»Und ich wollte unbedingt in ein Fünf-Sterne-Hotel, weil ich einfach damals sehr viele Repor-
tagen über die Luxus-Hotellerie im Fernsehen gesehen habe und über diesen ganzen Perfektio-
nismus, der da herrscht. Gelernt habe ich in einem Drei-Sterne-Hotel und nach der Ausbildung
habe ich mir gedacht: Okay, ich traue mich jetzt einfach, habe mich in verschiedenen Fünf-Ster-
ne-Hotels beworben und in einem durfte ich anfangen. Anfangs dachte ich: Da lassen die mich
Landei in so ein Hauptrestaurant im Fünf-Sterne-Hotel? Das war für mich schon so ein Gefühl
›Oh mein Gott! Oh mein Gott!‹ An meinem ersten Tag habe ich direkt richtig einen auf den De-
ckel bekommen, weil ich die Speisekarte noch nicht auswendig kannte. Am nächsten Tag konnte
ich die dann natürlich. Ich wollte das auch so. Und irgendwann, als ich dann in meinem Metier
so klargekommen bin, nach ein paar Wochen, habe ich gemerkt, dass da noch ein anderes Re-
staurant ist, wo sie alle Krawatte und Jackett tragen, Teller und mit einer Glosche drauf. Und
alles immer nur zu zweit und so. Es dauerte ein wenig, bis ich erst mal begriffen hatte, dass das
ein Sternerestaurant ist. Von den Mädels habe ich mir ein bisschen erklären lassen, was die da
so machen. Und dann habe ich gesagt: ›Ich will da unbedingt rein! Auf Biegen und Brechen, ich
will da rein, einfach nur der Perfektion halber. Ich will es noch genauer wissen, ich will es noch
genauer servieren. Ich will die Gabel nicht schief eindecken, ich will sie gerade eindecken.‹ So, und
dann habe ich vier oder fünf Monate gewartet, bis ein Platz frei geworden ist. An einem Tag soll-
te ich früher kommen, obwohl ich nicht im Dienstplan stand. Und ich wunderte mich, warum
ich um zehn Uhr morgens da sein soll. Dann war da der F&B-Manager und der Restaurantlei-
ter und die haben mich an die Seite genommen, in so einen separaten Raum. Ich sollte mich set-
zen und habe gar nicht gecheckt, um was es geht. Und die beiden haben mich angelacht wie ein
grinsendes Honigkuchenpferd, weil sie wussten, wie sehr ich unbedingt da rein wollte. Ja, und
dann haben die einfach wortlos aus der Tasche diese blaue Krawatte herausgezogen, die alle tra-
gen. Was habe ich mich gefreut! Schließlich habe ich mich total verloren in diese Liebe zu die-
ser Sterneküche, zu diesen strukturierten Abläufen. Man weiß genau, was am Abend auf einen
zukommt. Nicht irgendwie 80 a-la-carte neu, einfach so, unangemeldet. Vor allem dieses Ler-
nen: Was genau ist denn dieses Topinambur und warum wird sie im Englischen ›Jerusalem Ar-
tichoke‹ genannt? Zu jedem Produkt gibt es irgendwie eine interessante Geschichte« (Maître,
3-Sternerestaurant).

Das Zitat zeigt sehr schön, wie auch im Servicebereich Formen von intrin-
sischer Motivation möglich sind, selbst wenn die Handlungsspielräume im
Sinne der Kreativität wesentlich eingeschränkter sind als im Bereich der
Küche.

Zusammengefasst existiert nicht nur ein Motivationstyp, sondern es ist
immer ein Zusammenspiel von verschiedenen Motivationsfaktoren. Der
extrinsische Anreiz des Prestiges, der durch den Stern zugesprochen wird,
spielt ebenso eine Rolle, wie die intrinsische Motivation, dass es einfach
Spaß macht, sich selbstverwirklichen zu können. Aber auch die Erfüllung
der sozialen Norm der Gemeinschaft der Spitzenköchinnen und Spitzen-

köche und das daraus resultierende Selbstbild und Selbstverständnis. Das Gemeinschaftsgefühl der »brotherhood of chefs« ist ein wichtiger Motivationsfaktor. Die unglaubliche Leidenschaft, mit der die Spitzenköchinnen und Spitzenköche jeden Tag arbeiten, nötigt auch dem Restaurantkritiker Respekt und größte Hochachtung ab.

»Die Grundlage meiner Arbeit ist der Respekt vor dem Tun der Köche, das sind Leute, die schuften wie die Ochsen, die haben Arbeitstage, davon haben wahrscheinlich die meisten Leute, die im Restaurant sitzen, keine Ahnung. Die sind unglaublich leidenschaftliche Menschen, die für ihre Sachen brennen. Das alleine verdient Respekt« (Restaurantkritiker).

Eine weitere Form der Gemeinschaft bilden Vereinigungen, die auch formal als Vereine organisiert sind und die nur einen ausgewählten Kreis an Gourmetrestaurants und Spitzenköchinnen und Spitzenköche aufnehmen. In Europa zählen hierzu die beiden Vereinigungen »Relais & Château« und »Jeunes Restaurateurs«, bei denen spezielle Aufnahmebedingungen herrschen. Die Vereinigung Relais & Châteaux wurde 1954 in Frankreich gegründet und hat neben relativ hohen Mitgliedsbeiträgen strenge Aufnahmebedingungen für die dort vereinigten Luxushotels und Restaurants. Die meisten Mitgliedsbetriebe sind in historischen Schlössern, Landgütern oder Stadtresidenzen beherbergt und betreiben Gourmetrestaurants. Die »Relais & Châteaux Grand Chefs« sind reine Restaurantbetriebe ohne Hotelanbindung, deren Küchenchefs meist zwei oder mehr Sterne im Guide Michelin vorweisen können. Die Vereinigung Jeunes Restaurateurs richtet sich eher an die jungen, selbstständigen Spitzenköchinnen und Spitzenköche. Um dort aufgenommen zu werden, darf ein Höchstalter von 49 Jahren nicht überschritten werden. Neben einer offiziellen Bewerbung braucht man zwei Fürsprecher bzw. Paten aus den Reihen der Mitglieder. Nach einem Besuch des Restaurants durch Mitglieder der Jeunes Restaurateurs wird auf einer Tagung im Sommer über die Aufnahme abgestimmt. Gibt es auch nur eine Gegenstimme erfolgt keine Aufnahme: »Wenn ich auf Gebietsschutz plädiere, dann wird kein Restaurant im Radius von 60 Kilometern aufgenommen. Da kann der Präsident machen, was er will. Der Gebietsschutz ist eingetragen für alle Jeunes Restaurateurs in Europa« (1-Sternekoch). Bei erfolgreicher Annahme gibt es im Rahmen einer zweitägigen Veranstaltung folgendes Aufnahmeritual:

»Am zweiten Abend gibt es in der Regel eine Gala, da ist normalerweise auch Ballkleid für die Damen, Black Tie für die Herren Pflicht, um diese Werte des Genusses ein stückweit hochzuhalten. In einer Zeremonie wird einem feierlich das Schild und eine Kochjacke übergeben und nach *einer kurzen Rede des Neulings wird man mit einer Umarmung offiziell in den Kreis aufgenommen und dann ist man dabei«* (1-Sternekoch).

Die Vereinigung hat im Laufe der Zeit ein großes Netzwerk an eigenen Lieferanten aufgebaut und es herrscht durch die regelmäßigen Treffen ein reger Austausch: *»Für mich ist das wie ein großer Freundeskreis. Wir haben auch WhatsApp-Gruppen, man tauscht sich aus, hat die gleichen Probleme, man hat die gleichen Fragen«* (1-Sternekoch). Diese Offenheit innerhalb der eigenen Community war vor vielen Jahren noch undenkbar. Dies hat vor allem mit einer Veränderung des Führungsstils in der Spitzengastronomie zu tun, die wir nun in den Blick nehmen.

Führungsstile – von Küchenbullen zu Rockstars

Ältere Köchinnen und Köche berichten von ihrer Ausbildungszeit, dass dort noch Pfannen durch die Küche geflogen sind. Christel Lane (2014) beschreibt in ihrem Buch die Geschichte, die sich alle Köchinnen und Köche in England erzählen: Ein Auszubildender, der beim Anrichten eine Himbeere zu viel auf die Teller drapiert hatte, wurde von seinem Chef an der rechten Hand angefasst und diese auf eine heiße Herdplatte gedrückt. Der Schmerz sollte ihm die Anzahl der Himbeeren ins Gedächtnis brennen. Insgesamt war früher der Ton rau und vulgär. Selbst ein jüngerer Koch wie Tim Raue (2017) beschreibt in seinem autobiographischen Buch, wie er seine eigenen Köchinnen und Köche mit Schimpftiraden überzog und wie in seiner Küche auch mit Paintball-Pistolen geschossen wurde. Der klassische Chefkoch war autoritär.

> **Führung**
> *Das Full-Range-of-Leadership-Modell ist in den letzten Jahren das am häufigsten zitierte Konzept im Bereich der Führungsforschung. Führungsverhalten wird nach diesem Modell in einem Raum mit den Dimensionen »aktives« und »passives« Verhalten sowie »effektive« und »ineffektive« Führung aufgespannt (Borgmann und Rowold 2013). Im Bereich der beiden Dimensionen passiv und ineffektiv ist die Abwesenheit von Führung und Führungsverantwortung angesiedelt (Laissez-faire), also eine Art Nicht-Führung, weil die Führungsperson sich um nichts kümmert und alle Untergebenen einfach machen lässt. Bewegt man sich in diesem Modell etwas weiter in Richtung aktives und effektives Führungsverhalten, dann ist dort die transaktionale Führung angesiedelt. Darunter wird ein Führungsverhalten verstanden, in dem die Führungskraft eine klare Austauschbeziehung vorgibt, in*

der z. B. Leistung gegen Gehalt oder Leistung gegen ein Beförderungsversprechen getauscht wird. Dazu wird z. B. bei einer vorher festgelegten Zielerreichung ein Lohn oder Bonus gezahlt. Bewegt man sich in dem Modell weiter in den Richtungen der Dimensionen aktives und effektives Führungsverhalten, dann kommt die transformationale Führung. In diesem Fall vermittelt die Führungskraft den Mitarbeitenden Visionen, überzeugt diese von den Visionen, kommuniziert, wie Ziele in der Gruppe gemeinsam erreicht werden können, agiert selbst als Vorbild und fördert aktiv die Entwicklung der Mitarbeitenden. Dies bedeutet, dass die Führungskraft zum Beispiel vorlebt, was Spitzengastronomie konkret bedeutet, und den Mitarbeitenden von der Idee des ›perfekten Tellers‹ überzeugt (Bass und Riggio 2010; Wilkesmann 2016). Die Führungskraft gibt in diesem Fall die Richtung vor, lässt den Mitarbeitenden aber Freiräume, sich selbst kreativ einzubringen, wie diese Ziele erreicht werden. Den Beschäftigten wird dabei die Liebe zum perfekten Essen, zu einer bestimmten Art der Zubereitung und die Liebe zum Detail vorgelebt. In dieser Atmosphäre sollen dann die Mitarbeitenden von dieser Begeisterung angesteckt werden. Transaktionale und transformationale Führung kann auch je nach Situation gemischt auftreten. Mittlerweile wird »unterhalb« der Laissezfaire-Führung noch die destruktive Führung unterschieden, wenn man sich in den Dimensionen passives und ineffektives Führungsverhalten weiter zu deren Endpunkten bewegt: »Aktiv destruktives Führungsverhalten liegt z. B. vor, wenn die Führungskraft sich selbst verherrlicht und die ihr unterstellten Personen herabsetzt, dazu tendiert, rücksichtslos und willkürlich zu handeln, oder Beschäftigte in Bezug auf eigene Ideen entmutigt und/oder demotiviert« (Lange und Rowold 2018, S. 137). Eine destruktiv agierende Führungskraft verhält sich nicht loyal gegenüber den unterstellten Personen, macht sie lächerlich, schreit sie an und lässt die eigene schlechte Laune an ihnen aus (Lange und Rowold 2018). Eine Verhaltensbeschreibung, die auf die eigenen Ausbilder der jetzigen Stars zutrifft.

Die Frage ist nun, hat sich der Führungsstil in den Küchen heute vom destruktiven zu einem transaktionalen oder einem transformationalen Führungsstil gewandelt (siehe Infokästchen zur Führung)? Wovon hängt der Führungsstil ab? Ist es eine Persönlichkeitsfrage oder ist es einfach eine Generationenfrage?

Ein junger Koch meinte auf die Frage zum Führungsverhalten und zum destruktiven Führungsstil ganz lapidar: »*... das ist wie mit diesen ganzen Diktatoren. Da kriegen immer alle die Rübe ab! Es ist einfach so, irgendwann hat jeder die Rübe abgekriegt*« (Koch mit Teller-Auszeichnung). Gerade die jungen Köchinnen und Köche wollen sich von dem selbst erlebten destruktiven Führungsstil abheben. So betont ein anderer Koch, dass ihn ungerechtes Verhalten gegenüber den Lehrlingen schon immer wütend gemacht hat. Diese Ungerechtigkeit, die er früher erleben und erleiden musste, ist gerade heute für ihn Antrieb, es anders zu machen. Der von ihm heute praktizierte transformationale Führungsstil lässt sich sehr gut mit einem Zitat von Hans Neuner charakterisieren: »*Mit einer gemeinsamen Vision und gemeinsamen Zielen können wir uns als Team und als Restaurant ständig weiterentwickeln und voranbringen*« (Neuner, zitiert nach Kanani 2019, S. 87, Übersetzung durch die Autoren). Eine transformational führende Chefköchin bzw. ein transformational führender Chefkoch besitzt Charisma und reißt mit der eigenen Persönlichkeit und der eigenen Art das ganze Team mit. Einen weiteren wichtigen Bestandteil der transformationalen Führung betont Sven Elverfeld: »*Die wichtigste Führungseinsicht, die ich gelernt habe, ist vor allem, bescheiden zu bleiben und jedes Mitglied meines Teams mit Respekt zu behandeln*« (Elverfeld, zitiert nach Kanani 2019, S. 197, Übersetzung durch die Autoren).

Transformationale Führung lässt sich aber nicht auf einer Business-School lernen, wie uns gegenüber ein 3-Sternekoch im Interview betont. Zwar lassen sich eine Reihe der Kompetenzen, die als Chefköchin bzw. Chefkoch benötigt werden, vermitteln und erlernen, insbesondere was Managementpraktiken angeht und sicherlich auch was das Führungsverhalten anbelangt, allerdings kann sich ein Mensch in seiner Persönlichkeit nicht auf Dauer verstellen oder es wirkt zumindest künstlich. Gerade in den Stresssituationen am Abend, wenn in sehr kurzer Zeit eine ungeheuer große Anzahl an Tellern über den Pass gehen, dann zeigt sich der wahre Charakter, der nicht überspielt werden kann, auch nicht durch Führungskräfte-Trainings. In Stress-Situationen können sich die Ressourcen des Chef-Kochs, der Chef-Köchin »aufbrauchen« und dadurch verfällt die Person in einen »schlechteren« Führungsstil, wie auch die Führungsforschung bestätigt (Hobfoll 2001). Zwar prägen einen auch immer die Erfahrungen, die man in der Ausbildung oder in anderen Küchen gemacht hat, dennoch ist die durchgängige Meinung bei allen Spitzenköchinnen und Spitzenköchen, dass die Frage der Führung letztendlich eine Persönlichkeitsfrage sei.

Der Führungsstil ist auch nicht davon abhängig, aus welcher Koch-Schule jemand kommt, d.h. bei welcher Sterneköchin bzw. bei welchem Sternekoch jemand selbst gelernt hat. Zwar gibt es zwischen diesen Schulen – den Beschreibungen der dort ausgebildeten Köchinnen und Köche nach – sehr große Unterschiede im Führungsstil, dennoch schlug dies nicht immer auf die Nachwuchsgeneration durch. Ein 2-Sternekoch, dessen Lehrmeister für einen autoritäreren Führungsstil bekannt ist, schlägt einen komplett anderen Weg ein und bezieht sein Team auch bei Neueinstellungen mit ein. Jede neue Person muss ein paar Tage zur Probe im Team arbeiten. Danach fragt der Chefkoch alle Mitglieder im Küchenteam, ob die neue Person ins Team passt und eingestellt werden soll. Hintergrund dafür ist, dass zum einen der Chefkoch nicht bei der Vorbereitung den ganzen Tag mit in der Küche steht und somit den Kandidaten auch nur teilweise beobachten kann, während die anderen Köchinnen und Köche die neue Person näher miterleben und besser beurteilen können. Zum anderen ist in einem Küchenteam nichts wichtiger als der Teamgedanke. Egoisten, die ihre eigene Kreativität oder Genialität herausstellen wollen, sind unterhalb der Hierarchiestufe der Chefin bzw. des Chefs nicht gefragt. Hier müssen alle Rädchen wie bei einer Maschine ineinandergreifen. Jeder muss mit anpacken. Der Führungsstil muss sich deshalb auch den Gegebenheiten einer modernen Organisation der Sterneküche anpassen. Trotzdem ist und bleibt die Küche ein hierarchischer Ort. Es muss eine Person geben, welche die Richtung vorgibt und den Ton angibt und dies manchmal auch sehr direkt. Ein 3-Sternekoch bemühte in einem Interview den Vergleich mit dem Fußball:

»Wenn das Spiel läuft, und in unserem Fall ist das der Service, das Spiel dauert 90 Minuten und bei uns geht es über 3 ½ Stunden, dann muss jeder Handgriff sitzen. Da arbeiten viele Schnittstellen und viele Drehschrauben zusammen, die nahtlos ineinander übergehen sollten, wenn es gut läuft. Da ist einfach Timing gefragt und da kann keiner sagen: ›Könntest Du mir jetzt bitte einmal die Sauce rüber reichen, lieber Herr Kollege XYZ, damit ich das hier auf dem Teller drapieren kann?‹ Der Jürgen Klopp steht auch nicht am Spielfeldrand und sagt: ›Rückennummer 7 könntest Du bitte einmal vorne links reinlaufen, dann kann die Nummer 8 den Ball annehmen.‹ Das ist einfach anders und viele Menschen verwechseln klare Kommandos – und die Küche ist ein Ort von klarer Sprache – mit Respektlosigkeit oder mit Machtgebaren. Ich glaube nicht, dass mir einer meiner Mitarbeiter es verübelt, wenn ich sage: ›Soße und zwar jetzt!‹ Das muss man einfach differenzieren.«

Darüber hinaus existiert auch so etwas wie eine Passung zwischen den Ausbildenden und Auszubildenden. Wenn eine Chefköchin oder ein Chefkoch destruktiv auftritt, dann gehört dazu auch eine untergebene Person, die sich das gefallen lässt – oder auch nicht. *»Also einer, der sich das nicht gefallen lässt, der hört auch auf nach drei Monaten. Das ist so. Es ist nicht mehr so, dass man das heute dann länger durchzieht. Das ist heute auch nicht mehr möglich«* (3-Sternekoch). Vielmehr ist es heute so, dass beide Seiten zueinander passen müssen. Jede junge Köchin bzw. jeder junge Koch muss entscheiden, in welcher Küche, in welchem Team sie oder er sich wohlfühlt. So entstehen Selbstselektionseffekte: Jede Nachwuchskraft geht vermutlich dahin, wo er oder sie dem eigenen Selbstverständnis nach gut ins Team passt und nicht nur dorthin, wo die Chefköchin oder der Chefkoch einen großen Namen hat.

Ein weiterer wichtiger Grund für den Wandel des Führungsstiles ist die Veränderung in der Arbeitsweise und den Anforderungen der Chefköchin oder des Chefkochs. Viele neue Tätigkeitsfelder sind hinzugekommen. Wie in jedem Unternehmen gilt auch hier: Wer in der Hierarchie aufsteigt, entfernt sich von seinem eigentlichen Fachgebiet und muss mehr Führungsaufgaben übernehmen. Die Köchinnen und Köche beklagen sich über die deutlich gestiegene Bürokratie, also den ganzen ›Bürokram‹, wie jemand im Interview sagte, der deutlich in quantitativer und qualitativer Weise zugenommen hat: *»Also ist es so, dass ich immer irgendwo mit einem Fuß in der Küche bin und mit einem Fuß im Büro«* (2-Sternekoch). Außerdem müssen die Kontakte zu den Zulieferern gepflegt werden, was mitunter auch viel Zeit in Anspruch nimmt. So werden den Zulieferern zum Beispiel Besuche vor Ort abgestattet, um sich ein Bild über die Produktionsbedingungen und die Produktqualität zu machen. In den oberen Sternebereichen besuchen auch viele Zulieferer das Restaurant, um ihre Waren anzupreisen. Hinzu kommen Interviewtermine, Medienanfragen und Repräsentationsaufgaben. Chefköchinnen und Chefköche sind Manager und nicht mehr in erster Linie Köchinnen und Köche oder wie es ein 2-Sternekoch im Interview ausdrückte:

»... man muss wirklich alles sein. Psychiater, Kindergärtner, Lagerverwalter und vieles mehr. Aber das ist gerade das, was so spannend ist. Aber man darf nicht daran zugrunde gehen« (2-Sternekoch).

Diese vielfältigen Führungsaufgaben, die einen sehr großen Teil im Tagesablauf der Sterneköchinnen und Sterneköche einnehmen, erfordern auch einen anderen Umgang mit dem Team, weil viele Aufgaben delegiert werden müssen. Diese Aufgabendelegation funktioniert aber nur dann, wenn die Führungskräfte ihrem Team Vertrauen entgegenbringen. Das Team muss wissen, dass es selbstständig arbeiten darf und kann. Auf der anderen Seite muss dem Team auch klar sein, dass die Chefköchin bzw. der Chefkoch für die Qualität der Gerichte steht. Schließlich kommen die Gäste, weil sie ein Gericht von der Sterneköchin bzw. vom Sternekoch XY essen wollen. Ein Sternekoch drückte dies im Interview wie folgt aus:

»Ich gebe den Jungs Vertrauen, das ist das Wichtigste überhaupt. Damit fühlen sie sich natürlich auch ganz anders im Team, wenn sie auch ein gewisses Vertrauen entgegengebracht bekommen. Dennoch ist mir einfach wichtig, dass sie wissen, da ist eine Kontrolle dahinter und er ist der Chef, da steht sein Name dran und deswegen muss auch alles so passen, wie er das haben möchte« (2-Sternekoch).

Kontrolle und Autonomie schließen sich in der Sterneküche also nicht aus, sondern bedingen sich sogar wechselseitig. Beides ist ausbalanciert notwendig, um in die höchsten Höhen der Spitzengastronomie vorzustoßen. Deshalb ist die Kombination aus transformationaler und transaktionaler Führung notwendig. So kann dem Team der notwendige Freiraum gegeben werden und es kann über Visionen und gemeinsam geteilte Vorstellungen geführt und dabei gleichzeitig kontrolliert werden, indem es durch die transaktionale Belohnung und Bestrafung reguliert wird. Um eine durchgängig perfekte Qualität sicherzustellen, ist die Kontrolle durch die Chefköchin bzw. den Chefkoch und den Sous-Chef notwendig. Chefköchinnen und Chefköche schmecken meist jede Zutat kurz ab, richten zum Teil jeden Teller am Pass an oder begutachten diesen zumindest, denn jeder Teller trägt im übertragenen Sinne ihren oder seinen Namen. Schließlich müssen sie sich für jeden Teller verantwortlich zeichnen. Als Gast erwartet man umgekehrt auch, dass wenn man im Restaurant der Sterneköchin bzw. des Sternekochs XY isst, dass auch die Sterneköchin bzw. der Sternekoch XY in der Küche steht. Deshalb stehen eigentlich fast alle Sterneköchinnen und Sterneköche abends am Pass, richten an und kontrollieren die Teller, die rausgeschickt werden. In diesem Sinne ist Kontrolle erforderlich, nicht aber in der Form, dass jeder Handgriff der vielen, verschiedenen Posten in der Küche einzeln überwacht wird.

Damit die komplexe Organisation einer Küche bzw. eines Restaurants der Spitzenklasse überhaupt funktioniert, muss die Chefköchin bzw. der Chefkoch Aufgaben delegieren. Er oder sie kann weder alles selbst machen, noch alles kontrollieren. Deshalb ist ein Führungsstil notwendig, der auch Delegation ermöglicht – und zwar ohne umfassende Kontrolle, sonst brennen die Führungskräfte selbst aus.

»Ich versuche mich immer mehr rauszunehmen. Ich sehe das anders, als es die Generation vor mir früher gesehen hat. Ich bin der festen Überzeugung ein guter Betrieb funktioniert teilweise auch besser, wenn der Chef nicht da ist. Was heißt nicht da ist? Ich bin natürlich da, aber ich muss nicht die ganze Zeit in der Küche stehen, weil es halt einfach auch andere Dinge gibt« (1-Sternekoch).

Ein 3-Sternekoch benennt auch den Vorteil auf Seiten der Mitarbeitenden. Wenn diese gelernt haben, selbstständig Entscheidungen zu treffen und Verantwortungen zu übernehmen, dann werden sie später auch erfolgreicher sein, wenn sie selbst ein Restaurant leiten. Auch ein Restaurantkritiker bestätigte im Interview, dass Spitzenköchinnen und Spitzenköche in der Regel früher selbst sehr gute Sous-Chefs waren und deshalb auch wissen, was sie ihrem Sous-Chef zutrauen dürfen und können. In diesem Sinne spiegeln sie ihre eigene Biographie und es fällt ihnen leichter, ihrem Stellvertreter auch einen gewissen Handlungsspielraum zu lassen.

Zusammengefasst müssen Küchen-Chefs in der Spitzengastronomie hauptsächlich durch Visionen und Vorbilder führen, d. h. einen transformationalen Führungsstil vorweisen. Allerdings spielt auch ein transaktionaler Führungsstil eine gewisse Rolle: Durch Aufstieg in der Küchenhierarchie und schon alleine durch die Möglichkeit mit einer Spitzenköchin bzw. einem Spitzenkoch zusammenarbeiten zu dürfen, stellen dies Austauschmöglichkeiten im Rahmen der Führung dar nach dem Motto: Du gibt's jeden Tag alles, kannst dafür aber irgendwann meine Nachfolge antreten oder Chefköchin bzw. Chefkoch in einem anderen Betrieb der Spitzengastronomie werden. Ein 3-Sternekoch war besonders stolz auf seine Zöglinge. Aus seiner Küche sind schon viele Spitzenköchinnen und Spitzenköche hervorgegangen, die jetzt selbst zwei oder sogar drei Sterne besitzen, sodass man durchaus von der Bildung einer »Schule« sprechen kann.

Sterne-Schulen

Auffällig ist bei Gesprächen mit den Spitzenköchinnen und Spitzenköchen, dass sie immer wieder auf andere Köchinnen und Köche verweisen. Das Nennen der Namen anderer Köchinnen und Köche hat dabei die Funktion, entweder auf die eigene Herkunft aufmerksam zu machen, also bei welcher Sterneköchin bzw. welchem Sternekoch man selbst einmal gearbeitet hat oder auf die vielen mittlerweile bekannten eigenen Schülerinnen und Schüler zu verweisen, die man selbst hervorgebracht hat. Es geht also um das Markieren von Sterne-Schmieden und eigenen Stammbäumen, denen sich die Köchinnen und Köche besonders zugehörig fühlen. Ein 3-Sternekoch nennt die Herkunft ein wichtiges Startkapital. Nur wer aus der richtigen Schule komme, habe die Möglichkeit, selbst schnell aufzusteigen und selbst Sterne zu erkochen. Die Herkunft ist natürlich für die jungen Köchinnen und Köche wichtig, die noch weiter unten in der Auszeichnungspyramide stehen. Die 2- und 3-Sterneköche sehen es wiederum als Auszeichnung an, wenn die eigenen Schülerinnen und Schüler erfolgreich sind. »Und das macht mich einfach stolz und da bin ich wirklich glücklich, dass sich Leute so entwickeln« (2-Sternekoch). Ein anderer 3-Sternekoch zählt im Interview alle seine Schüler und Schülerinnen mit Namen auf, die mittlerweile mit einem, zwei oder drei Sternen ausgezeichnet sind. Er weiß aus dem Kopf, dass er schon 17 Sterne ›hervorgebracht‹ hat, d. h. seine Schüler – in diesem Fall ist auch eine Frau dabei – haben zusammen 17 Sterne erkocht. Er drückt seine Freude über den eigenen Kochnachwuchs auch wortreich aus. *»Das ist natürlich schön. Natürlich hat man zu diesen Mitarbeitern noch Kontakt. Das war bei denen auch alles so wie bei mir, dass ich das Glück gehabt habe, bei den richtigen Chefs gearbeitet zu haben. Das prägt natürlich«* (3-Sternekoch). Ein anderer Koch gibt seinen Leuten mit auf den Weg: *»Mein größter Wunsch ist, dass ihr besser werdet als ich«* (2-Sternekoch). Ein 3-Sternekoch beschreibt dies so, dass der Nachwuchs nach einiger Zeit *»raus«* muss. Dies ist insbesondere dann der Fall, wenn sie selbst stärker kreativ werden wollen, also eigene Teller, eigene Menüs entwickeln möchten. Als Teil seines Teams dagegen müssen sie funktionieren wie ein Uhrwerk. Von daher ist es zu erwarten und verständlich, dass zumindest die kreativen Leute nach einer gewissen Zeit ebenfalls selbstständig arbeiten wollen. Innerhalb dieser Schulen und Netzwerke werden häufig Nachwuchsköchinnen und Nachwuchsköche vermittelt oder gesucht. Wer guten Nachwuchs sucht, fragt befreundete Köchinnen und Köche, ebenso wird der eigene Nachwuchs an befreundete Köchinnen und Köche vermittelt. So bilden sich Netzwerke und Schulen heraus.

Da es für die eigene Karriere wichtig ist, mit welcher Spitzenköchin bzw. welchem Spitzenkoch jemand zusammengearbeitet hat, wird dies immer in den Lebensläufen der Köchinnen und Köche vermerkt. Die folgenden Angaben sind aus den öffentlich zugänglichen Lebensläufen der jeweiligen Köchinnen und Köche entnommen worden. Anhand der Daten lässt sich zeigen, mit welcher Köchin bzw. welchem Koch die Sterneköchinnen und Sterneköche besonders häufig in ihrer Karriere zusammengearbeitet haben. Die Tabelle 21 ist dabei nach der Größe sortiert, sodass zu sehen ist, welche Köche besonders in der Zusammenarbeit begehrt sind. Hier wird die überragende Bedeutung von Harald Wohlfahrt deutlich, der derjenige Koch ist, welcher über einen Zeitraum von 24 Jahren und somit die längste Zeit drei Sterne in Deutschland hielt. Von 1993 bis 2017 hat er der »Schwarzwaldstube« im Hotel »Traube Tonbach« diese drei Sterne erkocht. Als Schüler von Eckart Witzigmann gehört er der zweiten Generation der deutschen 3-Sterneköche an. Allerdings ist und war er – wie kein anderer deutscher Koch – schulbildend gewesen. Eine weitere Person aus der zweiten Generation der 3-Sterneköche ist Heinz Winkler, der Nachfolger von Witzigmann im »Tantris« war. Ebenso gehört Dieter Müller dieser Generation an. Die aktuellen 3-Sterneköche (Bau, Elverfeld, Erfort, Fehling, Hartwig, Jürgens, Lumpp, Müller, Rambichler und Wissler) konnten – je nach Alter – bisher noch nicht ganz so viele Nachwuchsköchinnen und Nachwuchsköche ausbilden. Bei den aktuellen 3-Sterneköchen vermischen sich

Tab. 21 Anzahl der Sterneköchinnen und Sterneköche, die mit dem jeweiligen Sternekoch gearbeitet haben

Wohlfahrt	253	Erfort	32
Winkler	191	Lumpp	30
Witzigmann	155	Bau	29
Müller	151	Jürgens	27
Haas	112	Haeberlin	16
Klink	80	Bühner	13
Amador	47	Rambichler	8
Wissler	43	Fehling	5
Elverfeld	35	Michel	1
Bocuse	32	Hartwig	0

Quelle: eigene Berechnung

die dritte und vierte Generation der Spitzenköche. So war Jan Hartwig der ehemalige Sous-Chef von Elverfeld im »Aqua«, zuvor war er aber auch bei Klaus Erfort im »Gästehaus Klaus Erfort« tätig. Die vierte Generation der 3-Sterneköche weist aufgrund ihrer erst jungen Aufnahme in den Olymp noch wenig 2- bzw. 3-Sternenachwuchs auf. Jan Hartwig erhielt 2017 seinen dritten Stern für das Restaurant »Atelier«. Torsten Michel, der ehemalige und letzte Sous-Chef von Harald Wohlfahrt, ist wegen der vorübergehenden Schließung aufgrund des Brandes der »Schwarzwaldstube« aktuell nicht unter den 3-Sterneköchen. Er wurde im Jahr 2018 mit drei Sternen ausgezeichnet und wird diese nach der Wiedereröffnung sicherlich erneut erkochen. Kevin Fehling, der auch aus der Wohlfahrt-Schule stammt, hat 2016 seinen dritten Stern für sein Restaurant »The Table« verliehen bekommen. Clemens Rambichler erhielt 2018 als ehemaliger Sous-Chef von Helmuth Thieltges im Restaurant »Sonnora« auf Anhieb seinen dritten Stern.

In einer anderen Netzwerkanalyse deutscher Köchinnen und Köche (Aubke 2014) wird auch Wohlfahrt als der wichtigste Knotenpunkt im Netzwerk der Sterneköchinnen (z. B. haben die beiden 2-Sterneköchinnen Tanja Grandits und Douce Steiner unter ihm gearbeitet) und Sterneköche (siehe Abb. 23) identifiziert, danach das »Tantris« mit Winkler und Witzigmann, gefolgt von Dieter Müller.

In Deutschland wurden bisher 20 Köche mit drei Sternen ausgezeichnet von denen derzeit 10 amtieren. In der Abbildung 23 sind die Beziehungen zwischen der ersten Generation und dem Urvater der deutschen Spitzen-

Abb. 23 Stammbaum aller 3-Sterneköche in Deutschland (dunkelrot = amtierende 3-Sterneköche; hellrot = ehemalige 3-Sterneköche)

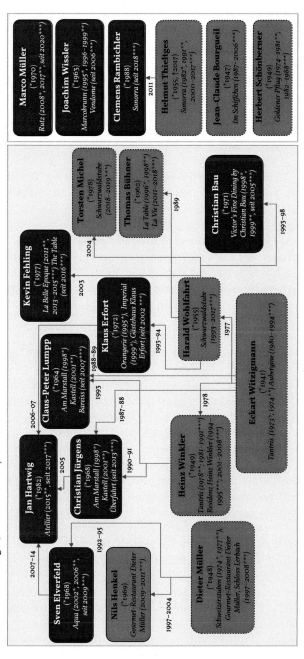

Quelle: eigene Recherche

gastronomie, Eckart Witzigmann, und seinen Schülerinnen und Schülern zu sehen. Von denen nimmt Harald Wohlfahrt eine überragende Stellung ein, weil er sehr viele Köche der dritten Generation ausgebildet hat, wie im grau unterlegten Feld in der Abbildung zu sehen ist. Zur zweiten Generation gehört aber auch noch Dieter Müller, dessen Schüler Sven Elverfeld die dritte Generation sowie wiederum dessen Schüler Jan Hartwig die vierte Generation der 3-Sterneköche in Deutschland repräsentiert. Ebenso gehört zur zweiten Generation Heinz Winkler.

Die Jahresangaben neben den Verbindungen zeigen den Zeitraum, in welchem die 3-Sterneköche (meist als Sous-Chef) bei ihren alten Chefs tätig waren. An der Grafik wird deutlich, wie klein und eng vernetzt die Gruppe der 3-Sterneköche in Deutschland ist und wie schnell sich mitunter der Erfolg nach der Emanzipation vom ehemaligen Chef gelingt. Manchmal spielt auch nur die räumliche Nähe eine Rolle bzw. wird in Berichterstattungen manchmal falsch wiedergegeben. So war Joachim Wissler zwar im Hotel »Traube Tonbach« in Baiersbronn tätig, aber nicht im Restaurant »Schwarzwaldstube«, in welchem Harald Wohlfahrt Chefkoch war, sondern in einem anderen Restaurant des Hotels »Traube Tonbach«. Es wird aber deutlich, wie gut man sich untereinander kennt.

Von welchen Faktoren hängt die Sterne-Auszeichnung ab?

Mit den folgenden Betrachtungen wollen wir die Frage beantworten, ob es bestimmter Voraussetzungen bzw. Kriterien bedarf, um ein, zwei oder drei Sterne zu bekommen oder was den Erfolg wahrscheinlicher macht. Viele der bisher diskutierten Faktoren sollen hier abschließend zusammengefasst betrachtet und anhand des vorliegenden Datensatzes aller deutschen Sterneköchinnen und Sterneköche von 2004 bis 2019 überprüft werden. Für die statistisch interessierten Leser und Leserinnen befinden sich im Anhang die entsprechenden Berechnungen.

Bezogen auf die Sterneverteilung aus dem Jahre 2019 kann gezeigt werden, wie hoch die Wahrscheinlichkeit ist, zwei oder drei Sterne aufgrund der einzelnen Einflussfaktoren zu bekommen. Mit jedem Lebensjahr der Köchin bzw. des Kochs steigt die Wahrscheinlichkeit, einen zweiten Stern zu bekommen um 0,6 Prozentpunkte und einen dritten Stern zu bekommen um 0,2 Prozentpunkte. Das Merkmal, eine Frau zu sein, reduziert die Wahrscheinlichkeit den zweiten Stern oder dritten Stern zu bekommen, allerdings ist das Geschlechtsmerkmal nicht signifikant. Bei einer Hotelkette angestellt zu sein erhöht die Wahrscheinlichkeit um 11 Prozentpunkte auf den zweiten Stern und um 4 Prozentpunkte auf den dritten Stern. Wer eine Ausbildung (also nicht nur ein Praktikum) bei einer Sterneköchin bzw. einem Sternekoch gemacht hat, erhöht die Chance auf den zweiten Stern um 7 Prozentpunkte und auf den dritten Stern um 3 Prozentpunkte.

Insgesamt zeigt sich, dass die Schwelle zwischen einem Stern auf der einen Seite und zwei und drei Sternen auf der anderen Seite besonders hoch ist. Wenn man zwei Kategorien bildet, also auf der einen Seite die 1-Sterneköchinnen und -köche und auf der anderen Seite die 2- und 3-Sterneköche, dann zeigt sich, dass der Status als Angestellter im Gegensatz zur Selbstständigkeit die Wahrscheinlichkeit um 14,2 Prozentpunkte erhöht, in die Kategorie 2- oder 3-Sternekoch zu kommen. Die Ausbildung bei einer Sterneköchin bzw. einem Sternekoch erhöht die Wahrscheinlichkeit um 8,9 Prozentpunkte sowie das Alter um 8,8 Prozentpunkte in die höhere Sternekategorie zu gelangen, d. h. je älter man wird, umso eher wird man entsprechend ausgezeichnet. Diese Variablen erklären also am besten, warum es jemand zu zwei oder drei Sternen gebracht hat. Die Variable Geschlecht reduziert die Wahrscheinlichkeit um 14,8 Prozentpunkte, ob eine Frau die höchste Auszeichnung gelangt. Allerdings hat das Geschlecht in den Berechnungen keinen signifikanten Einfluss auf die Wahrscheinlichkeit, zwei oder drei Sterne zu bekommen. Hierfür ist vermutlich die geringe Fallzahl verantwortlich. Es wird dennoch deutlich, dass es einen negativen Einfluss hat, also Frauen eine deutlich geringere Chance besitzen als Männer, in die oberen Sternekategorien zu gelangen. Neben der Unterstützungsleistung einer großen Hotelkette ist auch die Ausbildung oder die Hospitation bei einem bekannten Spitzenkoch für die eigene Karriere sehr wichtig und wertvoll. Nur so kann man in die Champions League gelangen. Letztendlich ist es in der Sterneküche in mancherlei Hinsicht nicht anders als im Fußball.

KREATIVITÄT VERSUS INNOVATION
IN DER SPITZENGASTRONOMIE

Spitzenköchinnen und Spitzenköche stehen ständig vor dem Dilemma, dass sie auf der einen Seite jeden Abend mit großer Routine den perfekten Teller für jeden einzelnen Gast anrichten müssen. Jeder Teller muss das gleich hohe Niveau vorweisen. Dazu ist eine perfekt abgestimmte Maschinerie in der Küchenorganisation notwendig. Auf der anderen Seite müssen immer wieder neue Gerichte, Teller und ganze Menüs kreiert werden,

die möglichst noch besser als die alten Gerichte sind. Wie bekommen sie
es hin, dass sie neben der zeitfressenden Routinetätigkeit noch kreativ
sein können? Wie entwickeln sie neue Gerichte? Wie sieht dieser Entwicklungsprozess aus? Was sind die Inspirationsquellen? Genau diese Fragen
werden wir in diesem Kapitel beantworten.

Innovation versus Kreativität

*Das Wort Innovation bedeutet aus dem Lateinischen abgeleitet »Erneuerung«.
Wenn wir heute von Innovationen sprechen, meinen wir in der Regel die Entwicklung und Durchsetzung von etwas Neuem. Je nach Gegenstandsbereich oder
Branche kann dies zum Beispiel ein Produkt (= Produktinnovation), eine Dienstleistung (= Serviceinnovation) oder die Lösung für ein gesellschaftliches Problem
betreffen (= soziale Innovation). Dementsprechend vielfältig sind die Bereiche, die
sich mit dem Thema Innovation auseinandersetzen. In der wissenschaftlichen Literatur lassen sich Innovationen grob in **radikale** (= einschneidende) und **inkrementelle** (= schrittweise) Innovationen unterteilen. Radikale Innovationen umfassen sowohl die Festlegung neuer Zwecke (z. B. Entwicklung einer Weltneuheit)
als auch die neue Bestimmung der erforderlichen Mittel (z. B. Prozesse, Techno-
logien), um diese neuen Ziele und Zwecke zu erreichen (z. B. die Entwicklung des
ersten Smartphones). Bei der inkrementellen Innovation hingegen bleiben sowohl
die Zwecke als auch die Mittel unverändert. Vielmehr geht es um die Optimierung
eines bestehenden Produkts oder einer Dienstleistung, bei der entweder die Mittel neu kombiniert (z. B. Funktionserweiterung in einem Smartphone) werden oder
eine verbesserte Zweck-Mittel-Relation (z. B. Verbesserung der Speicherfunktion
eines Smartphones) herbeigeführt wird (Hauschildt und Salomo 2011). An dieser Stelle muss betont werden, dass der Begriff der Innovation auch die Durchsetzung einer Neuerung umfasst. In der Spitzengastronomie geht es jedoch vornehmlich um das Hervorbringen von neuen Ideen (z. B. Entwicklung neuer Gerichte).
Ein Bereich, der eher dem Begriff der **Kreativität** entspricht. Rhodes (1961) hat
bereits in den 1960er Jahren die noch heute gültige Unterscheidung zwischen einer kreativen Person (z. B. Chefköchin oder Chefkoch), dem kreativen Prozess (z. B.
die Zubereitung von Einzelkomponenten für einen Teller), dem kreativen Produkt
(z. B. neuen Zutaten) und dem kreativen Umfeld (z. B. das Küchenteam) eingeführt.
Eine kreative Person ist dabei für ihn eine Person, die bereit ist, jeden Tag neu geboren zu werden sowie alle Gewissheiten und Illusionen loszulassen (Rhodes 1961,
S. 307). Kreative Personen zeichnen sich dabei durch ein hohes Maß an intrinsischer Motivation (= innerer Anreiz, der in der Tätigkeit selbst liegt), Beharr-
lichkeit, Ambiguitätstoleranz (= Fähigkeit, mehrdeutige Situationen und widersprüchliche Handlungsweisen zu ertragen) und Spontanität aus (Amabile 1996;
Kipper et al. 2010). Inwiefern diese Eigenschaften auch auf die Kreativität in der*

Spitzengastronomie zutreffen und wann Köchinnen und Köche kreativ sind, werden wir nachfolgend zeigen.

In der Literatur zu Innovationen in der Spitzengastronomie werden häufig praktische Managementkonzepte genutzt (Ottanbacher und Harrington 2007; Gomez und Bouty 2009; Braun und Müller-Seitz 2017). Oftmals eingesetzt wird dabei das klassische Modell von Booz et al. (1982), das sechs Schritte für die Entwicklung von Innovationen umfasst: (1) Ideengenerierung, (2) Screening, (3) Unternehmensanalyse, (4) Konzeptentwicklung, (5) abschließende Testung und (6) Umsetzung. Diese Übertragung aus dem industriellen Bereich wirkt in der Spitzengastronomie immer etwas künstlich gewollt, da in der Küche ganz andere Voraussetzungen herrschen als bei der Entwicklung von industriell gefertigten Produkten. Zwar existieren berühmte Ausnahmen, wie das Restaurant »El Bulli« von Ferran Adrià in Spanien, dessen Innovationskonzept später genauer erläutert wird, aber in den meisten Spitzenrestaurants gibt es keine eigene Forschungs- und Entwicklungsabteilung (F&E) für die Entwicklung neuer Produkte. Wenngleich Massimo Bottura auf der Website seiner »Osteria Francescana« die Vorstellung des Menüs mit »*Das Menü ändert sich jeweils nach unserer neuesten Küchenforschung*« (https://osteriafrancescana.it/menu; letzter Abruf: 15.05. 2020; übersetzt von den Autoren) betitelt und dadurch mit dem Forschungsgedanken zumindest kokettiert.

Die Aufgabe, immer wieder neue Teller für die wechselnden Menüs zu entwickeln, liegt (mehr oder weniger) einzig und allein in der Hand der Chefköchin oder des Chefkochs. In der Industrie hingegen werden in separaten Forschungs- und Entwicklungsabteilungen neue Produkte entwickelt. Die Mitarbeiterinnen und Mitarbeiter, die in den F&E-Abteilungen arbeiten, sind von der normalen Produktion entlastet, d. h. sie kümmern sich ausschließlich um die Entwicklung neuer Produkte. In den meisten Unternehmen wird dafür eine Projektstruktur gewählt. Einzelne Entwicklungen werden dabei als Projekte definiert, die zeitbefristet ein Thema bearbeiten. Dafür werden die in dem Projekt arbeitenden Mitarbeiterinnen und Mitarbeiter für die Projektlaufzeit ausgewählt und zeitweise freigestellt. Ein Lenkungskreis entscheidet nach Beendigung der Projektarbeit dann, ob und wie weiter an dem Prototyp gearbeitet werden soll und wann dieser in Serie gehen kann – oder eben nicht.

Diesen Luxus einer organisationalen Lösung in Form einer hochgradigen Arbeitsteilung kann sich ein Spitzenrestaurant allein aus finanziellen Gründen nicht leisten. Die berühmte Ausnahme ist das Restaurant »El Bulli«, dessen Geschichte in einer filmischen Eigendokumentation »Die

Geschichte eines Traums« festgehalten wurde. Dort wird die Gründung der Strandbar »El Bulli« im Jahr 1963 durch den deutschen Arzt Hans Schilling mit seiner tschechischen Frau Marketa beschrieben, die ander Cala Montjoi bei Roses in der Nähe von Barcelona ein Stück Land im Jahr 1956 erworben hatten und dort zuerst eine Strandbar und später ein Restaurant eröffneten. Im Jahr 1976 bekam das »El Bulli« unter dem Koch Jean-Lous Neichel den ersten Stern verliehen. Im Jahr 1984 wurde Ferran Adrià Teil der Küchenbrigade. Als Neichel Ende 1986 das »El Bulli« verlässt, kann sich die Familie Schilling aus finanziellen Gründen keinen Sternekoch als Ersatz leisten. So wird der damalige Sous-Chef Ferran Adrià Chefkoch. Damit beginnt die wohl berühmteste und aufregendste Entwicklung einer radikalen Innovation in der jüngeren Küchengeschichte, die Entwicklung der Molekularküche. Er beschließt mit der Übernahme der Chef-Position alle Bücher beiseite zu legen und einen neuen Stil zu entwickeln. Ferran Adrià wurde dafür nicht nur mit einem Stern belohnt, sondern bekam 1990 den zweiten und 1997 den dritten Stern für das »El Bulli« verliehen. In der Liste der World's 50 Best Restaurants (siehe Kapitel zu den Restaurant-Rankings) wurde das »El Bulli« in den Jahren 2002, 2006, 2007, 2008 und 2009 auf Platz eins gewählt. Im Jahr 1994 kauften Ferran Adrià und Juli Soler, der Geschäftsführer und Maître des »El Bulli«, das Restaurant. Zu der damaligen Zeit begann Ferran Adrià an den Tagen, an denen wenige Gäste im Restaurant waren, mit einem festen Team an der systematischen und geplanten Entwicklung neuer Produkte zu arbeiten. Ferran Adrià folgte seither der Idee, seine Küche von Konzepten her zu denken und nicht von den Produkten. Dabei spielten neue Techniken der Zubereitung eine große Rolle. Eine der ersten technischen Neuerungen, die im »El Bulli« entwickelt wurden und die bald die gesamte Spitzengastronomie erobern sollte, waren Espumas (= Schäume). Im Jahr 1992 war Ferran Adrià in einer Saftbar, in der er einen frisch gepressten Orangensaft trank. Im Glas war auf dem eigentlichen Saft eine Schicht Schaum, eine Orangen-»Espuma«, der rein im Geschmack und gleichzeitig ganz leicht war. Sofort begriff er, dass er eine Technik entwickeln musste, um Espumas mit anderen Geschmacksrichtungen zu kreieren. Erst nach vielen Versuchen entdeckten sie in der Küche den Sahnesiphon, mit dem solch ein Schaum produziert werden konnte. Als ihm das gelang, wusste er aber noch nicht, was er für Gerichte damit fertigen konnte oder wollte. Zuerst war die neue Technik da, bevor er wusste, wie er diese für Gerichte einsetzen konnte. Bisher hatten Köchinnen und Köche immer vom Produkt zur Technik gedacht und nicht umgekehrt. Die erste Espuma im »El Bulli« wurde 1994 aus weißen Bohnen gemacht und stellt die Geburtsstunde der Molekularküche dar, wobei Ferran Adrià diesen Begriff nie selbst verwendete. Später wurde ein herzhaftes Tomatenwassereis entwickelt, um neue, andere Texturen zu kreieren. So wurden viele herzhafte Eis-Varianten in den neuen Gerichten eingesetzt. Mit der Zeit entwickelte sich so die Technik, Gerichte zu dekonstruieren, also die Produkte auseinander zu nehmen und in neuer Gestalt und Textur wieder in überraschender Weise neu zusammenzusetzen. Er selbst nannte seinen Kochstil daher Dekonstruktion. Viele dieser von ihm neu eingesetzten Techniken waren aus der Pâtisserie bekannt, nur jetzt wurden sie bei herzhaften Speisen oder in der Verbindung von süßen und herzhaften Produkten eingesetzt. Im Jahr 2000 wurde eine externe Kochwerkstatt, das »Taller« (spanisch = Werkstatt, Atelier), ein kulinarisches Laboratorium in Barcelona gegründet, in welchem neue Techniken ausprobiert und ganz neue Gerichte mit Hilfe der Dekonstruktion weiterentwickelt werden sollten. Die Zutaten wurden dabei vakuumiert, sphärisiert, gekocht, frittiert, gedämpft, geschäumt oder gebraten und hatten mit ihrer ursprünglichen Konsistenz nichts mehr gemein. Mit der Leitung des Taller beauftragte Ferran Adrià seinen Bruder Albert Adrià, der als gelernter Pâtissier mit vielen der eingesetzten Techniken bestens vertraut war. Im Rückblick kann der Beitrag von Albert Adrià auf die Molekularküche nicht überschätzt werden, da er viele der neuen Techniken und Texturen maßgeblich entwickelt hat (auch wenn der Löwenanteil des Ruhmes auf seinen Bruder fiel). Zusätzlich wurden die neben den Töpfen stehenden Laptops mit jeder genialen oder gescheiterten Idee gefüttert. Durch die akribische Dokumentation und Katalogisierung mit Texten und Fotos entstand auf diese Weise ein riesiger Wissensfundus über Essen, Geschmack und Zubereitungstechniken. Da das »El Bulli« nur die Hälfte des Jahres geöffnet hatte, konnten die neuen Gerichte in der Zeit, in der das Restaurant geschlossen war, zu neuen Menüs zusammengesetzt und ausprobiert werden. Die Werkstatt war im Prinzip eine eigene F&E-Abteilung, die mit eigenem Personal getrennt von der eigentlichen Küche eine Art »Grundlagenforschung« für neue Gerichte vornehmen konnte. Hier wurde zum ersten Mal eine organisatorische Lösung für die Entwicklung neuer Gerichte verwirklicht.

Wie im Infokästchen Innovation versus Kreativität bereits beschrieben, können Innovationen in radikale und inkrementelle Innovationen unterteilt werden (Braun und Müller-Seitz 2017). Zu der Kategorie der radikalen Innovation zählt die Entwicklung der Molekularküche von Ferran Adrià, aber auch schon vorher die Nouvelle Cuisine von Paul Bocuse. In beiden Küchen sind neue Trends und Techniken, also neue Kochstile entwickelt worden, die nach und nach in die Gerichte der weltweiten Spitzengastronomie eingeflossen sind. In einigen wenigen Fällen wird auch René Redzepi aus dem Kopenhagener Restaurant »Noma« mit seiner »Nordic Cuisine« als radikaler Innovator bezeichnet (z. B. Christensen und Strandgaard Pedersen 2013). Die Nordic Cuisine steht für eine Rückbesinnung auf saisonale und regionale Produkte aus der skandinavischen Natur. Insofern bleibt fraglich, ob diese eher traditionelle Ausrichtung als radikale Innovation gelten kann oder eher als inkrementelle Innovation ausgelegt werden muss. Zwar wurde das »Noma« 2011, 2012 und 2014 in der Liste World's 50 Best Restaurants auf den ersten Platz gewählt, aber der Guide Michelin hat dem Chefkoch und dem Restaurant bis heute den dritten Stern verwehrt, was Anlass für viele Debatten ist (Christensen und Strandgaard Pedersen 2013; Lane 2014, S. 136). Eine Erklärung hierfür ist, dass die World's 50 Best Restaurants Liste eher trendige Restaurant auszeichnet, während der Guide Michelin in seiner Bewertung der Kochtechnik und Produktqualität konservativer zu Werke geht. Tristan Brandt, der bis zum Jahr 2020 2-Sternekoch im Restaurant »Opus V« war, reiste an seinem ersten Arbeitstag im Jahr 2013 zusammen mit dem inzwischen verstorbenen Investor, Richard Engelhorn, und einem Architekten zum »Noma« nach Kopenhagen, weil es als eines der weltweit besten Restaurants galt und sie nach Inspirationen für das zu eröffnende Restaurant suchten. Interessanterweise war Brandt vom puristischen Interieur mehr angetan, als von den dargebotenen Gerichten (Piltz 2019). Optisch vom »Noma« inspiriert, entschieden sie sich bei der Restaurantgestaltung für eine *»nordisch anmutende Ästhetik der Räume«*[12] für das »Opus V«.

Die Entwicklung neuer Gerichte und Menüs im Alltagsgeschäft der Spitzengastronomie kann ebenfalls als inkrementelle Innovation bezeichnet werden. Dabei werden vorhandene Kochtechniken und Produkte immer ein kleines Stück weiterentwickelt, neu kombiniert und verbessert, um zu einem neuen Gesamtergebnis zu kommen. Es findet dabei aber kein Quantensprung wie im Fall von radikalen Innovationen statt, bei dem eine ganz neue Zubereitungstechnik entsteht. Was hier stattfindet sind jedoch höchst kreative Prozesse. Insofern betont der Aspekt der Kreativität treffender, was für Köchinnen und Köche bei der Erstellung neuer Gerichte wichtig ist. Aus einer kreativen Idee kann – wie im Fall von Ferran Adrià – eine Innovation entstehen, dies muss aber nicht zwingend so sein. Insofern ist der Akt der Kreativität einer Innovation vorgelagert.

Kreativität als Motor der Spitzengastronomie

Der Anspruch, stets neue Gerichte und Menüs zu kreieren, ist erst in den 1970er Jahren entstanden. Bis dahin wurden in den französischen Spitzenrestaurants immer nur ein bis zwei Gänge im Menü pro Jahr variiert. Nach Lane (2014, S. 137) entstand der Druck für die Köchinnen und Köche, neue Menüs zu gestalten, mit dem Aufkommen der Restaurantführer. Zum einen entfachten die Tester und Inspektoren mit ihren Rankings einen stärkeren Wettbewerb zwischen den Restaurants. Um Plätze nach oben zu kommen, d. h. mehr Sterne oder Auszeichnungen zu erkochen, waren neue Gerichte notwendig, mit denen gezeigt werden konnte, dass und vor allem wie man sich weiterentwickelt hat. Zum anderen mussten die neu auf den Markt kommenden Restaurantführer ihre Berechtigung bzw. Legitimation mit abweichenden und/oder differenzierteren Bewertungen begründen.

In den Interviews haben wir die Spitzenköche gefragt, wie sie neue Gerichte und Menüs kreieren. Interessanterweise gibt es einige Gemeinsamkeiten, wie und wann sie kreativ werden, die wir nachfolgend vorstellen.

Das berühmte leere weiße Blatt Papier

Wie man sich gut vorstellen kann, ist es gar nicht so einfach, auf Kommando kreativ zu sein. Einige der interviewten Köche berichten von ihrer Angst vor dem neuen Menü oder dem leeren weißen Blatt Papier: *»Und dann hat man Phasen, da hat man so das berühmte weiße Blatt, da fällt einem natürlich nichts ein. Damit muss man leben und ist auch gut so. Ich glaube, weil das Hirn dann einem auch sagt: ›So, jetzt reicht es erst mal.‹ Diese Phasen gibt es«* (3-Sternekoch). Bei anderen ist es sogar die Angst vor dem komplett neuen Menü: *»Also das Größte ist die neue Speisekarte. Da habe ich jedes Mal schon Angst vor. Das ist ein bisschen übertrieben, mir macht das große Freude. Aber man weiß genau, bis dann und dann musst du fertig sein und du musst ein bisschen kreativ sein«* (2-Sternekoch). Die Schwierigkeit besteht vor allem darin, dass sich die Gerichte nicht wiederholen dürfen und sich somit auch von den alten Karten abheben müssen. Viele Sterneköchinnen und Sterneköche haben sich im Laufe ihrer Karriere Tricks angeeignet, um mit diesem Problem umzugehen.

Signature Dishes und die Handschrift der Köchin bzw. des Kochs

Interessant ist, dass die interviewten 2-und 3-Sterneköche weniger verkrampft oder verbissen nach neuen Gerichten suchen. Vielmehr sagen sie in den Interviews, dass sie immer wieder einzelne Gänge im Menü wechseln, nicht aber gleich das komplette Menü. Ein Hauptgrund dafür ist die

Verfügbarkeit von Zutaten in Spitzenqualität. Wenn ein verwendetes Lebensmittel nicht mehr in der gewünschten Qualität lieferbar ist, muss es ersetzt und damit ein Gang neugestaltet werden. Ein weiterer Grund besteht darin, dass die Gäste in der Regel Restaurants der 2- und 3-Sterne-Kategorie höchstens ein oder zwei Mal im Jahr aufsuchen und deshalb erst nach längerer Zeit auch wieder ein neues Menü erwartet oder überhaupt bemerkt wird. Weitere Ausnahmen sind die sogenannten »Signature Dishes«, also die bekannten Teller, die die Handschrift der Köchin bzw. des Kochs besonders repräsentieren und zum Teil auch von den Gästen immer wieder gefordert werden:

»Viele Gäste kommen wieder und sagen, das habe ich das letzte Mal gegessen. Das war zum Beispiel so mit meiner Waldleber, die ich mittlerweile immer als Vorspeise im Menü habe. Ich glaube, es hat sechs oder sieben Jahre gedauert, bis ich verstanden habe, dass die Gäste das eigentlich jedes Mal haben wollen, wenn sie zu mir zum Essen kommen. Für einen Koch ist das schwierig, etwas auf der Karte zu haben, was immer draufsteht. Aber das freut die Leute, weil sie wissen, hier bekomme ich die Waldleber, weil es einfach nur genial schmeckt« (2-Sternekoch).

Häufig ist es nicht genau die gleiche Version, des Signature Dish, *»sondern die 2.0-Version, wo ein bisschen weiter dran geschraubt wird«*, wie ein anderer 2-Sternekoch im Interview betont. Insofern sind Signature Dishes so etwas wie das Aushängeschild oder die Visitenkarte einer Sterneköchin bzw. eines Sternekochs.

Aus diesem Grund geben die Chefköchin bzw. der Chefkoch in der Regel selbst die Leitlinie und Grundidee der Gerichte vor: *»Ich bin für die Rezeptentwicklung verantwortlich und das basiert dann auf meinen Ideen oder meinen Vorgaben«* (1-Sternekoch). Auch wenn das Team durchaus in die Ideenfindung mehr oder weniger stark eingebunden wird, bleibt der finale Schliff in den Händen der Chefs oder, wie ein 2-Sternekoch im Interview meinte *»aber das Speisekartenschreiben ist meins und bleibt auch meins.«* Die Möglichkeit für den Gast, den Sternekoch *»herauszuschmecken«* ist ganz wichtig, wie auch ein anderer 3-Sternekoch betonte: *»Die Grundidee für ein Gericht muss immer von mir kommen. Also alles, was wir kochen, ist von mir und dann wird das im Team dann auch im Detail besprochen und umgesetzt. Aber bei der Grundidee ist mir ganz wichtig, dass ich das bin.«* Dazu gehört auch, dass Aggregatszustände, Cremigkeit, Bitterness, Säure, Salzigkeit oder Texturen schon von vornherein von den Chefköchinnen und Chefköchen festgelegt werden. Auf diese Weise erhält jedes Gericht einen *»persönlichen Fingerabdruck«*, wie es ein 3-Sternekoch auf den Punkt brachte. Während er sich in jungen Jahren sehr stark von anderen Köchen hat inspirieren lassen, spricht er nun davon, dass im Laufe der

Jahre seine Handschrift auf den Tellern deutlicher zu sehen sei, weil er *»immer puristischer, immer klarer und immer personifizierter«* geworden sei.

Eine Ausnahme bei der Entwicklung neuer Ideen bildet häufig die Pâtisserie, die – auch mit Blick auf die zeitlichen Rahmenbedingungen – relativ selbstständig arbeiten darf und bei der die Chefköchin bzw. der Chefkoch nur probiert, wenn gewisse Rahmenvorgaben beachtet werden müssen. Diese Rahmenvorgaben sind wichtig, damit z. B. keine Zutaten verwendet werden, die schon vorher im Menü verwendet wurden. Außerdem muss sich das Dessert in die Gesamtkomposition des Menüs einpassen. In manchen Fällen setzen die Chefköchinnen und Chefköche aber auch auf einen stärker beteiligungsorientierten Führungsstil, sodass auch Ideen aus dem Team kommen.

»Ich nehme die Ideen auf, und sie teilen mir ihre Ideen mit. Dadurch, dass ich das mit den Mitarbeitern bespreche und ich dann kommentiere: ›Ja, das macht Sinn oder das macht keinen Sinn‹, bekommen sie auch schon ein bisschen das Gespür dafür, wenn sie später mal vielleicht selbst an der Front stehen sollten und sagen müssen, jetzt muss ich ein Gericht machen« (2-Sternekoch).

Bei einem interviewten Koch mit Teller-Auszeichnung dürfen die Küchenmitglieder auch eigene Ideen von Gerichten einbringen. Diese müssen sie dann vorkochen. Der Chefkoch probiert und entscheidet dann, ob sie in das Menü passen oder noch verändert werden müssen, damit sie mit den anderen Gängen harmonieren – oder ob das Gericht nicht aufgenommen wird.

Ein Ort, wo sich die Teams häufig auch einbringen dürfen, ist die Kreation der Amuse-Bouches. Ein 3-Sternekoch berichtet, dass er generelle Vorgaben für das Amuse-Bouche macht, innerhalb dieses Rahmens dürfen sich die erfahreneren Mitarbeitenden aber ausprobieren. Der Chef schmeckt ab, macht Verbesserungsvorschläge und entscheidet letztendlich, ob es als Vorspeise an den Gast gehen kann. Der besondere Vorteil dieser Partizipation ist die hohe Motivation der Beschäftigten, die dadurch erzielt wird. Ein 3-Sternekoch betont, dass seine Schülerinnen und Schüler genau deshalb so erfolgreich geworden sind, weil sie sich immer schon ein kleines Stück mit einbringen durften. Diese Erfahrung war ihnen bei der weiteren Karriere sehr nützlich. Eine weitere Ausnahme bildet ein 3-Sternekoch, der mit seinem langjährigen Sous-Chef gemeinsam neue Menüs entwickelt:

»Also wir nehmen uns auch die Zeit und setzen uns zusammen, gerade mit meinem Stellvertreter. … und setzen uns mal eine Stunde, zwei Stunden, drei Stunden hin und dann machen wir das Gerüst. Dann sprechen wir darüber, wo ich sage, ich will gern das und dies und jenes und das und

das und das machen. Und dann müssen wir das zuerst einmal einordnen, bis ein Gerüst von Gerichten zustande kommt. Diese zeitlichen Freiräume, den Luxus habe ich, kann ich mir nehmen. Ich bin zwar immer noch Arbeitskraft, aber meine Aufgabe im Wesentlichen besteht mittlerweile darin, mit dem Kopf zu arbeiten und nicht mit den Händen« (3-Sternekoch).

Der Sous-Chef ist in diesem Fall auch für die Umsetzung der neuen Gerichte im Team verantwortlich. Er muss dann die Umsetzung der neuen Teller sowie die Rezeptierung vornehmen. Ebenso ist es sein Job, den Prozess der Abläufe in der Küche zu organisieren und zu verantworten. Er muss für den reibungslosen Ablauf und die Umsetzung im Abendservice sorgen. Wie auch Ottanbacher und Harrington (2007, S. 451) in ihrer Studie resümieren, so kommen auch wir zu dem Ergebnis, dass je mehr Sterne die Köchinnen und Köche besitzen, desto mehr Zeit verwenden sie auf die Planung neuer Gerichte und umso weniger Zeit verbringen sie mit der operativen Umsetzung. Ebenso nimmt das Zeitbudget für die sonstigen Management-Aufgaben zu (siehe Kapitel zu den Führungsstilen).

Kochen im Kopf

Ein ganz charakteristisches Kriterium, welches alle interviewten Köche genannt haben, ist das gerade schon angesprochene »Kochen im Kopf«: *»Ich habe ein sehr gutes Geschmacksgedächtnis, das heißt, ich nehme mir einen Geschmack und kann den mit anderen im Kopf übereinanderlegen«* (Koch mit Teller-Auszeichnung). Alle Spitzenköchinnen und Spitzenköche vereint diese Gabe. Ein 3-Sternekoch spricht von einer Geschmacksbibliothek im Kopf, die er sich über die Jahre erarbeitet hat. Ein 2-Sternekoch beschreibt es so: *»Durch die ganzen Aromen, die ich schon probiert habe, stelle ich ein Gericht im Kopf zusammen, und ich weiß, bevor wir es kochen, wie es schmeckt«* (2-Sternekoch).

Ein 3-Sternekoch wählt den Vergleich mit der Musik. Er fühlt sich beim Kochen im Kopf wie ein Musiker, der auch die einzelnen Noten und die daraus entstehende Melodie im Kopf hat. Der Vergleich zur Musik wird auch von einem anderen Koch genutzt. Er beschreibt sich selbst als *»Komponisten, der vor seinem Piano sitzt und ein leeres Notenblatt vor sich liegen hat. Er schlägt die Tasten an und schreibt die Noten auf, dann streicht er wieder etwas weg. Und so schreibe ich dann jede Note, jeden Bestandteil bis zur kleinsten Kresse oder einer Vinaigrette, was da alles drin ist, auf«* (2-Sternekoch). Die weit verbreitete Musikmetapher findet sich auch im folgenden Zitat:

»Ich kann mir im Kopf genau vorstellen: Das schmeckt so und so. Wenn ich es pickle, hat es diese Eigenschaft. Oder wenn ich es schmore, geht es so ein bisschen in die Breite, wenn ich Butter dransetze. Im Endeffekt ist das Spielen mit Aromen wie beim Musiker, das Spielen mit

den Noten. Und da ich früher Schlagzeugunterricht hatte mit 15 und eine kleine Band hatte ...
Man fängt an, macht irgendwas, probiert aus. Aber man muss halt immer was im Kopf ha-
ben, was man machen möchte. Für mich wäre es auch langweilig, jeden Tag das Gleiche zu tun«
(3-Sternekoch).

Ein Komponist kann auch Angst vor dem leeren Notenblatt bekommen,
wenn ihm nichts einfällt oder der richtige Anfang nicht gelingen will.
Ebenso können Köchinnen und Köche Angst vor der leeren Menükarte
haben, wenn sie ein neues Menü kreieren müssen, wie wir bereits weiter
vorne gesehen haben. Das Gericht ist nach Aussagen der Köche zu 98 oder
99 % durch das Kochen im Kopf fertig. Die restlichen 1 bis 2 % werden dann
beim Probekochen nachjustiert. *»Das ist dann die Endabnahme, dann werden*
aber nur noch Nuancen geändert, vielleicht fehlt ein wenig der Crunch oder die Säure«
(2-Sternekoch). Die im Kopf gekochten Gerichte werden häufig auf dem
Blatt Papier mit einer Mind-Map festgehalten. Ein Produkt gilt als das Aus-
gangsprodukt. Ein 3-Sternekoch beschreibt den Prozess am Beispiel einer
Karotte. Er überlegt, was er mit der Karotte alles machen kann.

»Pickeln, fermentieren, in welcher Größe schneide ich sie, raspeln, würfeln, Spaghetti, Vinaigret-
te, Emulsion und so weiter. Was kann ich aus diesem Produkt alles machen und möchte ich Ka-
rotte pur haben oder möchte ich noch ein wenig Ingwer zugeben? Möchte ich es cremiger ha-
ben?« (3-Sternekoch).

Den Entwicklungsprozess am Beispiel eines Entengerichts beschreibt ein
1-Sternekoch sehr anschaulich:

»Dann habe ich die Ente, das schreibe ich in die Mitte eines leeren Blatt Papiers, da kommt ein
Kreis darum und dann mache ich verschiedene Pfeile. Was könnte man mit dieser Ente machen?
Was kann man mit der Brust machen? Was kann man mit der Keule machen, mit der Leber
und sonstiges. Dann kommt die rote Beete dazu, würde ich gerne dazu ergänzen. Meist genauso:
Was kann ich aus der roten Beete machen? Ich kann ein Mus machen, eingelegte Scheiben oder
sonstiges und dann habe ich ein riesen Blatt Papier mit verschiedenen Sachen« (1-Sternekoch).

Ein anderer Koch überlegt sich, wo und wie das verarbeitete Tier lebt, d. h.
in welche Kontexte es eingebunden ist:

»Wie lebt ein Stubenküken? Natürlich wird das auch mit Mais ernährt, aber es lebt wirklich in
einer Stube und bekommt altes Brot. Und da dachte ich: Okay, cool, schreibe ich so auf die Karte,
Stubenküken, altes Brot. Also wirklich, weil es sich davon ernährt. Dann habe ich einfach altes
Brot genommen und daraus einen Serviettenknödel. Und mit krosser Haut von dem Hühnchen,

die habe ich gebraten, dann habe ich kleingeschnitten die Haut und in dem Serviettenknödel ver-
arbeitet« (Koch mit Teller-Auszeichnung).

Die ersten beiden Zutaten für eine neue Geschmackskomposition fallen
den interviewten Köchen in der Regel relativ schnell und einfach ein. Häufig dauert es aber länger, die dritte und entscheidende Zutat zu finden, die
das Besondere des Gerichts entfaltet und somit ein stückweit die spezielle Handschrift des Kochs ausmacht. Das Zusammenstellen von Gerichten
vergleicht ein Koch sehr treffend mit der Bedienung eines einarmigen Banditen:

»Ich stehe vor dem einarmigen Banditen, dann kommt die erste Sieben, die kommt einfach, die
zweite Sieben ist ein bisschen schwieriger, aber sie kommt schon öfter. Und die dritte Zutat, die
den Unterschied macht, das wird dann schwer. Und irgendwann kommt die dritte Sieben und
dann ist das mein Gericht« (2-Sternekoch).

Der abgebildete Instagram Eintrag (siehe Abb. 24) von Jan Hartwig, dem
3-Sternekoch des Restaurants »Atelier« im Bayerischen Hof in München,
veranschaulicht das Kochen im Kopf mit seinem eigenen Kommentar dazu
»Every dish has its origin in my mind 😋 🔍 △ 📑 ♡*«* sehr eindrücklich.

In verschiedenen Büchern, etwa »Der Geschmacksthesaurus« von Niki
Segnit oder »Salz. Säure. Fett. Hitze« von Samin Nosrat, wurde mittlerweile der Versuch unternommen, eine Art Geschmacksbibliothek zu verschriftlichen. Im Folgenden werden wir der Frage nachgehen, woher und
wie den Spitzenköchinnen und Spitzenköchen immer wieder neue Ideen
für das »Kochen im Kopf« kommen. Wovon lassen sich Spitzenköchinnen
und Spitzenköche inspirieren? Und gibt es dabei Unterschiede zwischen 1-,
2- und 3-Sterneköchen?

Wo und wie entstehen die Ideen?
Die Aufgabe einer jeden Chefköchin bzw. eines jeden Chefkochs ist es,
neue Gerichte zu erstellen. Dabei betonen viele Interviewte, dass Kreativität nicht auf Kommando zu erzwingen ist. Da Ideen immer und überall
entstehen können – oder wie ein 3-Sternekoch im Interview meinte *»Ich*
kreiere immer« – nutzen alle Köche Notizbücher, Oktavhefte, Zettel oder das
Handy, um Ideen festzuhalten. Ein Koch berichtet, dass er überall im Hause Zettel herumliegen hat. Dort schreibt er seine erste Zutat auf, meistens
die besonderen Produkte, die gerade in bester Qualität lieferbar sind, und
kombiniert diese mit anderen Zutaten. Aus diesen Zetteln *»... fügt sich dann*
ein Bild, bis zum Ende der vier Wochen. Aber wir machen keine Proben oder so et-

Abb. 24 Entwicklung eines Tellers am Beispiel des Instagram Eintrags von Jan Hartwig am 31.07.2019

Quelle: Hartwig 2019

was. Ich weiß ja, was wir kochen« (1-Sternekoch). Neue Ideen kommen immer dann, *»wenn man den Kopf frei hat, nicht unter Strom steht«,* wie es ein 3-Sternekoch ausdrückt. Im Urlaub, unter der Dusche, beim Spazieren gehen sind die immer wieder genannten Orte, an denen Köchinnen und Köchen etwas Neues einfällt. Ein 3-Sternekoch betont auch, dass sein Schlafverhalten an seinen freien Tagen anders ist als vor dem Tag, an dem er wieder zu arbeiten beginnt. In diesem Fall gehen ihm nachts auch schon wieder viele Dinge für die kommende Woche durch den Kopf.

Neben diesen Orten, an denen kein Alltagsstress herrscht und deshalb die besten Ideen ohne Ansage kommen, nennt ein Koch auch Routinearbeit als einen Ort, an dem die Gedanken schweifen können und deshalb Raum ist, neue Ideen zu entwickeln. Deshalb nennt der Koch den Ort der Vorbereitung als Ort des Nachdenkens. Wie beim Autofahren sind viele Handgriffe während der Vorbereitung automatisiert. In einem solchen Flow kommen auch Ideen für neue Teller auf. Einige Köche reservieren sich, ganz wie im großen Vorbild bei »El Bulli«, einfach einen festen Tag in der Woche, an dem neue Gerichte ausprobiert werden.

»Und Sonntag ist es so, dass ich mich wirklich nur bis 15:30 Uhr im Büro aufhalte und von 15:30 Uhr bis 17:30 Uhr meistens neue Gerichte probiere oder ausprobiere, in die Entwicklung

gehe, Sachen ausprobiere, die mir im Kopf schwirren, um neue Gerichte zu entwickeln, das ma-
che ich sonntags. Also ich suche mir da meine festen Zeiten, wo ich dann wirklich sage, das ist
jetzt keine Bürozeit, jetzt stehe ich nur in der Küche und probiere Neues aus« (1-Sternekoch).

Darüber hinaus können Ideen für neue Kreationen durch reinen Zufall
entstehen. Ein ikonisches Beispiel dafür ist das Signature Dish »Oops!
I dropped the lemon tart« (Hoppla! Mir ist die Zitronentorte herunter-
gefallen) aus der »Osteria Francescana« von Massimo Bottura, welches
der Legende nach durch ein Missgeschick seines Sous-Chefs, Taka Kondo,
entstand, indem er die kleine Zitronentorte kurz vor dem Servieren versehentlich fallen ließ. Für den gebürtigen Japaner war das ein Fiasko son-
dergleichen. Denn Japaner machen keine Fehler und falls doch, ist es ihnen nicht erlaubt einen Fehler gemacht zu haben. Sich dieser kulturellen
Besonderheit bewusst, half Massimo Bottura seinem japanischen Sous-
Chef kurzerhand aus der Klemme, indem er sein Missgeschick als die neue
Kreation betitelte und diese genauso auf die Speisenkarte setzte. Dies erfordert nicht nur Mut vonseiten des Chefkochs, sondern auch eine gehöri-
ge Portion Fantasie und Poesie, die sich im Übrigen in allen seinen Gerichten auf der Karte widerspiegelt (z. B. »An eel swimming up the Po River« oder
»This little piggy went to the market«) . Seither werden alle Zitronentörtchen
beim Anrichten auf den Teller fallen gelassen und zerbrochen als »Oops! I
dropped the lemon tart« serviert (siehe Abbildung 25).
     Ständig kreativ sein zu müssen, kann auch als Druck wahrgenommen
werden. Ein Koch reduziert den Druck dadurch, indem er sich klarmacht,
dass neue Gerichte mehr für ihn selbst wichtig sind als für die Gäste, die
meistens nicht häufiger als ein Mal pro Jahr zu ihm kommen.

»Ich setze mich da persönlich auch nicht unter Druck und wenn jetzt das Menü oder so gewisse
Geschichten schon relativ lange auf der Karte sind, ist mir das auch Wurst, weil wir keine Gäs-
te haben, die jede Woche oder jeden Monat kommen. Die kommen vielleicht ein oder zweimal im
Jahr. Und für sie ist es immer noch neu. Wir machen es im Prinzip nur für uns, damit wir wieder
etwas Neues haben« (3-Sternekoch).

Ein anderer 3-Sternekoch reduziert den Druck dadurch, indem er an sich
selbst gerade nicht den Anspruch stellt, immer besser zu werden, *»etwas*
draufzulegen«, sondern einfach nur *»etwas anders zu machen.«* Über (neue)
Techniken und neue Produkte kann er dieses Andersmachen immer erreichen, deswegen kann er seine Kreativität in gewisser Form in eine Routine bringen. *»Und beim Andersmachen ist für mich dann einfach die Inspiration*
das Produkt, deswegen bin ich immer interessiert an Techniken und ich möchte mög-

Abb. 25   »Oops! I dropped
the lemon tart« Signature Dish
von Massimo Bottura Chefkoch
der »Osteria Francescana«

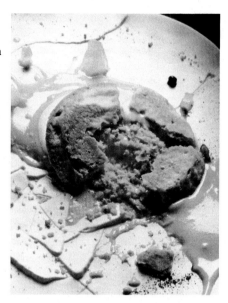

Quelle: Comendant 2014

lichst eine Vielfalt an Produkten und an Techniken, die in einem Menü oder in den einzelnen Gerichten verarbeitet sind« (3-Sternekoch). Er selbst beherrscht eine Vielzahl von Techniken, da er ursprünglich eine Ausbildung zum Konditor absolvierte und dort viele handwerkliche Methoden lernte, die mittlerweile über den Einfluss der Molekularküche auch in der Spitzengastronomie wichtig geworden sind.

Region, Saison & Produktqualität

Grundsätzlich eint alle Spitzenköchinnen und Spitzenköche, ganz gleich auf welchem Sterne-Niveau sie kochen, eine Offenheit für neue Ideen. Alle Köchinnen und Köche probieren neue Zutaten, reisen gerne in ferne Länder und versuchen ihre überregionalen Erfahrungen in ihren Gerichten zu verarbeiten.

»Und wir machen auch immer Reisen nach Asien. Ich war dieses Jahr schon dort und werde dieses Jahr noch einmal zu einem Event fliegen, wo insgesamt zehn internationale Sterneköche hinkommen. Und dann nehme ich auch immer Köche aus meinem Team mit, immer verschiedene Köche. Und die nehmen natürlich auch immer viel davon mit, weil man nicht nur einen anderen Sternekoch sieht, sondern gleich zehn andere. Und man arbeitet den ganzen Tag mit denen in der Küche, über eine Woche lang und da nimmt man auch viel mit« (1-Sternekoch).

Aber auch ganz unverhoffte Eindrücke im alltäglichen Leben dienen den Köchinnen und Köchen als Inspirationsquelle. Ein Koch berichtete, dass er bei einem Spaziergang gesehen hat, wie jemand einen Keil in eine Birke treibt und einen Eimer darunter hängt. Auf seine Nachfrage wurde ihm gesagt, dass der Birkensaft nach Birne schmeckt. Daraufhin informierte er sich generell über die Birke und versuchte, Produkte davon in eine neue Tellerkreation zu integrieren. Insofern werden Saison und auch die Regionalität immer wieder als Anlass für die Entwicklung neuer Ideen genannt, um das leere Blatt zu füllen.

»Wenn Sie jetzt hier aus dem Fenster schauen, dann wissen Sie, dass die neuen Menüs des Frühlings alle mit ganz anderen Farbspielen arbeiten als die Menüs, die in den Herbst reingehen. Weil auch die Stimmung eine ganz andere ist… letztendlich sind die Teller alle jahreszeitlich vorgegeben durch das, was sie an Produkten haben. Und in der Jahreszeit in diesen Sequenzen kann es auch mal sein, dass wir dann zwischendurch das Menü noch einmal mit neuen Tellern halb durchtauschen, weil die Saison von Morcheln sehr kurz ist und wir dann keine Morcheln mehr bekommen. Und dann jetzt die neuen Pfifferlinge kommen, aber das harmoniert mit dem neuen Gericht nicht und dann wird ein ganz neues Gericht gemacht« (3-Sternekoch).

Die Saison ist für die Produktqualität entscheidend, weil *»diese genau dann am Höhepunkt der Geschmacksintensität ist«* (2-Sternekoch). Insofern ist die Qualität der Lebensmittel wichtiger als die Regionalität. In einem Umkreis von 50 km bekommt man einfach nicht alles in gewünschter Qualität, deshalb muss die Regionalität immer eine untergeordnete Rolle spielen, wie ein 3-Sternekoch im Interview sagte.

»Zum Beispiel haben wir aktuell natürlich auch Spargel auf der Karte, aber im Dessert, was da auch keiner so wirklich erwartet. Und der Spargel passt hervorragend in der Kombination mit Rhabarber und Ingwer und so weiter. Aber wir werden das jetzt nicht irgendwie auf die Karte schreiben, weil es gerade Saison hat. Und die Welt ist ja auch groß geworden, was heute hier Saison hat, hat übermorgen irgendwo anders Saison. Wir werden im Winter keine Erdbeeren aus Chile einkaufen, so krass sind wir natürlich auch nicht drauf« (3-Sternekoch).

Allem Hype um die Nova Regio Küche[11] zum Trotz, spielt die Regionalität für die hoch dekorierten Köche kaum eine Rolle: *»Das ist uns relativ Wurst, ich weiß, dass es andere vielleicht nicht so gerne hören, aber Saison ist nicht primär das Wichtigste, um ein harmonisches Gericht und etwas Neues zu kreieren. Und nicht irgendwie, irgendwas aus dem Garten zu nehmen, was jetzt gerade wächst«* (3-Sternekoch). Viel wichtiger ist auch ihm die Qualität. *»Unser Fleisch kommt aus Japan, wenn wir Beef machen, kommt es aus Japan, weil das mit Abstand das Beste* *ist, Punkt! Und da interessiert mich die Regionalität auch nicht wirklich«* (3-Sterne-koch).

Insofern berichten alle interviewten Spitzenköche übereinstimmend, dass die Lebensmittelqualität für den Erfolg auf dem Teller entscheidend ist. Auch im folgenden Zitat des 2-Sternekochs spiegelt sich das Verhältnis zwischen diesen beiden Polen wider:

»*Die Zulieferer sind die Wichtigsten. Ohne die Zulieferer hätte ich keine gute Ware. Aber ich bin nicht so, dass ich jetzt sage: ›Das muss aus der Schweiz kommen.‹ Wenn ich jetzt hier das beste Rind habe, das beste Kalb, dann kaufe ich das von hier, das gleiche gilt für Gemüse. Aber wenn es das einfach nicht gibt, dann kaufe ich es woanders. Heute können wir uns so glücklich schätzen, dass wir innerhalb von ein paar Stunden Lebensmittel von der anderen Seite der Welt hierher bekommen können in der gleichen Qualität.*« (2-Sternekoch).

Ausgefallene Zutaten können immer Anlass zu einem ganz neuen Teller sein. Häufig spielt dabei das Angebot der Zulieferer bei der Entwicklung neuer Gerichte eine Rolle. Wenn diese ein neues, interessantes Lebensmittel anbieten können, wird dieses gerne als Ausgangspunkt für ein neues Gericht genommen. »*Eine neue Zutat inspiriert uns natürlich. Dann wollen wir es auch haben, aber deswegen kommt es nicht sofort auf die Karte, sondern da muss erst ein Gericht daraus entstehen*« (3-Sternekoch). Hier vertraut man vor allem den Zulieferern, mit denen schon lange zusammengearbeitet wird.

»*Das kommt vor, wenn da Leute sind, die sagen ›Wir haben ein neues Produkt, probieren Sie es bitte mal.‹ Dann ist manchmal etwas dabei, das wir dann saisonal einsetzen. Ich habe gleich um 14 Uhr einen Termin mit einem Zulieferer, der handelt nur mit asiatischen Produkten aus Japan und China, sehr gute, hochwertige Soßen. Aus Italien hat er auch Sachen im Angebot. Quatscht ein bisschen viel, aber manchmal ist etwas Gutes mit dabei. Wie so ein Bauchredner, schräger Typ. Aber es ist halt so*« (3-Sternekoch).

So kann an dieser Stelle festgehalten werden, dass hochwertige neue Produkte eine weitere Inspirationsquelle für die Köchinnen und Köche darstellen und sie deswegen auch schon einmal die »Vertretermentalität« von Zulieferern über sich ergehen lassen.

Das Auge isst mit

Die Ideengenerierung der interviewten Chefköche umfasst nicht nur das eigentliche Gericht, sondern auch die Präsentation auf dem Teller. Die Sterneköchinnen und Sterneköche machen sich Gedanken, auf welchem Teller die einzelnen Komponenten wie angerichtet werden sollen, um den visuellen Eindruck zu perfektionieren. Hinzu kommt die Frage, welches Farbenspiel auf dem Teller durch die Komponenten vermittelt werden soll.

»Ich weiß schon ungefähr das Hauptprodukt, d. h. wie groß es ist, welche Form es hat? Ist es rund, ist es eckig? Ist was überbacken? Welche Farbe hat es? Deswegen habe ich nicht nur weiße Teller. Das Hauptportfolio ist weiß, aber trotzdem habe ich noch ein paar Teller, die Erdtöne, Grüntöne, Brauntöne haben für Wild, dunkelrot ist auch dabei. Und so hat man dann immer eine Assoziation vom Produkt vielleicht auch zum Teller, entweder durch eine Klarheit und Transparenz, oder aber auch von der Farbe, durch die Umgebung von dem Grundprodukt. Und so weiter« (3-Sternekoch).

Einige der interviewten Köche arbeiten mit Designern und Töpfereien zusammen, um das optimale Geschirr für ihre Kreationen zu entwerfen. Andere setzen besondere visuelle Akzente durch die verwendeten Lebensmittel, wie folgender 2-Sternekoch im Interview betonte:

»Bei uns sind viele Kräuter und Blüten auf den Tellern, die nicht nur schön aussehen, sondern auch ihren Zweck geschmacklich erfüllen. Letztens habe ich zu meinen Köchen gesagt, ich mache schon eine sehr feminine Küche. Mit all den Kräutern, mit Blüten, wo man denkt: Okay, da steht eine Küchenchefin dahinter. Aber ich liebe einfach, diese Natursachen miteinzubeziehen. Nicht diese sterilen Gerichte zu machen, wo einfach alles aus 25 Komponenten besteht« (2-Sternekoch).

In der Tat legen weibliche Vertreterinnen der Zunft, sprich Sterneköchinnen, wie Tanja Grandits, sehr viel Wert auf Farben und Aromen. Ihr Konzept besteht etwa darin, dass jeder Gang eine bestimmte Farbe in etlichen Schattierungen hat. Dennoch werden Malerei und Musik, ganz gleich, ob männlich oder weiblich, als wichtige Einflussfaktoren für die Gestaltung von Tellern benannt. Farbenspiele werden dabei als psychologisches Kalkül ganz gezielt auf den Teller übertragen, wie ein 3-Sternekoch im Interview zu verstehen gab: *»Also die Psychologie ist auch ein großer Faktor. Diese beeinflusse ich dadurch, wie ich den Teller aufbaue, wie die einzelnen Komponenten vom Farbspiel angerichtet sind.«* Zusätzlich zur Optik auf dem Teller wird von den Köchen auch das Ambiente des Restaurants und seine Ausstattung mit betrachtet und in der Menükomposition reflektiert.

Trends setzen versus Nachkochen
Interessanterweise unterscheiden sich die Inspirationsquellen der interviewten 2- und 3-Sterneköche gegenüber denen der 1-Sterneköche. Erstere sehen sich als Ideengeber, während Letztere eher als Ideennehmer

aufgefasst werden können. Die Tabelle 22 enthält eine Gegenüberstellung von typischen Zitaten beider Gruppen.

Für die hochdekorierten Spitzenköche ist es absolut wichtig, dass sie neue Trends setzen und damit von anderen imitiert werden. Aus diesem Grund gehen diese Köche weniger in anderen Restaurants essen oder sehen sich selten Kochbücher an. Sie haben Angst, dass etwas im Gedächtnis hängen bleibt und dann – auch wenn sie es bewusst nicht wollen – dennoch

Tab. 22   Ideennehmer vs. Ideengeber im Vergleich

	Ideennehmer 1-Sterneköche und Köche mit Teller-Auszeichnung	Ideengeber 2- und 3-Sterneköche
Besuch bei Kollegen	*»Ungefähr 30 bis 35 % der Küche basieren auf Ideen von anderen Restaurants. Wenn man sich natürlich bei jedem Besuch, das sind bei mir immer sehr gezielte Restaurant-Besuche, immer was mitnimmt, wo man denkt: Hey, das ist eine super Idee, das möchte ich auch mal bei uns in unserer Art oder in unserer (Name des Restaurants)-Art umsetzen.«* (1-Sternekoch). *»Bei Kollegen essen gehen ist total wichtig«* (1-Sternekoch).	*»Man sollte schon ab und zu mal essen gehen, was bei mir aber in den letzten Jahren auch gar nicht oft der Fall war«* (3-Sternekoch). *»Früher war es so: Da ist man viel essen gegangen, ist viel gereist und hat in viele Kochbücher geschaut. Jetzt, durch die Familie und die Kinder habe ich weniger Zeit. ... Und irgendwann habe ich erkannt, dass seitdem ich weniger Zeit habe, mich um das Ganze zu kümmern, bin ich besser geworden«* (2-Sternekoch).
Kochbücher und Instagram	*»Also ich habe mir immer Kochbücher gekauft. ... Das ist ein kreativer Prozess diese Gerichte zu machen«* (Koch mit Teller Auszeichnung). *»Alte Kochbücher oder Kochbücher von anderen Sterneköchen oder internationale Köche, da greift man schon sehr, sehr gerne Ideen auf«* (1-Sternekoch). *»Man macht einfach das Internet an, guckt bei Social Media, bei Instagram oder YouTube. Viele Köche laden dort auch ihren Weg zum Endprodukt als Video hoch und da kann man sich schon sehr, sehr viel abschauen«* (1-Sternekoch).	*»Wenn ich eine neue Speisekarte schreibe, dann gucke ich mir vorher keine Kochbücher an, damit nicht zu viel im Kopf hängen bleibt. Es bleibt sonst immer etwas hängen. Sei es Instagram oder Kochbücher oder wenn man irgendwo essen war, es bleibt immer irgendetwas hängen«* (2-Sternekoch). *»Ich bin auf Instagram auch und schaue mir das an und wenn mir gefällt, dann like ich es. Aber ich hole mir da keine Ideen oder so was«* (2-Sternekoch).
Besuch von Kochevents vs. Hospitationen bei Kollegen	*»Letztens war ich in Spanien und besuchte eines der größten Seminare mit vielen exzellenten spanischen Köchen. Ferran Adrià, Albert Adrià, die Brüder des ›Can Roca‹ und viele andere Jungs waren dort. Und alles war voller Emotionen und voll von Wissen«* (1-Sternekoch).	*»Wir haben auch Köche von anderen Restaurants oder die schicken mal einen Sous-Chef oder sonst irgendjemanden«* (2-Sternekoch). *»Alle, die einen guten Eindruck machen, die etwas lernen wollen, dürfen bei mir hospitieren«* (3-Sternekoch).

Quelle: eigene Darstellung

eine Idee von einem anderen Koch in einem ihrer neuen Gerichte abgebildet sein wird.

Achtung Plagiat!

In den meisten Fällen ärgern sich die interviewten Köche, wenn sie Plagiate ihrer Gerichte woanders entdecken, wie im Fall eines 3-Sternekochs, der im Interview fragte, ob wir am Abend zuvor die Seeforelle gegessen hätten und uns daraufhin ein Bild auf dem Handy zeigte. Dieses hatte er von jemandem zugeschickt bekommen und es sah dem Original zumindest von der Optik her äußerst ähnlich. Sein Kommentar dazu war *»Das ist armselig und das sieht jeder, der ein bisschen Ahnung hat, sieht das.«* Im Prinzip ist die spezielle Handschrift der Köche nicht nur den Restaurantkritikern bekannt, sondern auch unter den Spitzenköchinnen und Spitzenköchen kennt man sich. So berichtete ein 2-Sternekoch im Interview:

»Letztens hatte ich, um jetzt keine Namen zu nennen, so einen Fall und ich wusste, der hat mal mit dem und dem ein Event gemacht. Also ich wusste, wo die Idee herkommt. Dann hat der das Gleiche auch bei uns beim Gourmet-Festival gemacht. Und da war z. B. ein Koch, der bei dem Originalkoch vor langer Zeit gearbeitet hatte. Und der meinte dann zu mir ›Chef, das ist doch vom Soundso.‹ Und ich so: ›Ich weiß.‹ Also wenn man auf einem ganz hohen Niveau kocht, ist es schon ein Minuspunkt unter den Kollegen« (2-Sternekoch).

Gleichwohl meinten die meisten interviewten Köche, dass sich durch Formate wie Instagram neue Ideen schnell und massenhaft verteilen und man schon fast nicht mehr innovativ sein kann, indem man ein Gericht als Erster macht.

»Sie können natürlich ihre Gerichte bzw. ihre Küche nicht schützen, indem sie jetzt das als Patent anmelden. Das geht nicht. Sie haben da keine Chance. Heutzutage ist es auch so, dass durch die sozialen Medien alles so wahnsinnig schnell transportiert wird, dass ich fast an jedem Tisch Gäste habe, die ihr Essen fotografieren, das auf irgendwelchen Kanälen weiterverbreiten, die dann wiederum von Köchen gesehen und verfolgt werden. Die wiederum die Teller sehen, die dann eine Kopie machen und so weiter. Also das geht schon schnell... Wobei, ich sage jetzt mal, wenn sie so richtige Unikate haben, bei denen man sofort weiß, wenn du den Teller siehst, weißt du, wo er herkommt, dann trauen sich dann doch wenige. Da haben die meisten dann schon so viel Respekt davor, dass sie dann die Finger weglassen. Aber dazwischen ist sehr viel Spielraum« (3-Sternekoch).

»Bestimmt bin ich auch irgendwo beeinflusst worden durch manche Sachen. Aber ich versuche doch irgendwo ein kleines Unikat zu sein. Und in dem Moment, wenn andere Köche irgend-

etwas nachmachen und das hat einen Wiedererkennungswert von einem anderen Koch, ist er
der Nachmacher. Dann ist er der Loser« (2-Sternekoch).

An dieser Stelle kann festgehalten werden, dass eine wichtige soziale
Norm für alle besternten Köchinnen und Köche darin besteht, dass Plagiate verboten sind. Allerdings holen sich jüngere und noch weiter unten in
der Sternehierarchie stehende Köchinnen und Köche, wie wir bereits gesehen haben, gerne Anregungen von bekannten und berühmten Kolleginnen und Kollegen. Dabei wird ein Gericht als Anlass genommen, es in
eigener Weise etwas abzuwandeln. Wird eine Person tatsächlich des Pla-
giats überführt, bekommt diese mitunter Hausverbot, wie Roland Trettl
berichtet (Trettl 2015). Von 2003 bis 2013 arbeitete er als Executive Chef
im Restaurant »Ikarus« im »Hangar-7« in Salzburg, wo das Konzept darin
besteht, dass jeden Monat eine andere Spitzenköchin oder ein anderer internationaler Spitzenkoch als Gast eingeladen wird, um dort das Menü des
Heimatrestaurants den Salzburger Gästen zu kredenzen. Als Trettl feststellen musste, dass ein Koch, der als Gast im »Ikarus« im »Hangar-7« gegessen hatte, später einen der dort verspeisten Teller plagiiert hatte, bekam er Hausverbot.

Betont werden muss allerdings auch, dass sich die Trendsetter durchaus geehrt fühlen, wenn sich ihre Ideen verbreiten: »*Und vielleicht inspiriert*
man hier und da mal ein paar andere Leute. Klar, die kopieren unsere Sachen, aber das
ist für mich ein großes Kompliment« (3-Sternekoch). Insofern dienen soziale
Medien wie Instagram oder aber auch Kochbücher bzw. Bildbände der Köchinnen und Köche dazu gewissermaßen dazu, das »Original« zu markieren. Unterschieden werden muss hierbei auch noch die Nachahmung der
Optik und des Geschmacks. Auf die Frage, ob die besternten Köche durch
Hospitationen nicht die Gefahr des Plagiierens erhöhen würden, meinten
die meisten, dass man nie 1:1 kopiert werden kann. Ein 2-Sternekoch verglich das Ganze ebenfalls mit dem Verfassen eines Kochbuchs:

»*Wenn jemand ein Kochbuch macht, dann muss man es so machen, dass es beim Nachkochen*
funktioniert. An dem Tag, an dem man ein Kochbuch macht, zieht man sich quasi nackt aus.
Aber ich weiß auch: Gib ein Rezept drei Leuten zum Nachkochen und es kommt jedes Mal etwas
anderes dabei raus« (2-Sternekoch).

Manche Menüs finden ihren krönenden Abschluss darin, dass sie in einem
Kochbuch veröffentlicht werden«. Einmal als Kochbuch veröffentlicht, können sie von allen nachgekocht werden. Warum veröffentlichen Köchinnen und Köche ihre Kochbücher, wenn sie doch Plagiate fürchten? Ferran

Adriá hat darauf geantwortet, dass Kochbücher Plagiate verhindern. Mit dem Kochbuch wird die Urheberschaft des Gerichts offiziell festgehalten. Insofern kann das Veröffentlichen von Kochbüchern als das Patentieren von Rezepten interpretiert werden. Dadurch wird klar, von wem das Rezept ursprünglich stammt (Borkenhagen 2017). Ein weiteres Argument ist die ungeheure Komplexität von Gourmet-Tellern. Selbst wer das Rezept kennt, kann es damit noch lange nicht nachkochen. Es sind teilweise 30 bis 40 Handgriffe pro Teller notwendig und die erforderlichen Techniken beherrscht nicht jeder. Ein 3-Sternekoch sinnierte darüber, dass im Prinzip nie ein Gericht 1:1 vom Originalkoch nachgekocht werden kann.

»Ich finde es auch spannend übrigens, dass das was ist, was irgendwie vergänglich ist. Das ist kein Song, der aufgespielt ist, oder es ist auch kein gemaltes Bild oder so. Sondern es ist etwas, was auch jeden Abend anders ist. Wenn Sie heute genau das gleiche Menü essen wie gestern, dann ist es trotzdem ein bisschen anders, weil, der Fisch ist ein anderer, die Zitrone ist eine andere und ich bin vielleicht auch ein bisschen anders drauf. Ich sage gar nicht, dass das schlechter ist oder besser, aber es ist nicht dasselbe. Und das finde ich auch irgendwie reizvoll« (3-Sternekoch).

Ebenso wird häufig eine Reihe von Spezialküchenmaschinen für die Zubereitung benötigt, die nur in spezialisierten Profi-Küchen vorhanden sind. Aus diesem Grund werden in einigen 3-Sternerestaurants den Gästen auf Nachfrage bereitwillig Rezepte von Gerichten übergeben, wenn sie sich nach der Zubereitung erkundigen. Anhand der Zutatenliste und der zu benutzenden Gerätschaften braucht sich jedoch keine Spitzenköchin bzw. kein Spitzenkoch der Welt Sorgen zu machen, dass die Gäste es schaffen, das Gericht genauso nachzukochen.

Neue Ideen in Routine überführen

Nachdem neue Gerichte und Menüs kreiert worden sind, also die Phase der Kreativität abgeschlossen wurde, müssen die Teller in die Routine überführt werden. Im abendlichen Service muss dann jeder Teller mit der immer gleich hohen Qualität an den Gast gebracht werden. Die Beteiligung der weißen Brigade setzt in der Regel dann ein, wenn das Gericht zu 98 % fertig ist und das Probekochen beginnt. In dieser Phase können alle noch Verbesserungsvorschläge einbringen und den Teller abrunden. Die interviewten Chefköche nutzen diese Phase auch, um noch einmal Feedback von ihrer Mannschaft einzuholen. Bei einem 1-Sternekoch ist der Chef selbst für die Einübung der Routine verantwortlich, indem er für die einzelnen Posten auch die *Mise en Place*-Listen schreibt.

»Es ist so, dass die Mitarbeiter, wenn eine neue Speisekarte oder ein Menü geschrieben wird, bekommen die von mir eine Mise en Place-Liste, eine Vorbereitungsliste. Da ist dann zum Beispiel ein Gericht darauf, ich nehme mal zum Beispiel ein Tatar, und das ist dann der Hauptbegriff und darunter stehen dann die einzelnen Komponenten, welche Bestandteile auf diesem Teller sind, was auf diesem Teller sein muss und was auch auf der Kühlfläche sein muss, für dieses Gericht« (1-Sternekoch).

In seinem Restaurant sind viele Basiskomponenten in einem elektronischen Rezeptbuch gespeichert, sodass für die jeweilige Basiskomponente einfach nur diese Rezepte ausgedruckt werden müssen. Dies macht entweder der Chefkoch und gibt es den Verantwortlichen für den jeweiligen Posten oder diese können auch selbst im Computer nach einem bestimmten Rezept suchen. So ist immer gewährleistet, auch wenn neues Personal in die Küche integriert wird, dass alle Basiskomponenten gleichbleiben.

»Und viele Gerichte basieren dann auch auf den Standard-Rezepten, das kann dann mal variieren von den Zutaten, aber wir haben uns in den 8 ½ Jahren eben schon einen riesen Basiskatalog an Rezepten entwickelt und auch aufgeschrieben, so dass es dann für mich immer leichter wird, neue Gerichte oder den Ablauf zu gewährleisten, weil viele Gerichte nur noch ausgedruckt werden müssen, also die Rezepte müssen einfach nur ausgedruckt werden und das macht es mir leichter« (1-Sternekoch).

Bei einem 3-Sternekoch ist es explizit die Aufgabe des Sous-Chefs, neue Gerichte und Menüs in die Routine zu überführen. Hier vertraut der Chefkoch ganz der Erfahrung seines Stellvertreters. Ob die Routine dann zum gewünschten Ergebnis führt, sieht der Chef spätestens beim Zubereiten. Da er alles noch einmal abschmeckt und am Abend auch am Pass steht, hat er immer noch eine Endkontrolle. Überhaupt stehen im Abendservice fast alle interviewten Chefköche am Pass. Sie hüten und wachen darüber, dass die Teller in der gewünschten Art und Weise an die Gäste kommen. So meinte eine Junior Sous-Chefin im Interview: *»Wenn wir Fehler machen, dann fängt die eigentlich der Chef am Pass meistens ab und sagt ›Das passt so jetzt nicht!‹ Also, da ist er schon der, der sieht das sofort, wenn irgendwo ein Fehler passiert«* (Junior Sous-Chefin, 3-Sternerestaurant). Die Organisation der Einübung und Verteilung in der Küche für das neue Menü obliegt aber meist dem jeweiligen Sous-Chef.

MEDIEN UND GÄSTE

Wenn die neu kreierten Teller in der abendlichen Routine den Pass verlassen, dann erblicken sie das Licht des Gastraumes und damit auch das Licht der Öffentlichkeit, denn sowohl Köchinnen und Köche, Personen aus dem Service, Restaurantkritikerinnen und -kritiker als auch Gäste fotografieren heutzutage die Teller und posten sie sogleich im Internet. Mit den Aspekten der Medien und der Frage, wer eigentlich die Gäste in der Spitzengastronomie sind, beschäftigen wir uns abschließend.

Medien

Wie wir bereits gesehen haben, spielt die Visualität bei der Komposition neuer Teller eine große Rolle. Während früher die Verbreitung der Optik von Gerichten Kochbüchern, Bildbänden und Kochsendungen vorbehalten war, wurde mit dem Aufkommen des Internets die Möglichkeit geschaffen innerhalb von Sekunden Bilder um die Welt zu schicken. Eine dominante Rolle spielen dabei die sogenannten Social Media. Auf unterschiedlichen Plattformen finden sich Möglichkeiten, die Welt der Sterneküche zu präsentieren.

Instagram

Digitale Plattformen kommen und gehen, sodass eine Plattform mehr oder weniger von einer anderen abgelöst wird. War es früher noch Facebook, ist derzeit Instagram die Plattform, die von allen Akteuren des Sternekosmos bedient wird. Neben Gästen, Bloggerinnen und Bloggern sowie Restaurantführern sind auch Sterneköchinnen und Sterneköche dort aktiv. Auf Instagram können zum einen Fotos und Videos veröffentlicht werden, die permanent im Instagram-Profil sichtbar sind, zum anderen können Instagram-Stories gepostet werden, deren Einträge nach 24 Stunden automatisch gelöscht werden. Darüber hinaus gibt es eine Nachrichtenfunktion und die Profile lassen sich im privaten und öffentlichen Modus betreiben.

Anzahl der Abonnenten im 3-Sterne-Segment. Im März 2020 haben wir exemplarisch eine Auswertung der 15 Instagram-Profile der 3-Sterneköche in Deutschland, Österreich (Wien) und der Schweiz vorgenommen. Wenn wir uns die Popularität aller 3-Sterneköche anschauen, gemessen an der absoluten Anzahl der Abonnenten, gibt es interessante Unterschiede (sie-

Abb. 26   Anzahl der Abonnenten auf Instagram (Stand 06.03.2020)

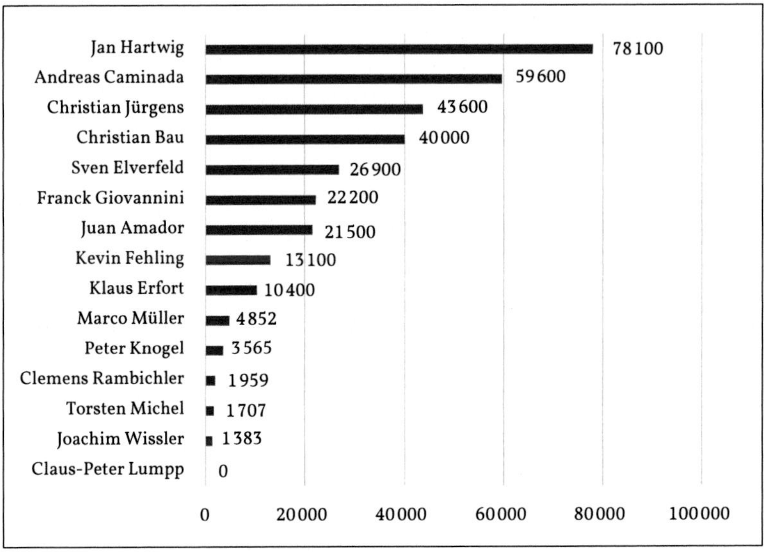

	Abonnenten
Jan Hartwig	78100
Andreas Caminada	59600
Christian Jürgens	43600
Christian Bau	40000
Sven Elverfeld	26900
Franck Giovannini	22200
Juan Amador	21500
Kevin Fehling	13100
Klaus Erfort	10400
Marco Müller	4852
Peter Knogel	3565
Clemens Rambichler	1959
Torsten Michel	1707
Joachim Wissler	1383
Claus-Peter Lumpp	0

Quelle: eigene Recherche

he Abb. 26). Da ist zum einen die Gruppe der etablierten »Popstars«, wie Jan Hartwig (über 78 000 Follower) oder Andreas Caminada (knapp 60 000 Follower), mit den meisten Followern. Zum anderen finden sich »Newcomer« mit (noch) wenigen Followern, wie Marco Müller (knapp 5 000 Follower) oder Clemens Rambichler (knapp 2 000 Follower), die vor nicht allzu langer Zeit in den 3-Sternehimmel aufgestiegen sind und vorher in der zweiten Reihe gestanden haben. Darüber hinaus gibt es eine Gruppe von »Verweigerern«, etwa Claus-Peter Lumpp, der gar keinen Instagram-Account besitzt, oder aber Joachim Wissler, der zwar einen Instagram-Account besitzt und 1 383 Follower hat, bislang allerdings (noch) keinen einzigen Beitrag gepostet hat. Auch Torsten Michel, der kürzlich seinen dritten Stern verlor, könnte man zu der Gruppe der »Verweigerer« zählen, da er derzeit mit nur einem einzigen Beitrag vertreten ist. Anhand der Anzahl seiner eigenen Abonnements, es sind 250 Instagram-Profile – darunter auch besternte Kolleginnen und Kollegen – denen er folgt, scheint er sich zumindest über Instagram auf dem Laufenden zu halten.

Unsere Auswertung beschränkt sich auf die amtierenden 3-Sterneköche und deren aktuellen Abonnentenzahlen, die wiederum von der Anzahl der Beiträge und von der Dauer abhängen, sprich wie lange der Instagram Account schon besteht. Mit am längsten dabei (seit 2014) und die meisten Einträge (1 170) hat Andreas Caminada. Manche Sterneköche betreiben ihren Account selbst, bei anderen, etwa bei Franck Giovannini, wird der Instagram-Account durch das Restaurant betrieben.

Was wird gepostet? Thematisch drehen sich die geposteten Fotos in der Mehrzahl um das Anrichten (#theartofplating): Dazu zählen hübsch angerichtete Teller oder deren Finalisierungsprozess, sei es am Pass (z. B. Arbeit mit der Pinzette) oder die Show am Tisch (z. B. Angießen einer feinen Soße). Zum Teil stammen die Fotos aus professionellen Foto-Shootings, die wiederum auch Teil der Bilderkollektion sind (z. B. Shootings von Tellern, vom Team, vom Restaurant). Weitere Kategorien bilden Vor- und Zubereitungsprozesse in der Küche sowie das zur Schau stellen von hochwertigen Lebensmitteln, die in den Gerichten verarbeitet werden. Häufig sind diese mit französischen Qualitätssiegeln etwa mit dem AOP-Zeichen (»Appellation d'Origine Protégée«) oder dem Label Rouge Gütesiegel versehen. Letzteres ist ein Siegel, das im Auftrag des französischen Landwirtschaftsministeriums vergeben wird. Ursprünglich wurde es 1965 von französischen Geflügelproduzenten ins Leben gerufen, die großen Wert auf eine traditionelle und naturnahe Tierhaltung legen. Inzwischen wird die Auszeichnung auch für land- und fischereiwirtschaftliche Lebensmittel vergeben. Zu den Lebensmittel-Klassikern, die in den Instagram-Profilen der 3-Sterneköche zu finden sind, zählen (ganze) Fische (z. B. Steinbutt, Gelbschwanzmakrele, Seeforelle, Seeteufel), Kaviar, Krustentiere (z. B. Taschenkrebs, Carbineros), Geflügel von Jean Claude Miéral aus Montrevel en Bresse (z. B. Perlhuhn, Taube) und natürlich besonderes Fleisch (z. B. Kobe oder Wagyu Rind). Fotos von Gemüse finden sich (bislang) eher selten in den Instagram-Profilen. Einzige Ausnahme bilden hier Pilze (z. B. Steinpilze), zu denen auch schwarzer und weißer Trüffel zählen. Der Kilo-Preis hierfür liegt je nach Trüffel-Sorte, Saison und Angebotslage zwischen 1 000 und 15 000 Euro. Einige 3-Sterneköche präsentieren daher Fotos mit frisch geliefertem Trüffel, gerne auch auf einer Waage (z. B. Christian Jürgens vom Restaurant »Überfahrt«), um den Kolleginnen und Kollegen sowie den Gästen zu zeigen, welch wertvolle Zutat sich gerade in der Verarbeitung befindet. Weitere Motive sind Küchenszenen, etwa die Zubereitung des Personalessens, der Besuch von Sternekolleginnen bzw. Sternekollegen (z. B. im Rahmen von Four-Hands-Dinner) oder Celebrities (z. B. Joachim Löw), die gerne als Selfie festgehalten werden. Auf Selfies finden sich aber auch Teammitglieder der weißen und schwarzen Brigade des jeweiligen Restaurants, welche in der Küche oder auf Ausflügen gemacht werden. Für die Teammitglieder ist dies durchaus eine besondere Form der Wertschätzung: »*Wenn ein Sternekoch viele Follower hat, dann gleicht er einem Fernsehstar und wenn er uns jetzt auf den Fotos markiert, sehen die Leute das und wir werden auch ein stückweit sichtbar*« (Sous-Chef, 3-Sternerestaurant). Seine Kollegin fühlt sich ebenfalls wertgeschätzt durch die Einbeziehung auf Instagram:

> »*Aber natürlich ist es schön, dass die Leute auch sehen: Okay, es steht ein Team dahinter. Und das ist natürlich auch wieder was, wo wir einfach einen tollen Chef haben, in dem Sinn, dass er sagt: ›Ihr seid genauso dran beteiligt und ich beziehe euch natürlich auch ein.‹ Und es entstehen natürlich auch lustige Videos, worauf man dann auch angesprochen wird*« (Junior Sous-Chefin, 3-Sternerestaurant).

Zu den Themen rund um die Spitzengastronomie zählen zudem Fotos von Fernsehauftritten, Galas und Events, Titelseiten der Gourmetpresse, neu erworbene oder verteidigte Auszeichnungen in verschiedenen Restaurantführern, allen voran die neue Michelin-Plakette oder das Michelin-Männchen. Eine letzte Kategorie bilden Freizeitfotos von kleineren Ausflügen, weiten Reisen oder Familienfotos, um die Freizeit als Gegenpol zum Alltagsstress zu dokumentieren. Hin und wieder posten die 3-Sterneköche auch Instagram-Stories, die dann für 24 Stunden sichtbar sind. Neben kurzen Videos und Fotos aus dem Alltag der Köche, sind dies häufig Instagram-Reposts, d.h. fremde Beiträge, die in der Instagram-Story geteilt werden. Darunter fallen vor allem Fotos und Kommentare zu den verspeisten Tellern, die Gäste nach dem Besuch des jeweiligen Restaurants teilen: »*Viele Leute machen Storys darüber und zeigen, dass sie hier essen waren. Wir sind kein Paradebeispiel, aber in Amerika ist es so, es werden Restaurants extra für Instagram gebaut, wo man immer ein gutes Foto hat und man immer gut posten kann*« (Koch mit Teller-Auszeichnung). Einerseits sind die Fotos eine besondere Form der Werbung, wie im Interview berichtet wurde: »*Die Bilder von unseren Gerichten gehen um die Welt. Da kann ich mir schon auch vorstellen, dass die Leute dann sagen: ›Wir haben das auf Instagram gesehen, wir kommen jetzt hierher‹*« (Maître, 3-Sternerestaurant). Oder wie eine Sous-Chefin meinte: »*Natürlich dient das auch alles dem Zweck, um mehr Bekanntheit zu erlangen und das Restaurant vollzukriegen, was Gottseidank so ist und wir uns in keiner Weise beschweren können und auch sehr dankbar dafür sind. Für ein leeres Restaurant braucht man schließlich nicht kochen*« (Junior Sous-Chefin, 3-Sternerestaurant). Andererseits führt die Möglichkeit der Selbstdarstellung auf Instagram auch dazu, Werbung für den Berufsstand zu machen, wie ein 3-Sternekoch im Interview meinte: »*Wenn ein Koch viele Instagram-Follower hat, dann ist er ein Rockstar, er ist bekannt und beliebt. Das ist eigentlich etwas, wo der Berufsstand mittlerweile auf einem fast nie da gewesenen Level anerkannt wird«* (3-Sternekoch).

Juan Amador, der 3-Sternekoch aus Wien, steht dieser Entwicklung seit geraumer Zeit kritisch gegenüber und hat weltweit als erster Sternekoch Fotos von Tellern von seinem Instagram Account verbannt. Auch die Gäste werden beim Besuch seines Restaurants gebeten, keine Fotos zu machen. Stattdessen sollen die Gäste sich wieder auf das Erlebnis vor Ort und auf den puren Genuss einlassen. So meinte er in einem Interview:

»Food-Fotos sind heute zur härtesten Währung in der internationalen Gastronomie geworden. Sie sorgen für Fläche in den Printmedien, für Likes und Reichweite auf Social Media und für eine Vielzahl der weltweit besten Köche sind Food-Bilder sogar wie Visitenkarten. Eine oberflächliche Entwicklung, die der Gastronomie schadet. ... Denn über das eigentliche Erlebnis eines Restaurantbesuchs sagt ein Food-Foto überhaupt nichts aus. Da geht es um Emotionen auf ganz anderen Ebenen: Geschmack, Ambiente, zwischenmenschliche Beziehungen. Diese müssen wir auch in der Kommunikation wieder in den Vordergrund stellen« (rollingpin.de 2019a).

Schaut man sich die Reichweite der Beiträge anhand der Abonnentenzahlen an, sind unsere untersuchten 3-Sterneköche im internationalen Vergleich weit abgeschlagen. Absolute Instagram-Rockstars sind 3-Sterneköchinnen und Sterneköche wie Massimo Bottura mit über 1 000 000 Followern oder Dominique Crenn mit 290 000 Followern (Stand März 2020). Man könnte ihre Popularität auf die Medienpräsenz in speziellen Formaten, wie Chef's Table, zurückführen. Wenn dem so wäre, müsste Tim Raue als Teil der Serie und aufgrund seiner starken anderweitigen Präsenz im deutschen Fernsehen ebenfalls deutlich mehr davon profitieren. Seine Abonnentenzahl liegt derzeit allerdings »nur« bei 60 400 Followern. Unter den deutschen Köchen hat Tim Mälzer, der sich jenseits der Sterne-Riege bewegt, in seinem Fernsehformat »Kitchen Impossible« durchaus aber mit dem Sternekosmos kokettiert, mit 275 000 Followern die meisten Abonnentinnen und Abonnenten. Dies führt uns zur Rolle des Fernsehens im Sternekosmos.

(Spitzen-)Köchinnen und Köche im Fernsehen

Weit vor den Zeiten von Social Media und Instagram waren es Kochsendungen, die für die Verbreitung und Bekanntheit der Köchinnen und Köche gesorgt haben. Die erste Kochsendung »Bitte in zehn Minuten zu Tisch« startete am 20.02.1953 im Nordwestdeutschen Rundfunk. Dort kochte Clemens Wilmenrod, der selbsternannte »Bundesfeinschmecker« (Becker 2010) über zehn Jahre im Fernsehen. Wilmenrod selbst war allerdings Schauspieler von Hause aus und kein gelernter Koch. Nach und nach zogen auch echte Köche vor die Kamera, um den interessierten Fernsehzuschauerinnen und Fernsehzuschauern neue Gerichte und Zubereitungsweisen schmackhaft zu machen. Mit Alfred Bioleks Sendung »alfredissimo!«, der ebenfalls kein Koch war, sich aber neben Prominenten durchaus auch gelernte Köche in die Sendung einlud, um mit ihnen gemeinsam zu kochen, gab es seit den 1990er Jahren einen Boom an (Talk-)Kochshows (z. B. »Kerners Köche«, »Lafer! Lichter! Lecker!«, »Schmeckt nicht, gibt's nicht!«). Mit der Sendung Kochduell wurde Ende der 1990er Jahre der Wettbewerbscharakter in die Szene der Kochsendungen eingeführt, ein Trend, der bis heute anhält. Gespickt waren die Sendungen von Beginn an mit (zum Teil versteckten) Produktplatzierungen und Sponsoren. So berichtete ein Interviewpartner, der in den 1970er Jahren bereits Werbung für eine Biersorte machte und ein entsprechend gefülltes Bierglas während der Aufzeichnung geschickt in die Kamera hielt. Ein Phänomen, was im Übrigen auch auf Instagram zu beobachten ist.

Durch die Sterne-Auszeichnung werden die Köchinnen und Köche automatisch ins Rampenlicht gerückt und genießen eine große mediale Aufmerksamkeit. Die meisten Sterneköchinnen und Sterneköche wägen ganz genau ab, ob sie sich an einem Fernsehformat beteiligen und dafür Zeit opfern oder nicht: »*Anfragen kriegt man ständig, aber ich habe da keine Zeit, keine Lust. Hier bin ich angestellt, hierfür gebe ich alles, das ist mein Baby*« (2-Sternekoch). Falls sie sich doch im Fernsehen präsentieren, muss für sie ein Benefit für ihr Engagement erkennbar sein, wie ein 1-Sternekoch im Interview ausführt:

»Das kostet Zeit, richtig viel Zeit. Ich habe immer wieder Anfragen, aber in der Regel sieht man mich relativ wenig im Fernsehen, weil ich dort häufig absage. Ich bin in der positiven Position, absagen zu können. Oftmals sage ich ab, weil ich viele Dinge nicht als sinnvoll für mich empfinde. ... Wenn ich ich selbst sein darf, dann mache ich auch im Fernsehen mit. Wenn ich nicht ich sein darf oder einer der Meinung ist, er muss in meine Schränke gucken wie beim Promi-Kochen, also da habe direkt abgesagt. ... Mal schauen, wie es sich entwickelt. Es ist für mich mehr Mittel zum Zweck. Wenn das abends drei Stunden im Fernsehen läuft, bringt das natürlich ein neues Gespräch, vielleicht auch wieder neue Partner, die für mich strategisch gesehen in der Küche langfristig wichtig sind. Meine Ambition ist nicht, berühmt zu werden. Ich möchte jetzt nicht in der Stadt angequatscht werden. Das ist nicht meine Ambition. Meine Ambition ist, vom Bildschirm zu verschwinden und dann plötzlich wieder aufzutauchen in so einer Drei-Stunden-Sendung und alle sprechen eine Woche lang darüber. Dann habe ich meinen Dienst getan. Du musst immer mal wieder etwas ins Feuer streuen, damit es entfacht« (1-Sternekoch).

So lässt sich festhalten, dass Sterneköchinnen und Sterneköche ganz bewusst mit ihrer Fernsehpräsenz umgehen. Dennoch gibt es ein Fernsehformat, das in der weißen und schwarzen Brigade der Spitzengastronomie Beachtung findet und so manchen Sternekoch und auch einige Sterne-köchinnen schwach werden lässt. Es handelt sich um die Sendung »Kit-chen Impossible«.

»Ich habe gerade vergangenen Montag schon wieder eine Anfrage bekommen, als Gastjuror oder als was auch immer mitzumachen. Das hat sich bei mir relativ schnell erledigt. Sobald ich das Honorar nenne, höre ich nie wieder was von denen. Ganz einfach. Es ist ganz einfach. Alles, was Kulinarik betrifft und in den Medien gemacht wird, ist nicht gut und ist nicht schlecht. Aber ich muss unterscheiden, bringt es mir in meiner Situation irgendwas oder bringt es mir nichts, und wenn es mir nichts bringt, nicht mal Geld, dann mache ich es nicht. Und wenn ich dann Ange-bote bekomme, wo ich mir damit schade, weil es vielleicht mein Ansehen oder meine Persön-lichkeit oder mein Standing in meinem Berufsbild nicht widerspiegelt, sondern mich lächerlich macht, was oft der Hintergedanke dabei ist. Es gibt aber ein paar Formate, die sind wirklich gut. Das einzige, was ich gut finde und das im Moment gerade senkrecht durchstartet und was sich auch über die Dauer durchgesetzt hat, ist die Sache mit Tim Mälzer und der Sendung Kitchen Impossible. Das ist am Anfang lauter gewesen, ordinärer in der Umgangssprache, das hat aber was mit den zwei Köchen zu tun – die haben inzwischen auch schon gelernt, die sind auch schon ein bisschen handzahmer und respektvoller geworden« (3-Sternekoch).

In der Sendung Kitchen Impossible, die sich ebenfalls in das neuere Genre Sendung mit Wettbewerbscharakter einreiht, tritt seit 2014 als Gastgeber Tim Mälzer, der bekanntlich nicht zur Sterne-Elite zählt, gegen eine Spit-zenköchin oder einen Spitzenkoch an. In einigen Sendungen haben Ro-land Trettl bzw. Tim Raue die Aufgabe des Gastgebers übernommen. Das Ziel und die Aufgabe bestehen darin, zwei unbekannte Gerichte, an zwei unbekannten Orten und ohne Kenntnis der genauen Zutaten, d.h. allein durch das Probieren und Analysieren nachzukochen. Die Zutaten müssen vor Ort gekauft werden und in der Originalküche nachgekocht werden. Da-bei kann es sich um unbekannte, relativ einfache regionale Spezialitäten oder um Gerichte aus dem Bereich der Spitzengastronomie auf der gan-zen Welt handeln. Eine Jury, welche die ortsansässige Originalköchin bzw. der Originalkoch auswählt und häufig aus Freunden, Stammgästen oder Familienmitgliedern besteht, bewertet anschließend auf einer Skala von 1 bis 10, ob das nachgekochte Gericht dem Originalgericht nahekommt. Al-les in allem kommt die Sendung in der Szene gut an und es scheint den interviewten Sterneköchen in den Fingern zu jucken, dort einmal mitzu-machen, obwohl wir die Sendung in den Interviews in der Regel nicht na-mentlich angesprochen haben, sondern nur ganz allgemein nach der Rolle der Medien gefragt haben.

»Das meiste ist Schrott, aber Kitchen Impossible finde ich gut. Der Mälzer hat mir glaube ich gerade vor zwei Wochen wieder eine Nachricht geschrieben, ob ich jetzt nicht endlich mal mitmachen würde. Aber da bist du vier Tage weg, aber es wäre ganz witzig mal dabei zu sein. Aber nein, dazu habe ich keine Zeit, fertig« (2-Sternekoch).

Insgesamt scheint das Format den Nerv vieler Akteure in der Spitzengastronomie zu treffen. Auch bei den Sous-Chefs oder bei den Köchen mit Teller-Auszeichnung wird die Sendung geschätzt.

»Kitchen Impossible ist glaube ich die einzige Kochsendung, die an die Realität oder zumindest nahe an die Realität der Spitzengastronomie herankommt. Und die Leute, die das schauen, bekommen viel mehr Bewusstsein für das Essen, finde ich« (Sous-Chef, 3-Sternerestaurant).

Die schwarze Brigade teilt ebenfalls die Begeisterung für diese Sendung:

»Ein Format, was ich übrigens persönlich super toll finde und ich schaue mir das selber immer an, ist Kitchen Impossible. Es macht einfach tierisch Spaß. Ich weiß jetzt nicht, ob es dann jetzt so die Zielgruppe für ein Drei-Sternerestaurant ist. Vielleicht müsste unser Chef dort selber einmal mitmachen, dass man sagt ›Okay, Kitchen Impossible, drei Sterne und so‹« (Maître, 3-Sternerestaurant).

Die Frage nach der Zielgruppe leitet uns perfekt über zu den Gästen, auf die wir nun abschließend eingehen werden.

Gäste

Wer sind eigentlich die Gäste, die in ein Spitzenrestaurant gehen? Wer gibt verhältnismäßig viel Geld für solch ein kulinarisches Vergnügen aus? Haben Gäste Einfluss auf die Gestaltung der Gerichte? Die Beantwortung dieser Fragen stand nicht im primären Fokus unserer Betrachtung, wäre aber in der Tat eine eigene Untersuchung wert. Insofern können wir hier nur einige Aspekte anreißen.

Wer geht eigentlich in ein Sternerestaurant?

Generell lassen sich die Gäste in drei Kategorien einteilen: Entweder handelt es sich um (1) Geschäftsleute, um (2) sogenannte Foodies oder um (3) Privatpersonen und Familien, die sich den Besuch im Spitzenrestaurant ab und an als besonderes kulturelles Vergnügen leisten. Die erste Gruppe ist an Orten zu finden, an denen große Unternehmen angesiedelt sind. Der

Besuch eines Spitzenrestaurants fällt dann allerdings unter die Kategorie Geschäftsessen und der rein kulinarische Genuss rückt mitunter in den Hintergrund. Die zweite Gruppe reist unter zur Hilfenahme von Restaurantführern oder Gourmetblogs weltweit dorthin, wo es interessante Spitzenrestaurants gibt, die noch auf ihrer Checkliste fehlen. In diesen beiden Gruppen finden sich viele ausländische Gäste, sodass gerade in der Kategorie der 2- und 3-Sternerestaurants ausländische Gäste in der Mehrheit sind.

»Wir haben Abende mit 60 % Auslastung ausländischer Gäste. Und die kommen wirklich mannigfaltig, egal, ob dass das angrenzende Ausland ist, wie Belgien oder wie Holland, oder ob es natürlich das europäische Ausland ist, oder ob es das transatlantische Ausland ist; egal, ob das aus Asien, ob das aus Amerika ist oder aus anderen Bereichen« (3-Sternekoch).

Je mehr Sterne, desto bekannter ist das Restaurant europa- oder sogar weltweit. Eine interessante Ausnahme schildert Juan Amador aus seinem neuen Restaurant in Wien. Da es in Wien viele ausländische Touristen gibt, kam immer eine größere Anzahl dieser Touristen auch in sein Restaurant. Erst nachdem er den dritten Stern bekommen hatte und damit das erste Restaurant mit 3-Sternen in Österreich führte, sind auch die Wiener selbst zu ihm gekommen.

»Wir haben am Wochenende bei zwölf Tischen zwischen acht und zehn englische Karten gebraucht. Heute sind es noch maximal zwei bis vier. Das hat sich gewandelt« (Juan Amador).

Privatpersonen und Familien, die sich der dritten Gruppe von Gästen zuordnen lassen, gehen durchaus häufiger fein Essen, als dies früher der Fall war, wie ein Maître im Interview berichtet:

»Vielleicht liegt das auch daran, dass in der relevanten Altersstruktur ein bisschen mehr Geld zur Verfügung steht und sich das Bewusstsein für Essen ein stückweit gewandelt hat. Das kommt zum einen durch die Kochshows, die in Sachen Kulinarik Werbung für uns machen. Zum anderen ist das aber auch eine Generationengeschichte. Unter unseren Gästen sind viele auch aus der nachfolgenden Generation unserer Gäste von früher. Die sind damit im Prinzip großgeworden. Und geben das wiederum an ihre Kinder weiter. Wir haben manchmal zwei bis drei Generationen an einem Tisch sitzen. Oder die Oma kommt mit ihren Kindern und den Enkelkindern. Das finde ich großartig. Das ist zwar noch nicht so selbstverständlich wie in Frankreich oder in anderen europäischen Städten. Aber das nimmt hier auch langsam zu. Die Leute sind eher bereit, auf diesen ›einen‹ Abend zu sparen, sich den zu leisten, als zwei Mal hintereinander Pizza essen zu gehen. Jetzt haben wir das Glück, dass wir eine relativ günstige Menü-Struktur haben, um genau diese Klientel abzuholen und mögliche Schwellenängste abzubauen. Die Sterne-Gastro-

nomie ist auch nicht mehr steif. Wir haben alle keinen Stock im Kreuz, so ein Abend kann richtig viel Spaß machen« (Maître, 1-Sternerestaurant).

Insgesamt hat sich die Spitzengastronomie und damit ihre Gäste in den letzten Jahren gewandelt. Neben dem allgemeinen Bewusstsein für gutes Essen, spielt die kulinarische Früherziehung ebenfalls eine Rolle. Zudem geht es nicht mehr so steif und super fein in den Restaurants zu, stattdessen ist die Atmosphäre eher locker geworden, weil die Gäste einen unbeschwerten und genussvollen Abend erwarten. In einigen 1-Sternerestaurants wird die Schwelle bewusst niedrig gehalten, indem neben moderaten Preisen beispielsweise keine Tischdecken mehr verwendet werden und somit auf den ersten Blick aufgrund der Ausstattung der Eindruck eines »normalen« Restaurants erweckt wird. Auch die Bedienung passt sich in fast allen Sternerestaurants den Gästen an und begegnet ihnen – sofern gewünscht – sehr humorvoll und locker. Für die dritte Gruppe der Gäste existieren zwei Hauptgründe, in ein Spitzenrestaurant zu gehen: Zum einen möchten die Gäste dem normalen Alltag für einen Abend entfliehen und etwas schmecken und erleben, das weit jenseits dessen ist, was sich jemand zu Hause selbst in der Küche alleine zubereiten kann oder in einem preiswerten Restaurant serviert wird. Es ist ein spezielles Erlebnis, das durch seine Seltenheit auch herausgehoben bleibt. Dieses Essen leistet man sich nicht häufig und bleibt somit etwas Besonderes. Zum anderen kann auch der Grund der sozialen Distinktion, also der bewussten sozialen Abgrenzung und Unterscheidung, eine Rolle spielen. Wer in einem Spitzenrestaurant gesehen wird, bezeugt damit, dass er oder sie guten Geschmack besitzt und es sich auch finanziell leisten kann, dort essen zu gehen (Lane 2014, S. 240 f.). Die Gruppe der Leute, die sich einen solchen Besuch leisten kann, ist in den letzten Jahren gewachsen. Die soziale Abgrenzung ist damit nicht nur eine ökonomische, sondern auch eine Frage des Lebensstils und des Geschmacks. Der Besuch in einem solchen Restaurant dokumentiert, dass man einen besonderen und ausgefallenen Geschmack hat und sich insbesondere von den Gästen eines Fast-Food-Restaurants abhebt. In diesem Sinne ist die Gruppe der Gäste eines Spitzenrestaurants eine eigene Community. Diese sind sich bewusst, dass sie dieses Erlebnis und die Freude daran nicht mit vielen Menschen teilen können, manchmal nicht einmal mit allen Freunden. Auch unter den wohlsituierten Freunden gibt es immer Personen, die nicht nachvollziehen können, warum jemand relativ viel Geld für gutes Essen ausgibt.

Wird den Gästen nach dem Mund gekocht?

Die Gäste und ihre Wünsche beeinflussen natürlich auch die Köchinnen und Köche, wie wir bereits am Beispiel des Signature Dish gesehen haben. Ein 2-Sternekoch berichtete über Stammgäste, die immer wieder nach bestimmten Gerichten verlangten. Erst nach einer Weile hat der Koch verstanden, dass dies eben für die Gäste sein Signature Dish ist, was alle Gäste mit seinem Namen verbinden und von ihm erwarten (siehe Kapitel zu den Signature Dishes).

Der Geschmack der Gäste hält aber die Köchinnen und Köche davon ab, gewisse Speisen auf die Karte zu nehmen. Ein Menü, bei dem nicht gewählt werden kann, muss eben einen breiten Geschmack ansprechen. Besonders trifft dies auf die Verwendung von Innereien zu.

»Oder wenn es um Innereien geht. Die gibt es ja heute fast gar nicht mehr auf der Karte, das heißt, man muss sich heutzutage leider schon ein bisschen dem Allgemeingeschmack anpassen, zumindest hier in unserer Region. Wenn ich in den Kochzeitschriften oder sonst irgendwo lese, was da teilweise gemacht wird, dann frage ich mich: Wenn ich das hier auf die Karte schreibe, isst das keiner. Das sind dann Sachen, wo ich von vornherein weiß, da handle ich mir nur Ärger ein und deswegen, von der Fleisch- und Fischauswahl versuche ich schon immer das zu nehmen, wo ich weiß, da verbrenne ich mich nicht« (Koch mit Teller-Auszeichnung).

Verschiedene 2- und 3-Sterneköche verrieten uns, dass Innereien sehr wohl verarbeitet, aber hinter blumigen Beschreibungen versteckt werden:

»Die Gäste wollen Innereien gar nicht mehr. Wenn ich hier Innereien verarbeite, dann mogle ich die unter. Dann weiß das keiner. Ich schreibe dann zum Beispiel Kalbsragout auf die Karte. Aber sie wissen nicht, dass das Ragout aus Lunge, Herz und Zunge besteht. Wenn doch, würden sie es nicht essen. Manche fragen mich auch hin und wieder ›Was war denn das? Das war ja toll!‹ Und wenn ich dann sage, was es ist, dann kommt oft: ›Oh, hätte ich das vorher gewusst, hätte ich es nicht bestellt. Das esse ich sonst nicht.‹« (2-Sternekoch).

Auf diese Weise verarbeiten einige Spitzenköchinnen und Spitzenköche nach dem Prinzip »Nose to Tail« das ganze Tier. Durch die blumige Umschreibung bleiben sie ihrer kulinarischen Handschrift gerecht, sie vermeiden es, Gäste zu verschrecken und leisten darüber hinaus einen wichtigen Beitrag zur Nachhaltigkeit. Das Prinzip des »Nose to Tail« geht auf das gleichnamige im Jahr 1999 erschienene Kochbuch von Fergus Henderson zurück, worin er beschreibt, wie jeder Teil eines Schweins verwertet werden kann. Besonders viel Beachtung wird dabei der Zubereitung von

Innereien geschenkt. Das Endprodukt schmeckt dabei nicht nach Innerei-
en, könnte aber Vorurteile aufgrund des Wissens hervorrufen, was wirklich verarbeitet wurde.

Der Celebrity-Faktor

Manche Restaurants sind auch besonders stolz auf »ihr« Publikum. Die
soziale Differenzierung der Gäste färbt dann auch auf das Restaurant ab.
Durch exklusive Gäste mit Promi-Faktor kann sich das Personal im Sternerestaurant zu dieser Gruppe dazu gehörig fühlen. Ein Maître berichtet
zum Beispiel davon, dass er Prominente im 3-Sternerestaurant getroffen
habe und nicht etwa, dass er sie »nur« bedient habe:

»In dem 3-Sternerestaurant war es schon etwas Besonderes, weil ich viele prominente Leute getroffen habe. Die Familie Beckham, Donatella Versace, Pamela Anderson, Christiano Ronaldo
usw., die sind ständig zu uns essen gekommen, ständig. Und auch andere Prominente und das
war super« (Maître, 1-Sternerestaurant).

Durch die Zugehörigkeit zu der exklusiven Gruppe sind wechselseitige
Tauschgeschäfte möglich. So erzählte uns ein Maître über den Celebrity-
Faktor seiner Gäste:

»Hier stehen bessere Autos vor der Tür als bei anderen Sternerestaurants. Und hier ist auch rei-
cheres Publikum drin als bei denen im Laden. Und vor allen Dingen waren die nicht nur einmal im Jahr da zum Geburtstag wie bei denen im anderen Sternerestaurant, sondern die waren
bei mir einmal in der Woche oder alle 14 Tage zu Gast. ... Gestern war noch ein ganz berühmter
Augenprofessor hier, mit dem ich mich inzwischen duze. Und vor ein paar Wochen rief mich ein
Freund an: ›Ich habe ein riesen Problem, meine Frau hat das und das Problem an den Augen und
es gibt nur ganz wenige Spezialisten, die das operieren können. Wo kann ich die denn hinschi-
cken?‹ Da habe ich den Augenprofessor angerufen und da sagt mir die Sekretärin, der früh ste
Termin sei in drei Monaten. Da meinte ich nur zu ihr: ›Legen Sie dem Herrn Professor bitte ei-
nen Zettel hin, dass ich angerufen habe und dringend um Rückruf bitte.‹ Da rief er mich abends
um halb neun an und gab mir für meinen Freund eine Top-Empfehlung und die war wirklich 1A.
Und so mache ich das mit den Beschäftigten dann auch. Eine Spülfrau hatte Schwierigkeiten mit
der Bandscheibe und sie sollte sechs oder sieben Wochen auf einen Termin für ein MRT warten.
Da habe ich einen MRT-Termin für den nächsten Tag besorgt. Ja und umgekehrt rief mich letztes
Jahr der Augenprofessor an: ›Verdammt nochmal, ich habe den Geburtstag meiner Frau vergessen, ich brauche heute unbedingt einen Tisch.‹ Aber ich hatte keinen freien Tisch mehr. Da meinte
ich: ›Kein Problem, kommt vorbei und ich lade Euch erst zu einem Glas Champagner an der Bar
ein. Und dann sage ich zu Euch, ich wollte Euch einen speziellen Tisch geben.‹ Ich wusste, dass

ein paar Gäste den Tisch nach dem Essen schnell wieder freimachen würden. Als er um 20 Uhr kam, hat mit dem Umweg an der Bar alles wunderbar gepasst und seine Frau hat gar nicht gemerkt, dass er es vergessen hatte« (Maître im 1-Sternerestaurant).

Der Celebrity-Faktor kann auch umgekehrt von den Köchinnen und Köchen auf die Gäste übertragen werden. Manche Gäste kommen immer wieder in ein Spitzenrestaurant, weil die Köchin oder der Koch ein berühmter Fernsehkoch ist, in dessen Nähe man sich gerne aufhält, gerne gesehen werden möchte und womöglich ein Selfie mit ihm oder ihr macht, um es auf Instagram zu veröffentlichen.

Das »No-Show«-Problem

Ein Problem in Restaurants sind Gäste, die einen Tisch reservieren, aber nicht erscheinen, sogenannte »No-Shows«. Für diese Gäste wird im Vorfeld die Ware für das Menü eingekauft und vorbereitet. Da in der Spitzengastronomie fast ausschließlich mit Reservierung gearbeitet wird, kann der Tisch nicht wieder vergeben werden und der Wareneinsatz muss als Verlust verbucht werden. Natürlich fehlt auch der Umsatz des Tisches bei der Personal- und sonstigen Kalkulation. Einige Restaurants und Köche, wie z.B. der Hamburger 3-Sternekoch Kevin Fehling reagieren mittlerweile darauf, indem sie bei der Reservierung die Kreditkartendaten der Gäste verlangen. Kommt ein Gast nicht, wird die Kreditkarte trotzdem mit dem Menü-Preis belastet. Durch diese Praxis hat er in vier Jahren bei seinen 20 Plätzen in seinem Restaurant »The Table« nur 14 »No-Shows« gezählt. Worüber er sich aber besonders wunderte war die Tatsache, dass unter den »No-Shows« mehrere Kollegen gewesen waren, die eigentlich selbst unter dieser Praxis zu leiden haben. Aber »No-Shows« können auch und gerade in Nobelhotels auftreten, wie uns ein Interviewpartner erzählte. Die Hotelgäste reservieren beispielsweise einen Tisch für den Abend im Restaurant, stornieren diesen später aber bei irgendeiner Person aus dem Hotelbereich, die diese Stornierung dann aber nicht an das Restaurant kommuniziert. Trotz vieler Gespräche konnte in dem uns gegenüber geschilderten Fall noch keine Lösung dieses Problems mit dem Hotel erarbeitet werden, schließlich *»kann man einem Gast, der 10 000 Euro für die Nacht bezahlt, nicht von Seiten des Hotels sagen, dass bei Hotelmitarbeitern keine Reservierungen und Stornierungen aufgegeben werden können, sondern nur im Restaurant selbst. Das geht nicht, das kann man nicht machen«* (2-Sternekoch). Jenseits dieser speziellen Einschränkung, die durch die Exklusivität des Hotels gegeben ist, scheint man sich in der Gastronomie-Szene langsam aber sicher gegen »No-Shows« zu rüsten. Im internationalen Kontext setzt man dabei zum einen auf Stornogebühren, die beim Nichterscheinen fällig werden. Zum anderen sind einige Spitzenrestaurants dazu übergegangen, Tickets für den Restaurantbesuch zu verkaufen. Schließlich kommt es auch im Fußballstadion oder Theater vor, dass ein Spiel bzw. eine Vorstellung aus verschiedenen Gründen nicht besucht werden kann. Die Tickets hierfür müssen ausnahmslos im Voraus bezahlt werden und bei Nichterscheinen bleibt der Theater- bzw. Fußballfan auf den Kosten sitzen, während in der Gastronomie die Restaurantbetreiber den finanziellen Schaden ausbaden müssen.

In Deutschland fallen die getroffenen Gegenmaßnahmen bislang nicht so drastisch aus. Hier setzen manche Spitzenrestaurants auf eine persönliche telefonische Annahme der Reservierung, bei der Kontaktdaten, Kreditkartennummer und gegebenenfalls Unverträglichkeiten notiert werden. In einigen Fällen werden die Gäste dann drei Tage vorher an die Reservierung telefonisch oder per E-Mail erinnert und zu einer verbindlichen Bestätigung aufgefordert. Einige deutsche Spitzenrestaurants sind mittlerweile dazu übergegangen, bei Nichterscheinen der Gäste eine rote Liste zu führen oder eine Gebühr von der Kreditkarte abzubuchen. Allerdings verlangen die Restaurantbetreiber in Deutschland gegenüber den Gästen nach wie vor keine Vorkasse im Sinne von Tickets, wie dies bei anderen kulturellen Veranstaltungen üblich ist. Eine solche Praxis wäre aber durchaus denkbar, wenn sich das Problem mit No-Shows verschärfen sollte.

SPITZENGASTRONOMIE
UND DIE CORONA-KRISE

Wie im Vorwort schon angemerkt, bestand unser ursprünglicher Plan darin, die Ergebnisse der Vergabe der Sterne in Deutschland durch den Restaurantführer Guide Michelin im Frühjahr 2020 für die Fertigstellung unseres Buches abzuwarten. Doch schon die Verleihung der Sterne durch den Guide Michelin stand wortwörtlich unter einem anderen Stern. Sie fand aufgrund der Entwicklungen der Ausbreitung des Corona-Virus nicht wie geplant am 3. März 2020 als Gala mit exklusiv geladenen Gästen in Hamburg statt, sondern musste wenig feierlich als Live-Stream auf Facebook übertragen werden. Anschließend überschlugen sich die Ereignisse und spätestens ab dem 20. März 2020 mussten alle Restaurants in Deutschland schließen, der sogenannte Corona-Shutdown. Uns wurde schnell klar, dass die Corona-Pandemie die Gastronomie massiv treffen wird und wir wollten wissen, wie (Spitzen-)Gastronomie mit diesen unerwarteten Herausforderungen umgeht. Angesichts dessen haben wir zu Beginn des Shutdowns eine Studie durchgeführt haben, deren zentrale Fragen lauteten: Wie verändert der Corona-Shutdown die Situation der (Spitzen-)Restaurants in Deutschland? Wie reagieren diese auf die Krise?

Nachfolgend werden wir kurz die Datengrundlage sowie die zentralen Ergebnisse unserer Corona-Studie darstellen.

WEN HABEN WIR BEFRAGT?

Da uns der Vergleich zwischen Spitzenrestaurants und »normalen« Restaurants interessiert, haben wir die Gruppe der Spitzenrestaurants dadurch definiert, dass sie im tonangebenden Restaurantführer Guide Mi-

chelin gelistet sein müssen. Im Rahmen einer Online-Befragung, welche
vom 22. März bis 5. April 2020 bundesweit stattfand, haben wir zunächst
alle aktuellen 309 Sterneköchinnen und -köche in Deutschland über einen
selbst erstellten Verteiler angeschrieben und diese gebeten, nicht nur den
von uns entwickelten Fragebogen auszufüllen, sondern den Befragungslink
an ihr Küchenteam sowie befreundete Köchinnen und Köche weiterzuleiten.
Insgesamt haben 128 Personen den Fragebogen vollständig ausgefüllt, die in
Restaurants mit Sterneauszeichnung durch den Guide Michelin tätig sind,
darunter sind 68 Befragte als Chefköchinnen und -köche tätig. Dies entspricht einer überdurchschnittlichen Rücklaufquote von 22 %. Weil uns bei
den Sterneköchinnen und -köchen die Grundgesamtheit von 309 Köchinnen und Köchen mit einer solchen Auszeichnung durch den Guide Michelin bekannt ist, kann die Verteilung der 1-, 2- und 3-Sterneköchinnen und
-köche, die Relation zwischen angestellten und selbstständigen Sterneköchinnen und -köchen in unserer ersten Erhebung als repräsentativ angesehen werden.

Mit Hilfe einer zweiten Befragung haben wir vom 29.03. bis zum 10.04.
2020 zusätzlich die Perspektive der Servicekräfte, der Restaurantbesitzer
und der Gäste in den Blick genommen. Der Aufruf zur Beteiligung an der
Befragung erfolgte zum einen über den Facebook-Account von »Sterne-
fresser.de – Das kulinarische Online-Magazin« und zum anderen über die
Newsletter und Social Media Kanäle der »ahgz – Allgemeine Hotel- und
Gastronomie-Zeitung« und »gastrotel«, einem Fachmagazin für Unternehmer und Manager in Gastronomie und Hotellerie in Deutschland. Nach
der Bereinigung dieses Rohdatensatzes, bei der u. a. leere Fragebögen, un-
plausible Antworten und Befragte aus anderen Ländern als Deutschland
entfernt wurden, verteilt sich die Anzahl der für Deutschland auswert-
baren Fälle auf die einzelnen Befragtengruppen wie folgt: 159 Personen arbeiten in der Küche, 136 Personen arbeiten im Service, 125 Personen sind
Restaurantbesitzer und 104 Personen haben den Fragebogen als Restau-
rantgäste ausgefüllt. Da in der zweiten Umfrage keine Angaben über die
Grundgesamtheit der Befragten vorliegen, lässt sich keine Rücklaufquote
berechnen und die Daten können, auch aufgrund der Erhebungsmethode,
im Gegensatz zur ersten Befragung nicht als repräsentativ angesehen werden. Zudem war die Beendigungsquote, d. h. diejenigen Teilnehmerinnen
und Teilnehmer, die den Online-Fragebogen angeklickt und bis zum Ende
vollständig durchgeklickt haben, bei der ersten Befragung mit 43 % wesentlich höher als in der zweiten Befragung (29 %). Gleichwohl lässt sich
eine aktuelle Grundstimmung der einzelnen Befragtengruppen zur Corona-Krise in Deutschland beschreiben. Wir haben für diese Studie die Da-

ten aus beiden Befragungen zu einem Datensatz gematcht, sodass zu den 128 befragten Sterneköchinnen und -köchen aus der ersten Befragung noch 159 Köchinnen und Köche aus der zweiten Befragung hinzugenommen wurden und in der Summe 289 Köchinnen und Köche beteiligt waren. Zur Auswertung standen uns insgesamt 654 auswertbare Fragebögen zur Verfügung. Die Ergebnisse werden wir zunächst gruppenspezifisch (Küchenpersonal, Servicepersonal, Restaurantbesitzer, Gäste) und anschließend ausgewählte Ergebnisse im Gruppenvergleich vorstellen.

ERGEBNISSE DER STUDIE

Köchinnen und Köche

Nach der Bereinigung und Zusammenführung der Datensätze standen 289 vollständig ausgefüllte Fragebögen für diese Gruppe zur Verfügung, davon sind 90,5 % Männer und 9,5 % Frauen. Das Durchschnittsalter der Befragten liegt bei 34,7 Jahre und reichte von 18 Jahre bis 66 Jahre. Aufgrund der Ausrichtung der ersten Befragung auf die Chefköchinnen und -köche in der Spitzengastronomie, gemessen an der Sterneauszeichnung, ist die

Tab. 23   Übersicht über das Sample der befragten Köchinnen und Köche

	nicht gelistet	Bib Gourmand	Teller	1 Stern	2 Sterne	3 Sterne	Σ
Chefkoch	58	12	6	58	13	1	148
Sous-Chef	26	4	8	12	5	2	57
Junior Sous-Chef	7	1	1	5	1	0	15
Chef de Partie	19	4	2	9	8	3	45
Demi Chef de Partie	2	1	1	3	0	1	8
Commis de Cuisine	3	0	1	1	2	0	7
Auszubildende	2	0	1	6	0	0	9
GESAMT	117	22	20	94	29	7	289

Quelle: eigene Berechnung

Verteilung der Befragten in diesem Segment mit 72 Personen gewollt höher. Die Tabelle 23 zeigt die Verteilung der befragten Köchinnen und Köche hinsichtlich der hierarchischen Verortung in der Küche (Chefkoch bis Auszubildende) und ob das Restaurant im Guide Michelin gelistet ist oder nicht. Von den 289 befragten Köchinnen und Köchen arbeiten 117 Personen in Restaurants, die nicht im Guide Michelin gelistet sind, 22 Personen in einem Restaurant mit »Bib Gourmand« Auszeichnung, 20 Personen mit »MICHELIN Teller«-Auszeichnung, 94 Köchinnen und Köche in einem 1-Sternerestaurant, 29 Personen in einem 2-Sternerestaurant und 7 in einem 3-Sternerestaurant.

Von den befragten Chefköchinnen und -köchen sind 58 Personen nicht im Guide Michelin gelistet, 12 Personen mit dem »Bib Gourmand« und 6 Personen mit dem »MICHELIN Teller« ausgezeichnet. Unter den Sterneköchinnen und -köchen haben sich 54 Personen mit einem Stern, 13 Personen mit zwei Sternen und ein 3-Sternekoch an der Befragung beteiligt. 12,1 % der Chefköchinnen und -köche sind selbstständig und der Rest der Befragten arbeitet im Angestelltenverhältnis.

Auswirkungen

Sternerestaurant vs. Restaurants ohne Auszeichnung. Es existieren zwischen den Sternerestaurants und den Restaurants ohne eine solche Auszeichnung deutliche Unterschiede in der Kapazität, Gäste zu bewirten. Sternerestaurants verfügen durchschnittlich über 36 Plätze für ihre Gäste und bewirten im Schnitt 122 Gäste pro Woche. Unterhalb der Sternekategorien sind die Restaurants mit durchschnittlich 42 Plätzen und 232 bewirteten Gästen pro Woche von der Kapazität her größer aufgestellt. Die durchschnittliche Anzahl der Beschäftigten in der Küche unterscheidet sich aber kaum zwischen den beiden Kategorien (Sternerestaurants 5,8 Beschäftigte; keine Sterne 5,7 Beschäftigte), sodass im Sternerestaurant auf einen Koch durchschnittlich vier Gäste kommen, im Nicht-Sterne-Restaurant dagegen ein Koch für sieben Gäste im Durchschnitt verantwortlich ist. Schon vor dem Corona-Shutdown waren die Gewinnmargen in der Spitzengastronomie aufgrund des hohen Wareneinsatzes und der hohen Personalkosten relativ gering. In der Gastronomie wird häufig (zum Teil auch aus Idealismus) knapp kalkuliert. Die Situation wird von einem Restaurantbesitzer eines nicht im Guide Michelin gelisteten Restaurants im Freitextfeld am Ende der Befragung wie folgt beschrieben:

»Ich denke in unserer und vielen anderen Branchen wird aufgezeigt, wie sehr in einem reichen Land wie unserem auf Kante genäht wird. Wenn nach 2 Tagen Einnahmeausfall die ersten Un-

ternehmen Konkurs anmelden und auch der Großteil der anderen Unternehmen panisch wird, ist dies sehr alarmierend und sollte der Gesellschaft zu denken geben. Leider habe ich wenig Hoffnung, dass sich noch lange nach dieser schwierigen Situation etwas an der Lage verändern wird. Die Konkurrenz und der Preiskampf ist zu groß, das Lohnniveau wird niedrig bleiben und somit wird sich auch die Lage am Fachkräftemarkt nicht entspannen. Das ist für mich leider traurige Realität.«

Selbst wenn in der Gastronomie häufig mit Aushilfskräften gearbeitet wird, summieren sich die Kosten laut Aussage einer Interviewpartnerin aus der Sternegastronomie in einem inhabergeführten Sternerestaurant schnell auf 50 000 Euro an fixen Personalkosten pro Monat. Weitere Kosten für die Miete bzw. Pacht, Energie- und Warenkosten und die Bestückung des Weinkellers sowie etwaige Investitionskosten (z. B. wenn die Küche modernisiert wurde) kommen hinzu. Hier wäre zu vermuten, dass es aufgrund der höheren Personalkosten im Bereich der Sternerestaurants früher zu Schließungen kommt. Doch das Gegenteil ist der Fall: 50 % der Restaurants können maximal 6 Wochen überleben, wenn der Corona-Shutdown bestehen bleibt. Im Durchschnitt sind es maximal 9 ½ Wochen. Sternerestaurants gaben an, dass sie im Schnitt fast 2 Wochen länger geschlossen durchhalten können (knapp 11 Wochen), während die Restaurants, die keine Sterneauszeichnung besitzen, nur 8 Wochen den Corona-Shutdown überleben können.

Auch ein Branchenkenner äußerte sich uns gegenüber im Interview, dass etwa 30 % der Restaurants schon vor der Corona-Krise *»von der Hand in den Mund gelebt haben, weil sie nicht richtig rechnen können.«* Diese Restaurants trifft die Krise natürlich schon vor den genannten 6 Wochen. In diese Kategorie fallen bereits erste Sterne-Restaurants, bei denen der Corona-Shutdown für das endgültige Aus sorgte, wie im Fall der »Kadeau Group«, zu der in Kopenhagen ein 2-Sternerestaurant und Bornholm ein 1-Sternerestaurant gehörte. In der Schweiz schloss das 2-Sternerestaurant Ecco in Zürich als eines der ersten im Guide Michelin ausgezeichneten Restaurants.

Die Ergebnisse unserer Befragung zeigen, dass ein Großteil der Restaurants bei anhaltendem Verbot, das Restaurant zu betreiben, spätestens Anfang bzw. Mitte Mai in Liquiditätsengpässe geraten, die sie zur Aufgabe des Restaurants zwingen – auch wenn sie vorher gut gewirtschaftet haben. Es ist zu vermuten, dass Verluste durch die Corona-Krise in der Spitzengastronomie, bei denen Hotelketten oder Mäzene im Hintergrund aktiv sind, möglicherweise einfacher abgefedert werden können, als bei den selbstständigen Köchinnen und Köchen, die ein einzelnes Restaurant

betreiben und auf keinen anderen Geschäftsfeldern aktiv sind. Eine bekannte Ausnahme im 2-Sternebereich ist beispielsweise Frank Rosin, der
neben seinem 2-Sternerestaurant noch weitere Firmen unterhält und zusätzlich in den Medien sehr präsent ist. Besonders hart dürfte es in der Corona-Krise daher selbstständige Sterneköchinnen und -köche treffen, weil
sie im Gegensatz zu ihren angestellten Sternekollegen selbst für finanzielle Rücklagen in Krisenzeiten sorgen müssen. In der Darstellung der Befra-
gungsergebnisse werden wir daher zwischen angestellten und selbstständigen Chefköchinnen und -köchen differenzieren.

Angestellte vs. selbstständige Chefköchinnen und -köche. Wenn wir nur
die Antworten der Chefköchinnen und -köche betrachten, ergeben sich
interessante Unterschiede im Hinblick darauf, ob sie selbstständig oder
angestellt sind. Angestellte Chefköchinnen und -köche denken auf einer
Skala von 1 (= stimme überhaupt nicht zu) bis 5 (= stimme voll und ganz
zu) etwas eher, dass ihr Restaurant dauerhaft schließen (Mittelwert 2,37)
oder ihr Team dauerhaft verkleinert werden muss (3,14) als selbstständige Chefköchinnen und -köche (1,62 bei Schließung und 2,55 bei Verklei-
nerung). Insgesamt gehen beide Gruppen davon aus, dass das Restaurant
nicht dauerhaft schließen muss. Die selbstständigen Chefköchinnen und
-köche hoffen aber deutlich mehr, dass die Gäste nach der Krise gutes Essen mehr Wert schätzen als vor der Krise (3,69) im Vergleich zu den angestellten Chefköchinnen und -köchen (3,17).

In der Einschätzung der politischen Maßnahmen differieren beide
Gruppen nur bei zwei Einschätzungen. Die Selbstständigen bewerten die
Aussage, dass es viel zu lange dauert, bis die Unterstützungsgelder ankommen, signifikant höher ein als die angestellten Chefköchinnen und -köche.
Beide Gruppen stimmen aber der Aussage sehr hoch zu, dass die jetzt erlittenen Verluste durch den Wegfall der Gäste später nicht wieder ausgeglichen werden können. Fakt ist: Ein nicht besetzter Platz an einem Abend
kann eben nicht dadurch ausgeglichen werden, indem zwei Personen
auf einen Platz am nächsten Abend gesetzt werden. Aus diesem Grund
herrscht eine pessimistische Grundstimmung vor, was das langfristige
Überleben trotz der beschlossenen Hilfsmaßnahmen angeht.

Reaktionen

Als Strategie mit der Krise umzugehen haben 24 % der Köchinnen und Köche geantwortet, einen Take-Away-Service und 12 % einen Lieferservice
gestartet zu haben. Zum Befragungszeitpunkt beteiligten sich 6 % der Restaurants, in denen die Befragten tätig sind, an Charity-Aktionen. Beson-

ders bekannt und viral verbreitete sich zu Beginn des Corona-Shutdowns die Aktion »Kochen für Helden«, welche von Max Strohe und Ilona Scholl initiiert wurde, die gemeinsam das 1-Sternerestaurant »Tolus Lotrek« in Berlin leiten. Daraus hat sich dann eine wohltätige Graswurzelbewegung in der Gastronomie entwickelt, mit deren Hilfe Menschen in Funktionsberufen (z. B. Ärzteschaft, Pflegekräfte, Beschäftigte in Apotheken und Supermärkten) während der Corona-Krise mit Essen versorgt wurden. Auch Gäste und Nicht-Gastronomen konnten sich an der Aktion durch Spenden beteiligen. Weitere Maßnahmen der Restaurants liegen im Verkauf von Gutscheinen (27 %) für Restaurantbesuche nach dem Corona-Shutdown. In einigen Restaurants wird die Schließung zur Erledigung von Renovierungsarbeiten (29 %) genutzt. Ein geringer Teil (4 %) hat bisher keine Maßnahmen getroffen.

Die Köchinnen und Köche geben an (Mehrfachantworten), dass sie in der Zeit der Schließung neue Menüs entwickeln (28,4 %), ihre Rezepte digitalisieren (28,4 %), die Zeit für den Dreh von Kochvideos (1,6 %) nutzen oder an einem Kochbuch schreiben (1,6 %). Fast ein Viertel der befragten Chefköchinnen und -köche kreuzten an, einfach nichts zu tun (22,5 %). Darüber hinaus gaben 17,3 % der Befragten an, sich mit sonstigen Aktivitäten die Zeit zu vertreiben (z. B. sportliche Aktivitäten, Home-Schooling mit ihren Kindern, bei der Ernte helfen). Unterschiede zwischen Chefköchinnen und -köchen und den nachgeordneten Personen in der Küche gibt es nicht. Wie die Studienergebnisse im Bereich der Servicekräfte ausfallen, werden wir nun näher betrachten.

Beschäftigte im Service

Im Service rangiert das Alter der 132 Befragten zwischen 21 und 68 Jahren. Im Durchschnitt beträgt das Alter 33,3 Jahre. 51,5 % der befragten Servicekräfte ist männlich und 48,5 % weiblich.

Im Bereich der Führungskräfte, d. h. als Maître (Restaurantleitung) oder stellvertretend in der Leitung eines Restaurants sind mit 62 % eher Männer vertreten (Frauen: 48 %). Unterteilt man die Servicekräfte, die in besternten Restaurants tätig sind, zeigt sich, dass hier mit einem Anteil von 56 % mehr Frauen als Männer (44 %) tätig sind. An unserer Befragung haben mit 72,8 % hauptsächlich Servicekräfte teilgenommen, die in Restaurants arbeiten, die nicht im Guide Michelin gelistet sind. In Sternerestaurants arbeiten 27,2 % der Befragten. Auch im Service existieren Unterschiede zwischen Sternerestaurants und Nicht-Sternerestaurants: In der ersten

Tab. 24   Übersicht über das Sample der befragten Servicekräfte

	nicht gelistet	Bib Gourmand	Teller	1 Stern	2 Sterne	3 Sterne	Σ
Maître	13	4	5	3	2	1	28
stellv. Maître	8	1	2	4	0	2	17
Sommelier	5	1	3	7	2	0	18
Chef de Rang	29	4	10	4	4	1	52
Demi Chef de Rang	2	0	1	1	0	1	5
Commis de Rang	2	0	1	0	0	0	3
Auszubildender	4	0	0	1	1	3	9
GESAMT	63	10	22	20	9	8	132

Quelle: eigene Berechnung

Kategorie kommen auf eine Servicekraft im Schnitt fünf Gäste, während in der zweiten Kategorie jede Servicekraft im Durchschnitt sieben Gäste bedienen muss. Die Tabelle 24 gibt genaue Auskunft über die Verteilung der Servicekräfte in unserer Befragung. Wie wir im Vergleich später noch sehen werden, sind Servicekräfte im Gegensatz zu den Köchinnen und Köchen durch den Corona-Shutdown finanziell stärker belastet. Es fehlen nicht nur Einnahmen durch den Wegfall von Vergütungszuschlägen, sondern vor allem das Ausbleiben des Trinkgelds (welches häufig mit dem restlichen Personal im Restaurant geteilt wird).

Im Gegensatz zu Köchinnen und Köchen, die ihrem Handwerk privat oder in Form der enannten Alternativen (Kochvideos drehen, Rezepte schreiben usw.) noch nachgehen können, haben Servicekräfte diese Möglichkeiten durch den Corona-Shutdown nicht. Daher verwundert es nicht, dass 73 % der Befragten bei den Mehrfachantworten angaben, nichts zu tun. Sich weiterzubilden gaben 21 % an und 7 % sind derzeit dabei, sich beruflich umzuorientieren. In den dazugehörigen Feldern für die Freitextantworten tauchte häufig das Berufsfeld Gesundheitsbranche auf. Ein Jungkoch eines nicht im Guide Michelin gelisteten Restaurants befürchtet sogar, »*dass noch weniger junge Menschen gastronomische Berufe erlernen wollen und mehr dazu neigen werden, einen systemrelevanten Beruf zu lernen*« (Commis de Cuisine, nicht-gelistetes Restaurant). Wie sich der Corona-Shutdown aus Sicht der Restaurantbesitzer darstellt, werden wir nachfolgend zeigen.

Restaurantbesitzer

Die befragten Restaurantbesitzer, die sich an unserer Befragung beteiligt haben, sind zu 81 % männlich und zwischen 20 und 70 Jahre alt. Das Durchschnittsalter beträgt 40,6 Jahre. An unserer Befragung beteiligten sich wenige Restaurantbesitzer, die ein Sternerestaurant betreiben. In der Mehrzahl betreiben sie ein Restaurant, 16 % betreiben mehrere Restaurants. Die Tabelle 25 gibt einen Einblick in die Verteilung.

Tab. 25   Übersicht über das Sample der befragten Restaurantbesitzer

	nicht gelistet	Bib Gourmand	Teller	1 Stern	2 Sterne	3 Sterne	Σ
ein Restaurant	77	14	9	4	0	0	104
mehrere Restaurants	16	1	1	2	0	0	20
GESAMT	93	15	10	6	0	0	124

Quelle: eigene Berechnung

Knapp 30 % der befragten Restaurantbesitzer haben ihre Beschäftigten im Zuge des Corona-Shutdowns zunächst in den Urlaub geschickt. Dies war zumindest eine Option, das Märzgehalt noch voll an die Beschäftigten auszuzahlen. Für den Großteil der Beschäftigten (69,1 %) wurde Kurzarbeit angemeldet. Nur 16,2 % der Beschäftigten erhielten zum Befragungszeitpunkt ihr reguläres Gehalt, entlassen wurden 6,6 % der Beschäftigten und weitere 8,1 % droht in Zukunft die Arbeitslosigkeit in den Betrieben. Wie sich die Regulierung des Einkommens aus Sicht der Beschäftigten darstellt, werden wir später im Vergleich zeigen. Zunächst gehen wir auf die Perspektive der Gäste ein.

Gäste

Für die an der Befragung teilnehmenden Gäste haben wir einen Kurzfragebogen in die Online-Befragung integriert. Interessanterweise haben sich 104 männliche Gäste und nur 13 weibliche Gäste an der Befragung beteiligt. Die weiblichen Gäste mussten wir für die Analyse entfernen, weil sie angaben, nicht aus Deutschland zu kommen und wir diese Auswertung nur auf Deutschland beschränkt haben. Insofern scheint hier eine selektive Auswahl vorzuliegen und die Ergebnisse sind mit entsprechender Vorsicht zu interpretieren. Diese Selektivität betrifft auch die Besuchsfrequenz von Restaurants, die eher zu der gehobenen Sorte zählen: 50 % der Gäste, die den Fragebogen ausgefüllt haben, gehen einmal pro Woche in ein Restaurant ohne Auszeichnung essen. In ein Restaurant mit »MICHELIN Teller«-Auszeichnung gehen 50 % der Befragten alle drei Monate. Gleiches gilt für Restaurants mit »Bib Gourmand« Auszeichnung und 1-Sternerestaurants. 50 % der befragten Gäste gehen einmal pro Jahr in ein 2- bzw. 3-Sternerestaurant. Die Restaurants werden durch die befragten Gäste während des Corona-Shutdowns vor allem durch die Nutzung von Take-Away-Angeboten (44 %) und Lieferservices (42 %) unterstützt. Gutscheine werden von 10 % gekauft und 4 % haben Kochvideos abonniert. Vielleicht auch, um die eigenen Kochkünste zu verbessern, weil durch den Corona-Shutdown tendenziell mehr zu Hause gekocht wird.

Auswirkungen des Corona-Shutdowns im Vergleich

Regulierung des Einkommens
Auf die Frage, wie sich ihr momentanes Einkommen gestaltet, antworteten die Chefköchinnen und -köche zu 17 %, dass sie ihr reguläres Gehalt erhalten. Im Bereich des Service sind es nur 13 %, die in der Befragung angaben, reguläres Gehalt zu beziehen. Über alle Beschäftigtengruppen hinweg dominiert der Bezug von Kurzarbeitergeld. Besonders betroffen sind auch hier die Servicekräfte mit 65 % im Gegensatz zu 56 % der Köchinnen und Köche zum Befragungszeitpunkt. Auch sind mit 12 % die Beschäftigten im Service häufiger arbeitslos als die befragten Köchinnen und Köche. Chefköchinnen und -köche leben häufiger als die anderen Beschäftigten von ihren Ersparnissen (16 %), was vermutlich daran liegt, dass sich selbstständige Chefköchinnen und -köche in unserem Sample befinden. Auf Unterstützung von Dritten (z.B. durch Freunde oder Familie) sind vor allem Servicekräfte mit 7 % angewiesen. Bei den befragten Köchinnen und -köchen sind es nur 2 % bzw. 3 %. Die Beschäftigten unterhalb der Chefkochebene sind mit 12 % häufiger arbeitslos, jedoch fühlen sie sich weniger von Arbeitslosigkeit bedroht. Die Ergebnisse im Vergleich zeigt die Abbildung 27.

Insgesamt stellt sich die finanzielle Situation in der Gastronomie besonders prekär dar, weil das Kurzarbeitergeld nicht nur das Einkommen

Abb. 27 Regulierung des derzeitigen Einkommens im Vergleich

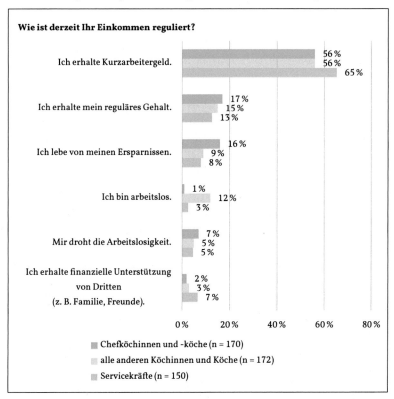

Quelle: eigene Darstellung

mindert, da es oft nicht aufgestockt wird, sondern es entfallen auch Zu-satzeinkommen in Form von Zulagen und Trinkgeldern. Ein Chef de Rang (Stationskellner) eines im Guide Michelin mit einem »MICHELIN Teller« ausgezeichneten Restaurants schätzt die Situation folgendermaßen ein: »*Die Branche hat nirgends eine Lobby. So wird das Kurzarbeitergeld fast nirgendwo aufgestockt. Die Leute verdienen generell wenig. Nun haben sie meist 60 % von wenig.*« Es lässt sich festhalten, dass bei einem ohnehin niedrigen Lohnniveau durch den Corona-Shutdown die Beschäftigten in der Gastronomie massive finanzielle Einbußen erleiden und finanziell kaum überleben können. Noch schlimmer dürfte es die Aushilfskräfte treffen, die auf 450 Euro-Basis arbeiten. »*Die Gastronomie lebt, meiner Meinung nach, zu einem nicht unerheb-*

*lichen Teil von Aushilfskräften, sei es in der Spülküche, Gebäudereinigung oder in
Service und Küche. Dieser Personenkreis wird, meinem Empfinden nach, bei den Maß-
nahmenpaketen vernachlässigt«,* wie ein Sous-Chef eines nicht im Guide Michelin gelisteten Restaurants seine Wahrnehmung während des Corona-
Shutdowns kommentiert.

Kontakt zu den Gästen

Für die Zukunft der Restaurants ist es wichtig, während der Schließung
Kontakt zu den Gästen zu halten. Daher haben wir sowohl die Beschäftigten und Selbstständigen in der Gastronomie als auch die Gäste gefragt, wie
sie Kontakt halten, siehe Abbildung 28. Den Kontakt zu den Gästen halten 28 % der Köchinnen und Köche über die Homepage des Restaurants.
35 % der Gäste sehen auch genau dort nach, um Neuigkeiten zu erfahren.
27 % der Köchinnen und Köche wählen den Weg über Facebook. Einen Weg,
den auch 36 % der Gäste einschlagen. Instagram ist für 23 % der Köchinnen
und Köche ein Kommunikationskanal, ebenso viele Gäste nutzen auch diesen Kanal, um mit den Restaurants in Verbindung zu bleiben. E-Mail nutzen 22 % der Köchinnen und Köche, aber nur für 7 % der Gäste ist dies eine
Kommunikationsform mit den Restaurants.

Von vielen Köchinnen und Köchen ebenso wie Restaurantbesitzern wird
der Corona-Shutdown für Renovierungsarbeiten genutzt. Wo das Restaurant geschlossen ist, können die aufgeschobenen Arbeiten erledigt werden.
Der Verkauf von Gutscheinen ist ebenso ein Instrument, um die Liquidität
in der Krise zu erhalten. 17 % der Köchinnen und Köche und 16 % der Restaurantbesitzer nennen diese Maßnahme.

Ebenso werden das Geschäft und der Kundenkontakt z.T. mit Take-
Away- oder Lieferservice-Angeboten aufrechterhalten. 24 % der Köchinnen
und Köche und ebenso viele Restaurantbesitzer nennen Take-Away-Service als Krisenmaßnahme. Jeweils die Hälfte davon (12 %) nennt Lieferservice als neues Angebot. Beide Angebotsformen sind nicht nur auf Sternerestaurants in Großstadtlagen beschränkt, sondern lassen sich auch in
ländlicher Umgebung realisieren, wie die Beispiele des 1-Sternekochs Sascha Stemberg in Velbert und der 2-Sterneköchin Douce Steiner in Sulz-
burg zeigen. In einigen Fällen rufen diese Angebote jedoch Irritationen
bei den Gästen hervor, weil sich ein Sternemenü nicht einfach in Pappkar-
tons zum Mitnehmen transformieren lässt. Außerdem fehlt natürlich der
Service, der die Gäste durch den Abend trägt. Insgesamt ist zu diesen Angeboten aber zu sagen, dass sie (noch) kein gleichwertiges Geschäftsmodell
darstellen, weil sich hiermit die laufenden Kosten kaum decken lassen. Ein
1-Sternekoch kommentierte dies im Freitextfeld unserer Befragung mit

Abb. 28   Maßnahmen während des Corona-Shutdowns im Vergleich

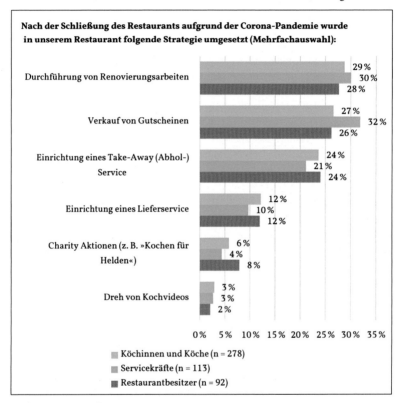

Quelle: eigene Darstellung

folgender Aussage: *»Aktionismus à la Lieferservice bei Sternerestaurants trägt nicht zur Lösung des Problems bei. Dies suggeriert nur Normalität und Nachfrage, wo keine Normalität und Nachfrage stattfinden.«*

In der Befragung haben wir auch die Wahrnehmung der politischen Maßnahmen erhoben. Hier zeigt sich über alle Befragtengruppen hinweg eine große Skepsis hinsichtlich der Wirksamkeit der finanziellen Unterstützungsmaßnahmen. Dies liegt auch daran, dass es im Bereich der Gastronomie keinen Nachholeffekt (s. o.) geben kann, wie dies in anderen Branchen möglich sein wird. Ein selbstständiger Chefkoch eines 1-Sternerestaurants fordert daher im Freitextfeld am Ende der Befragung:

»Wir brauchen Soforthilfen, sonst wird es vielen Gastronomen sehr schnell nicht gelingen ihre Unternehmen fortzuführen!! Und das wäre ein großer Verlust, gerade weil in den letzten Jahren die Spitzengastronomie in Deutschland kontinuierlich gewachsen ist und großartige junge Talente in die Selbständigkeit gegangen sind. Wenn jetzt nicht schnell gehandelt wird, können gerade diese jungen Unternehmen diese unverschuldete Krise nicht überstehen.«

Zudem wird von einer ganzen Reihe der Befragten gefordert, die Mehrwertsteuer in der Gastronomie von 19 % auf 7 % zu senken. Der Corona-Shutdown für alle Restaurants im Lande erzeugt für die Beteiligten hohe Stresswahrnehmung. Jeder stellt sich die Frage, ob und wie es überhaupt weitergehen kann. Um diesen Aspekt zu messen, haben wir die Stresswahrnehmung abgefragt.

Stresswahrnehmung und Resilienz
Der Index der Stresswahrnehmung wurde mit dem Perceived Stress Questionnaire (PSQ) nach Levenstein et al. (1993; deutsche Adaption und Validierung von Fliege et al. 2001) anhand von 15 Items gemessen und hat eine sehr hohe Reliabilität mit α ,89. Die jeweiligen Items wurden auf einer Skala mit den Extremwerten von 1 (= stimme überhaupt nicht zu) und 5 (= stimme voll und ganz zu) erfasst. Charity-Aktionen, wie z.B. »Kochen für Helden« dienen der Sinnstiftung in der Krise. Unsere Befragung zeigt auch, dass dies bei den Köchinnen und Köchen der Fall ist. Jene, die sich an Charity-Aktionen beteiligen, haben auf der Skala der Stresswahrnehmung einen Mittelwert von 2,89. Bei denen, die sich nicht beteiligen, liegt der entsprechende Mittelwert etwas höher bei 3,1, wenn auch die Differenz nicht signifikant ist. Die Sinnstiftung kann demnach die Stresswahrnehmung reduzieren. Bei Servicekräften und Restaurantbesitzern konnte hingegen ein minimal höherer Stresswert als bei den Personen gemessen werden, deren Restaurants an den Charity-Aktionen teilnehmen. Da sich in der Regel bei den Charity-Aktionen nur die Köchinnen und Köche alleine engagieren, ohne die Servicekräfte und die Restaurantbesitzer, verwundert es auch nicht, dass bei den letzten Gruppen durch solche Aktionen keine Sinnstiftung entsteht und der Stress nicht reduziert wird (siehe Abb. 29).

Zusätzlich haben wir die Resilienz erhoben. Sie misst die persönliche Widerstandskraft, schwierige Lebenssituationen ohne anhaltende Beeinträchtigungen zu überstehen. Gemessen haben wir die Resilienz mit dem CD-RISC 10 nach Connor und Davies (2003). Der gebildete Index mit 10 Items hat ebenso eine hohe Reliabilität von α ,74. Köchinnen und Köche, die sich an Charity-Aktionen beteiligen, haben einen signifikant höheren

Abb. 29   Wahrnehmung von Stress und Resilienz im Vergleich

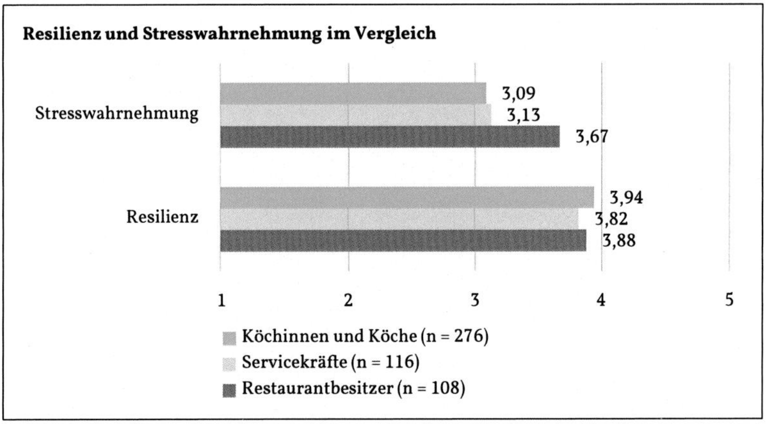

Resilienz und Stresswahrnehmung im Vergleich

- Köchinnen und Köche (n = 276)
- Servicekräfte (n = 116)
- Restaurantbesitzer (n = 108)

Quelle: eigene Darstellung

Wert (ein Mittelwert von 4,23 auf einer 5er-Skala) als diejenigen, die sich nicht beteiligen (3,92). Insgesamt ist bei allen Köchinnen und Köchen die Resilienz signifikant höher (3,94) als bei Servicekräften (3,82).

Zwischen Köchinnen und Köchen auf der einen Seite und Restaurantbesitzern auf der anderen Seite gibt es keine Unterschiede bei der Resilienz. Die Stresswahrnehmung unterscheidet sich jedoch zwischen beiden Gruppen signifikant. Die Köchinnen und Köche haben mit 3,09 eine deutlich niedrigere Wahrnehmung des Stresses als die Restaurantbesitzer (3,67). Vermutlich begründet sich die Differenz mit der höheren Verantwortung der Restaurantbesitzer.

Es stellt sich abschließend die Frage, welche Faktoren die Stresswahrnehmung der Köchinnen und Köche durch den Corona-Shutdown beeinflussen. Eine genauere, multivariate Analyse der Daten zeigt, dass die persönliche Stresswahrnehmung der Köchinnen und Köche im Wesentlichen von vier Faktoren abhängig ist: (1) Es hat einen Einfluss, ob sie angestellt oder selbstständig sind. Selbstständige haben eine signifikant höhere Stresswahrnehmung im Corona-Shutdown. (2) Die pessimistische Wahrnehmung der momentan eingeführten politischen Maßnahmen erhöht die Stresswahrnehmung. So hat die Einschätzung, dass das Geld zu lange braucht, bis es ankommt, dass die Maßnahmen zu bürokratisch geregelt sind und die Kredite nicht helfen, da sie nicht zurückgezahlt werden können, einen Einfluss auf die Stresswahrnehmung. Die persönliche Situation,

Abb. 30   Zukunftseinschätzungen nach der Corona-Krise im Vergleich

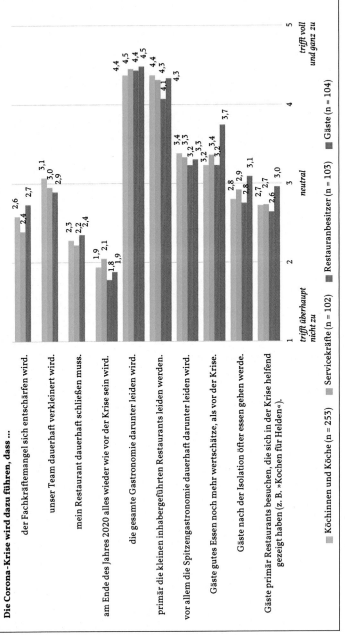

Quelle: eigene Darstellung

ob jemand schon arbeitslos ist, kurz vor der Arbeitslosigkeit steht, Kurzarbeitergeld bekommt oder Ähnliches hat dagegen keinen Einfluss auf die
Stresswahrnehmung. Die Wahrnehmung der Hilfsmaßnahmen der Politik beeinflussen die persönliche Stresswahrnehmung somit deutlich stärker als die objektive Arbeitssituation. (3) Den stärksten Effekt besitzt die
Resilienz. Je höher die Resilienz, desto niedriger ist die Stresswahrnehmung im Corona-Shutdown. (4) Ebenso ist bei Köchinnen die Stresswahrnehmung geringer als bei den männlichen Kollegen. Das Geschlecht hat
demnach auch einen Einfluss, nicht aber das Alter oder ob es sich um ein
Sternerestaurant handelt.

Zukunftseinschätzungen

Die Einschätzung der Zukunft ist bei allen befragten Gruppen (Köchinnen
und Köche, Servicekräfte, Restaurantbesitzer und Gäste) relativ homogen
(siehe Abb. 30). Insbesondere die Einschätzung, dass die gesamte Gastronomie unter der Corona-Krise leiden wird, erfährt sehr hohe Zustimmung.
Interessant ist dabei, dass die Erwartung der besonders schweren Probleme für kleine, inhabergeführte Restaurants von den Restaurantbesitzern
nicht ganz so hoch geteilt wird, wobei die Zustimmung zu diesem Item insgesamt sehr hoch ist. Fast gar keine Zustimmung erfährt die Einschätzung,
dass am Ende des Jahres 2020 wieder alles wie vor der Corona-Krise ist.
»*Die vielfältige gastronomische Landschaft wird nach Corona eine andere sein*«, re-
sümiert ein Chefkoch eines 2-Sternerestaurants die Situation im Freitextfeld am Ende unserer Befragung.

Für die Köchinnen und Köche sowie alle anderen Beschäftigten in der
Gastronomie wird die Einschätzung der Gäste etwas tröstlich sein, dass
gutes Essen nach der Krise noch mehr wertgeschätzt wird als vorher sowie
die Erwartung, dass nach der Isolation noch häufiger essen gegangen wird
als vorher. Es bleibt abzuwarten, ob die Gäste sich an ihren eigenen Erwartungen orientieren. Aber auch einige Köchinnen und Köche sind hoff-
nungsvoll gestimmt. So schrieb der Chefkoch eines 1-Sternerestaurant am
Ende der Befragung: »*Ich glaube, nach der Krise werden Menschen wieder mehr
wertschätzen wie viel Arbeit im Kochen steckt, nun müssen Sie ja doch ganz schön oft
selbst kochen*« (Chefkoch, 1-Sternerestaurant).

AUSBLICK

Alle Befragten sind sich darin einig, dass die beschlossenen Maßnahmen das Überleben des Restaurants langfristig nicht sichern werden. Im Gegensatz zu anderen Branchen kann es in der Gastronomie keinen Nachholeffekt geben, weil jeder Tisch – zumindest in der Spitzengastronomie – nur einmal pro Service vergeben wird. Fakt ist, dass die durch den Corona-Shutdown erlittenen Schäden in der Gastronomie durch Hilfsmaßnahmen nur verschoben werden und eine Pleitewelle mit Verzögerung auf die Gastronomie zurollt. Ob dies der Fall sein wird, müsste zu einem späteren Zeitpunkt erneut überprüft werden.

Zur Zeit der Abfassung dieses Textes ist noch unklar, ob das zarte Pflänzchen der feinen Esskultur in Deutschland eingehen wird oder nicht. Selbst für Sterneköche steht momentan das Zubereiten von kulinarischen Highlights, die einer Bewertung des Guide Michelins standhalten, nicht mehr im Mittelpunkt. Vielmehr schrauben sie ihre Ansprüche herunter und kochen häufig »einfache« Gerichte für ihre Gäste als Take-Away-Angebot oder für die »Helden« der Corona-Krise. Eine Sterneköchin spitzte uns gegenüber die aktuelle Situation folgendermaßen zu: »*Der Guide Michelin war bisher eine gute Sache für die Spitzengastronomie. Aber ich habe keine Ahnung, welche Wichtigkeit die Auszeichnung noch hat. Im Moment sehe ich einfach, dass jeder versucht, zu überleben.*« Es bleibt zu hoffen, dass das gerade etwas aufgeblühte Pflänzchen der Spitzengastronomie in Deutschland nicht vertrocknet.

PETIT FOUR – EIN KLEINER ABSCHIEDSGRUSS VOM SCHREIBTISCH

Wenn Sie nach dem Genuss mehrerer Gänge eines köstlichen Gourmet-menüs noch immer nicht genug haben, bestellen Sie zum Schluss einfach einen Kaffee oder einen Espresso und »Simsalabim« öffnet sich mit den Petit Fours die Wundertüte der gehobenen Küche ein letztes Mal für Sie. Bei den Petit Fours handelt es sich um ein Feingebäck, das im 19. Jahrhundert in Frankreich erfunden wurde. Zur damaligen Zeit waren die Öfen klein und unhandlich. Das unter dem Ofen platzierte Feuer war kaum zu regeln, sodass es nur die Einstellung glühend heiß und abkühlend gab. Die glühend heiße Einstellung »Grand Four« (großer Ofen) wurde zum Kochen von Fleisch verwendet. Nachdem das Feuer unter dem Steinofen gelöscht war, blieb ein Großteil der Hitze im Ofen zurück und es dauerte sehr lange, bis diese Öfen abkühlten. Dieser Abkühlungsprozess, bei dem der Ofen noch etwas Wärme zurückhält, wurde als »Petit Four« (kleiner Ofen) bezeichnet. Die eingeschlossene Wärme reichte gerade aus, um winzige, einzelne Gebäckstücke zu garen. Diese wurden schließlich nach dem Befeuerungstyp des Ofens benannt, in welchem sie gebacken wurden: Petit Fours (Auguste Escoffier School of Culinary Arts 2014). In der heutigen Spitzengastronomie versüßen sie uns den kulinarischen Abend. Wir werden nun am Ende unseres Buches versuchen, die zentralen Erkenntnisse unserer Beschäftigung mit der Organisation der Spitzengastronomie für Sie in kleinen Petit Fours noch einmal zusammenzufassen.

Unser Ziel war es, Ihnen einen fundierten Einblick in die Funktionsweise der Spitzengastronomie zu geben und diese mit der soziologischen Brille auf der Nase auch ein stückweit zu verstehen. Wir haben beispielsweise erklärt, was eine soziale Institution ist und was den Guide Michelin zu einer solchen in der Szene der Spitzengastronomie macht. Dazu haben Faktoren wie die finanzielle Unabhängigkeit, die professionelle Beurteilung,

M. Wilkesmann und U. Wilkesmann, *Nicht nur eine Frage des guten Geschmacks!*, https://doi.org/10.1007/978-3-658-30545-1_7

die mehr oder minder gegebene Objektivität durch relativ klare Kriterien, die Anonymität, die kollektiven Entscheidungsprozesse, wer welche Auszeichnung bekommt, die konservative und vorsichtige Beurteilung und die Einfachheit der Rangordnung entscheidend beigetragen, dass der Guide Michelin von allen Akteuren – seien es Gäste oder Profis am Herd oder im Service – weltweit akzeptiert und anerkannt wird. Gleichzeitig haben wir die Macht des Guide Michelin innerhalb der Spitzengastronomie deutlich gemacht, ohne dessen Bewertung es in bestimmten Regionen fast unmöglich ist, die gebührende Anerkennung für kulinarische Höchstleistungen zu erlangen.

Ein weiteres Ergebnis ist, dass sich das Niveau der Spitzengastronomie im deutschsprachigen Raum gerade in den letzten Jahren noch einmal stark zum Positiven verbessert hat. Darüber hinaus konnten wir zeigen, warum sich Menschen in der Küche und im Service dieser Sache mit solch einer Leidenschaft verschreiben. Hierzu gehört ein hohes Maß an intrinsischer Motivation, der Spaß an der Kreation neuer Gerichte, die höchsten Ansprüchen genügen, ebenso wie die Liebe für den perfekten Teller und den perfekten Service, die ihnen meistens im Laufe ihrer Ausbildung von einem Vorbild beigebracht wurde. Schließlich führen auch das Prestige und die soziale Anerkennung, die mit einer Sterne-Auszeichnung weltweit einhergehen, ebenfalls dazu, dass Menschen ihr Leben der Spitzenküche widmen. Die sozialen Normen der »Brotherhood of Chefs« geben dieser Gruppe einen gemeinsamen Handlungs- und Orientierungsrahmen, der auch für die individuelle Motivation wichtig ist. Ein enges Netzwerk aller Sterneköchinnen und Sterneköche trägt ebenfalls dazu bei, diese Gemeinschaft der Köchinnen und Köche zu etablieren.

Zudem war es spannend, wie die Sterneköche Kreativität und Routine ausbalancieren und organisieren. Dabei ist für die Routine die perfekte Organisation notwendig und für die Kreativität die Freiräume und das Aufsuchen von Inspirationsquellen. Hervorzuheben ist, wie unterschiedlich 2- und 3-Sterneköche auf der einen Seite und 1-Sterneköchinnen und 1-Sterneköche sowie solche mit Teller-Auszeichnung auf der anderen Seite den kreativen Prozess organisiert haben.

Es wird sich zeigen, wie sich die gehobene Gastronomie vor dem Hintergrund von Social Media weiter entwickeln wird. Aus unserer Sicht werden die etablierten Restaurantführer – egal ob sie papierförmig oder digital erscheinen – keineswegs an Bedeutung verlieren, weil ihre Bewertungen ein stückweit zur Qualitätssicherung beitragen. Auf ihr Urteil können sich sowohl die Gäste, als auch die Profis verlassen. Wir sind allerdings gespannt, wie sich die Gastronomie-Szene gegen Fake-Bewertungen und »No-Shows« in Zukunft wehren wird.

Die Spitzengastronomie und ihre Restaurantführer, so viel steht fest, werden sich in Zukunft anders aufstellen müssen. Wir drücken allen Akteuren der Spitzengastronomie die Daumen, dass sie sich von den Auswirkungen der Corona-Krise schnell erholen und die Gäste gutes Essen noch mehr wertschätzen als vor der Krise. Wir verneigen uns mit größtem Respekt vor den enormen Leistungen, die die weiße und schwarze Brigade in der Spitzengastronomie jeden Abend aufs Neue für ihre Gäste auf den Teller und den Tisch zaubern. Insofern wünschen wir Ihnen viel Freude bei ihrem ersten oder beim nächsten Besuch eines Gourmetrestaurants. Vielleicht entdecken und erforschen Sie dabei an der ein oder anderen Stelle weitere feine unsichtbare Zeichen im Service, die wir in unserem Buch ebenfalls in den Blick genommen haben. Wir hingegen können uns – nachdem wir unsere Fragen rund um die Spitzengastronomie beantwortet haben – nun endlich wieder dem puren Genuss von feinem Essen hingeben. Aber seien Sie versichert, dass wir weiterhin neugierig und mit offenen Augen und Ohren in der Welt unterwegs sein werden und das nächste wissenschaftliche Abenteuer bestimmt schon hinter der nächsten Ecke auf uns wartet.

Danke!

Für die großartige Unterstützung und für das Gelingen unseres Buches möchten wir uns bei den folgenden Personen in alphabetischer Reihenfolge ganz herzlich bedanken:

Juan Amador, Judith Becker, Tristan Brandt, Bianca Cristal, Sascha Dönges, Peter Duransky, Michael Dyllong, Sven Elverfeld, Katrin Emmerich, Barbara Englbrecht, Ralf Flinkenflügel, Stefan Glantschnig, Jan Hartwig, Martina Höffmann, Thomas Juranitsch, Sabrina Koos, Felix Kress, Martin Krnan, Sabine Lauer, Britta Laufer, Nathalie Leblond, Christopher Meier, Anne Meyer-Hannes, Catrin Millhoff, Philipp Minnemann, Silvio Nickol, Heiko Nieder, Holger Pirsch, Frank Rosin, Sascha Schmidt, Phillip Schneider, Douce Steiner, Sascha Stemberg, Walter Stemberg, Jakob Strobel y Serra, Pascal Sürig, Ronja Vorberg und Joachim Wissler.

ANMERKUNGEN

1 Dieser besonders in der Spitzengastronomie verbreitete »Gruß aus der Küche« hat als Appetithappen (franz. = Mise en Bouche) in den letzten Jahren neben dem »Amuse-Gueule« in Fingerfood-Form an Beliebtheit gewonnen. Bouche bedeutet Mund und klingt etwas vornehmer als die Bezeichnung »Gueule« (= Maul).

2 Die Erklärung geht auf Max Webers (1972 [1922]) klassische Definition der Soziologie zurück: »*Soziologie ... soll heißen: eine Wissenschaft, welche soziales Handeln deutend verstehen und dadurch in seinem Ablauf und in seinen Wirkungen ursächlich erklären will. ›Handeln‹ soll dabei ein menschliches Verhalten (einerlei ob äußeres oder innerliches Tun, Unterlassen oder Dulden) heißen... ›Soziales‹ Handeln aber soll ein solches Handeln heißen, welches seinem von dem oder den Handelnden gemeinten Sinn nach auf das Verhalten anderer bezogen wird und daran in seinem Ablauf orientiert ist*« (Weber 1972, S. 1; § 1). Soziales Handeln umfasst dabei jedes gute oder schlechte Handeln zwischen mindestens zwei Personen.

3 https://www.auberge-de-l-ill.com/de/familiensinn/geschichte.html

4 So lautet die statistische Bezeichnung in den Originaldaten.

5 https://fr.gaultmillau.com/pages/notre-histoire-gault-millau

6 https://www.varta-guide.de/newsletter-werbung

7 https://www.der-grosse-guide.de/ueber-uns

8 https://www.tripadvisor.de/TripAdvisorInsights/w765

9 Das Restaurant »Noma« schloss vorübergehend, um im Ausland als Pop-Up Restaurant zu gastieren (Tokio, Sydney, Tulum). Seit 2018 ist das »Noma« an einem neuen Standort in Kopenhagen wieder ansässig.

10 Michel Escoffier ist der Urenkel von Auguste Escoffier und schrieb das Vorwort zum Buch von Georg Berger (2015) über Auguste Escoffier.

11 »*Der Begriff wurde von Gastro-Kritiker Jürgen Dollase geprägt und bezeichnet eine Küche, die ihre Zutaten sozusagen direkt vor der Haustür sucht. Es geht im Grunde um die konse-*

© Der/die Herausgeber bzw. der/die Autor(en), exklusiv lizenziert durch Springer Fachmedien Wiesbaden GmbH, ein Teil von Springer Nature 2020
M. Wilkesmann und U. Wilkesmann, *Nicht nur eine Frage des guten Geschmacks!*, https://doi.org/10.1007/978-3-658-30545-1

quente Weiterentwicklung der regionalen zur lokalen Küche. Dazu gehört auch, dass Produkte verwendet werden, die bisher nicht in der Küche zum Einsatz kamen. Prominenter Vorreiter war der dänische Spitzenkoch René Redzepi. Mittlerweile ist daraus eine Bewegung entstanden. Ihre Vertreter pflegen eine Art Naturküche, deren Zutaten aus einem Umkreis von maximal 200 Kilometern stammen« (Eck 2017).

12   https://www.restaurant-opus-v.de/das-opus

LITERATUR- UND QUELLENNACHWEISE

Abend, Lisa (2019): Why The World's 50 Best Restaurants 2019 List Is More Controversial Than Ever. time.com, 21. Juni 2019. Online unter: https://time.com/5611324/worlds-50-best-restaurants-2019-controversy/ (letzter Abruf: 15.05.2020).

ahgz.de (2019): Gault Millau verliert Verlag in Deutschland. ahgz.de, 27. November 2019. Online unter: https://www.ahgz.de/news/restaurantfuehrer-gault-millau-verliert-verlag-in-deutschland,200012259788.html (letzter Abruf: 15.05.2020).

ahgz.de (2019a): Tripadvisor übernimmt Bookatable. ahgz.de, 3. Dezember 2019. Online unter: https://www.ahgz.de/news/gastro-portale-tripavisor-uebernimmt-bookatable,200012259907.html (letzter Abruf: 15.05.2020).

Amabile, Teresa (1996). *Creativity in context*. Boulder, Colo: Westview Press.

Aubke, Florian (2014). Creative Hot Spots: A Network Analysis of German Michelin-Starred Chefs. *Creativity and Innovation Management* 23 (1). S. 3–14.

Auguste Escoffier School of Culinary Arts (2014): Tiny Pastries: The Petit Four Story. Online unter: https://www.escoffieronline.com/tiny-pastries-the-petit-four-story/# (letzter Abruf: 15.05.2020).

Barlösius, Eva (2016). *Soziologie des Essens*. Weinheim, Basel: Beltz Juventa.

Bass, Bernard M., Riggio, Ronald E. (2010). The transformational model of leadership. (Hrsg.), *Leading organizations*, Thousand Oaks: SAGE. S. 76–86.

Bau, Christian/Wirtz, Christoph (2018): »Die Politik verachtet uns«. Interview mit Christian Bau. Süddeutsche Zeitung Online, 1. Oktober 2018. Online unter: https://www.sueddeutsche.de/stil/spitzenkueche-die-politik-verachtet-uns-1.4147117 (letzter Abruf: 15.05.2020).

© Der/die Herausgeber bzw. der/die Autor(en), exklusiv lizenziert durch Springer Fachmedien Wiesbaden GmbH, ein Teil von Springer Nature 2020
M. Wilkesmann und U. Wilkesmann, *Nicht nur eine Frage des guten Geschmacks!*, https://doi.org/10.1007/978-3-658-30545-1

Baur, Eva Gesine (2006). *Hamlet am Herd. Das Leben des Eckart Witzigmann.* Hamburg: Hoffmann und Campe.

Becker, Silvia (2010): Deutschlands erster Fernsehkoch: Clemens Wilmenrod. ndr.de, 8. April 2010. Online unter: https://www.ndr.de/ der_ndr/unternehmen/chronik/Deutschlands-erster-Fernsehkoch-Clemens-Wilmenrod,wilmenrod114.html (letzter Abruf: 15.05.2020).

Berger, Georg (2015). *Escoffier und die Nouvelle Cuisine. Spitzenköche und ihre Rezepte.* Haan-Gruiten: Pfanneberg.

Berger, Peter L., Luckman, Thomas (2004). *Die gesellschaftliche Konstruktion der Wirklichkeit.* Frankfurt am Main: Fischer Verlag (20. Auflage).

Booz, Allen, Hamilton (1982). *New Product Management for the 1980s.* New York, NY.: Booz, Allen and Hamilton Inc.

Borgmann, Lars, Rowold, Jens (2013). Personalführung: Verhaltens-bezogene Ansätze. In: Rowold, Jens (Hrsg.), *Human Resource Management,* Berlin: Springer Gabler. S. 187–197.

Borkenhagen, Chad (2017). Death of the secret recipe: »Open source cooking« and field organization in the culinary arts. *Poetics* 61. S. 53–66.

Bourdain, Anthony (2001). *Geständnisse eines Küchenchefs. Was Sie über Restaurants nie wissen wollten.* München: Goldmann Verlag.

Bouty, Isabelle, Gomez, Marie-Léandre, Drucker-Godard, Carole (2013). Maintaining an Institution: The Institutional Work of Michelin in Haute Cuisine around the World. *Working Papers from HAL-00782455.*

Braun, Andreas, Müller-Seitz, Gordon (2017). *Innovationsmanagement in der Spitzengastronomie. Ein Überblick über die Sterneküche aus management-orientierter Perspektive.* Wiebaden: Springer Gabler.

Christensen, Bo T., Strandgaard Pedersen, Jesper (2013). Restaurant rankings in the culinary field. In: Moeran, Brian, Christensen, Bo T. (Hrsg.), *Exploring Creativity: Evaluative Practices in Innovation, Design, and the Arts,* Cambridge: Cambridge University Press. S. 235–259.

christian-bau.de (2018): Kultur verbindet: Christian Bau erhält das Bundesverdienstkreuz. christian-bau.de, 2. Oktober 2018. Online unter: https://christian-bau.de/bundesverdienstkreuz/ (letzter Abruf: 15.05.2020).

Collins, Lauren (2015): Who's to Judge? How the World's 50 Best Restaurants are Chosen. newyorker.com, 26. Oktober 2015. Online unter: https://www.newyorker.com/magazine/2015/11/02/whos-to-judge (letzter Abruf: 15.05.2020).

Comendant, Quinn (2014). Massimo Bottura‹s »Oops! I've dropped the lemon tart!«. Online unter: https://www.flickr.com/photos/qcom/14372949107; Attribution-ShareAlike 2.0 Generic; CC BY-SA 2.0 (letzter Abruf: 11.06.2020).

Connor, Kathryn M., Davidson, Jonathan R. T. (2003). Development of a new resilience scale: The Connor-Davidson Resilience Scale (CD-RISC). *Depression and Anxiety* 18: S. 76–82.

DEHOGA – Deutscher Hotel- und Gaststättenverband (o. J.): Ausbildung Restaurantfachmann/-frau. Online unter: https://www.dehoga-bundesverband.de/ausbildung-karriere/restaurantfachmann-frau (letzter Abruf: 15.05.2020).

Der Feinschmecker Restaurant Guide (2019). *Feinschmecker Restaurant Guide 2020*. Hamburg: Jahreszeiten Verlag.

Der große Restaurant und Hotel Guide (2019). *Der große Guide*. Stuhr: Mediengesellschaft.

Dollase, Jürgen (2017): Warum der Varta-Führer nicht gut, aber gleichzeitig wichtig ist und das Hornstein-Ranking immer problematischer wird. Online unter: https://www.eat-drink-think.de/warum-der-varta-fuehrer-nicht-gut-aber-gleichzeitig-wichtig-ist-und-das-hornstein-ranking-immer-problematischer-wird/ (letzter Abruf: 15.05.2020).

Duke, Marshall P., Fivush, Robyn, Lazarus, Amber, Bohanek, Jennifer (2003). Of Ketchup and Kin: Dinnertime Conversations as a Major Source of Family Knowledge, Family Adjustment, and Family Resilience. *The Emory Center for Myth and Ritual in American Life, Working Paper No. 26 Emory University*.

Eck, Bernhard (2017): Was ist eigentlich ... Online unter: https://www.ahgz.de/archiv/was-ist-eigentlich,200012244578.html (letzter Abruf: 15.05.2020).

Eisler, Rudolf (1984). *Kant Lexikon*. Hildesheim, Zürich: Olms Verlag.

Elias, Norbert (1939 [2017]). Über den Gebrauch des Messers beim Essen. In: Kikuko Kashiwagi-Wetzel, Meyer, Anne-Rose (Hrsg.), *Theorien des Essens*, Berlin: Suhrkamp. S. 281–289.

Escoffier, Michel (2015). Geleitwort. In: Berger, Georg (Hrsg.), *Escoffier und die Nouvelle Cousine. Spitzenköche und ihre Rezepte*, Haan-Gruiten: Pfanneberg. S. 3–4.

Esser, Hartmut (2000). *Soziologie. Spezielle Grundlagen*, Band 5 Institutionen. Frankfurt am Main: Campus.

Fliege, Herbert; Rose, Matthias, Arck, Petra; Levenstein, Susan, Klapp, Burghard F. (2001). Validierung des ›Perceived Stress Questionnaire‹ (PSQ) an einer deutschen Stichprobe. *Diagnostica* 47. S. 142–152.

Gault&Millau (2019). *Gault&Millau Restaurantguide Deutschland 2020.*
München: ZS Verlag.

Gerolsteiner (2018). Beste Restaurants in Deutschland laut der Gerolsteiner Restaurant-Bestenliste 2018* (nach Punkten**). Statista:
Statista GmbH. Zugriff: 13. August 2019. https://de.statista.com/
statistik/daten/studie/802218/umfrage/beste-restaurants-in-
deutschland-nach-gerolsteiner-restaurant-bestenliste/

Gomez, Marie-Léandre, Bouty, Isabelle (2009). Unpacking Knowing
Integration: A Practice-based Study in Haute Cuisine. *ESSEC Working
paper. Document de Recherche ESSEC/Centre de recherche de l'ESSEC. ISSN
1291-961.*

Gusto (2020). *Der kulinarische Reiseführer Gusto 2019/2020.* Landsberg am
Lech: Verlag Gusto Medien.

gusto-online.de (2018): Mediadaten. Online unter: https://www.gusto-
online.de/assets/files/Gusto_Mediadaten_2018.pdf (letzter Abruf:
15.05.2020).

gusto-online.de (2018a): San Pellegri-NO: Keine Werbung für Nestlé-
Wasser im Gusto-Führer – stattdessen Unterstützung für Viva con
Agua! Online unter: https://www.gusto-online.de/news/2018_04_27_
san-pellegri-no-keine-werbeanzeigen-f%C3%BCr-nestl%C3%A9-
marke-%E2%80%93-gusto-unterst%C3%BCtzt-stattdessen-viva-con-
agua! (letzter Abruf: 15.05.2020).

gusto-online.de (2020): Anmelde- und Erhebungsbogen Restaurant
2020/2021. Online unter: https://www.gusto-online.de/assets/files/
Gusto_Erhebungsbogen_2020-2021.pdf (letzter Abruf: 15.05.2020).

Hannemann, Matthias (2013): Die Tester. brand eins. Online unter: https://
www.brandeins.de/magazine/brand-eins-wirtschaftsmagazin/2013/
marken-und-glaubwuerdigkeit/die-tester (letzter Abruf: 15.05.2020).

Harro Albrecht, Stefanie Kara und Caterina Lobenstein (2019): Zu Tisch!
ZEIT-Online, 31. Juli 2019. Online unter: https://www.zeit.de/2019/32/
esskultur-gemeinschaft-psychologie-sicherheit-miteinander-esstisch
(letzter Abruf: 15.05.2020).

Hartwig, Jan (2019). Here we go! Online unter: https://www.instagram.
com/p/B8PC3pFCVE6/?igshid=mkr5p54ynd32 (letzter Abruf: 11.06.
2020).

Hartwig, Jan (2020). Every dish has its origin in my mind.
Online unter: https://www.instagram.com/p/BolRr-xC6nq/
?igshid=1vyxdlwcsd217(letzter Abruf: 11.06.2020).

Hauschildt, Jürgen, Salomo, Sören (2011). *Innovationsmanagement.*
München: Vahlen.

Heller, Urs, Sidler, Sarah (2016): »Wir tun etwas für die Gastro-Szene«. Interview mit Urs Heller. Hotellerie Gastronomie Zeitung, 28. April 2016. Online unter: https://www.hotellerie-gastronomie.ch/de/artikel/gaultmillau-heller-wir-tun-etwas-fuer-die-gastro-szene/ (letzter Abruf: 15.05.2020).

Hobfoll, Stevan E. (2001). The influence of culture, community, and the nested-self in the stress process: advancing conservation of resources theory. *Applied psychology* 50 (3). S. 337–421.

Hradil, Stefan (1993). Schicht, Schichtung und Mobilität. In: Korte, Hermann, Schäfers, Bernhard (Hrsg.), *Einführung in die Hauptbegriffe der Soziologie*, Opladen: Leske + Budrich. S. 145–164.

Hüther, Otto, Krücken, Georg (2016). *Hochschulen: Fragestellungen, Ergebnisse und Perspektiven der sozialwissenschaftlichen Hochschulforschung.* Wiesbaden: VS Verlag für Sozialwissenschaften.

Johnson, Colin, Surlemont, Bernard, Nicod, Pascale, Revaz, Frederick (2005). Behind the Stars. A concise typology of Michelin Restaurants in Europe. *Cornell Hotel and Restaurant Administration Quarterly* 46 (2). S. 170–187.

Kanani, Rahim B. (2019). *A wealth of insight.* The world's best chefs on creativity, leadership, and perfection. Black Truffle Press.

Karpik, Lucien (2010). *Valuing the unique: The economics of singularities.* Princeton: Princeton University Press.

Kipper, David A., Green, Doreen J., Prorak, Amanda (2010). The Relationship Among Spontaneity, Impulsivity, and Creativity. *Journal of Creativity in Mental Health* 5 (1). S. 39–53.

Kohnke, Manfred/Seipel, Regine (2015): Wie Restaurant-Tester arbeiten. Interview mit Manfred Kohnke. fr.de, 7. Dezember 2015. Online unter: https://www.fr.de/rhein-main/michelin-org27433/restaurant-tester-arbeiten-11056247.html (letzter Abruf: 15.05.2020).

Kommunalverlag (o.J.): Mediadaten. http://www.kommunal-verlag.de/wp-content/uploads/2017/10/L-Mediadaten_Guide_Michelin_2018_V3.pdf (letzter Abruf: 15.05.2020).

Köstlin, Konrad (1995/2017). Das fremde Essen – das Fremde essen. Anmerkungen zur Rede von der Einverleibung des Fremden. In: Kikuko Kashiwagi-Wetzel, Meyer, Anne-Rose (Hrsg.), *Theorien des Essens,* Berlin: Suhrkamp. S. 355–374.

Lane, Christel (2014). *The Cultivation of Taste. Chefs and the Organization of Fine Dining.* Oxford: Oxford University Press.

Lange, Sarah, Rowold, Jens (2018). Destruktive Führung: Personalent-
wicklung und Trends im Stressmanagement. In: Surrey, Heike,
Tiberius, Victor (Hrsg.), *Die Zukunft des Personalmanagements. Herausforderungen, Lösungsansätze und Gestaltungsoptionen*, Zürich: vdf Hoch-
schulverlag. S. 135–146.

Levenstein, Susan, Prantera, Cosimo, Varvo, Vilma, Scribano, Maria L.,
Berto, Eva, Luzi, Carlo, Andreoli, Arnaldo (1993). Development of the
Perceived Stress Questionnaire: A new tool for psychosomatic
research. *Journal of Psychosomatic Research* 37(1). S. 19–32.

Lugert, Verena (2018). *Die Irren mit dem Messer. Mein Leben in den Küchen der
Haute Cuisine.* München: Knaur Verlag.

Michelin, Guide (2020). *Guide Michelin Deutschland.* Karlsruhe: Michelin
Travel Partner.

Möhring, Maren (2012). *Fremdes Essen. Die Geschichte der ausländischen
Gastronomie in der Bundesrepublik Deutschland.* München: Oldenbourg.

Nosrat, Samin (2018). *Salz. Säure. Fett. Hitze.* München: Verlag Antje
Kunstmann.

Ottanbacher, Michael, Harrington, Robert J. (2007). The innovation
development process of Michelin-starred chefs. *International Journal of
Contemporary Hospitality Management* 19 (6). S. 444–460.

Piltz, Christopher (2019): Tristan Brandt. Das Wunderkind aus dem Kauf-
haus. ZEIT-online, 18. Januar 2019. Online unter: https://www.zeit.de/
amp/entdecken/reisen/merian/tristan-brandt-sternekoch-mannheim
(letzter Abruf: 15.05.2020).

Popitz, Heinrich (1992). *Phänomene der Macht.* Tübingen: Mohr Siebeck.

Raue, Tim (2017). *My Way.* München: Callwey.

restaurant-ranglisten.de (2018): Mediadaten. Online unter: https://www.
restaurant-ranglisten.de/fileadmin/user_upload/GP_mediadaten_
19-03.pdf (letzter Abruf: 15.05.2020).

restaurant-ranglisten.de (o.J.): »Es fehlt der Schulterschluss. Keiner will
sich den Mund verbrennen.« Interview mit Christian Bau. Online
unter: https://www.restaurant-ranglisten.de/news-magazin/magazin-
themen/interviews-mit-sternekoechen/interview-mit-drei-
sternekoch-christian-bau/ (letzter Abruf: 15.05.2020).

Rhodes, Mel (1961). An analysis of creativity. *The Phi Delta Kappan* 42 (7).
S. 305–310.

Ritzer, Uwe (2010): Im Auftrag des guten Geschmacks. Süddeutsche
Zeitung Online, 10. Mai 2010. Online unter: https://www.sueddeutsche.
de/panorama/testesser-im-auftrag-des-guten-geschmacks-1.671590
(letzter Abruf: 15.05.2020).

rollingpin.de (2015): Michelin wirft Österreich raus. rollingpin.de, 13. November 2015. Online unter: https://www.rollingpin.de/news-events/michelin-wirft-oesterreich-raus (letzter Abruf: 15.05.2020).

rollingpin.de (2015a): Die Tester der Guides. rollingpin.de, 13. November 2015. Online unter: https://www.rollingpin.de/news-events/die-tester-der-guides (letzter Abruf: 15.05.2020).

rollingpin.de (2015b): Gourmettester packen aus! Wie geht es bei Bewertungen wirklich zu? Welche Macht und welchen Einfluss haben Michelin & Co? rollingpin.de, 13. November 2015. Online unter: https://www.rollingpin.at/news-events/gourmettester-packen-aus (letzter Abruf: 15.05.2020).

rollingpin.de (2019): Guide Michelin Frankreich 2019: Marc Haeberlin verliert dritten Stern. rollingpin.de, 21. Januar 2019. Online unter: https://www.rollingpin.de/news-events/guide-michelin-frankreich-2019-marc-haeberlin-verliert-dritten-stern (letzter Abruf: 15.05. 2020).

rollingpin.de (2019a): Erster Sternekoch verbannt Food-Fotos! rollingpin. de, 8. März 2019. Online unter: https://www.rollingpin.de/news-events/erster-sternekoch-verbannt-food-fotos (letzter Abruf: 15.05. 2020).

rollingpin.de (2020): Marc Veyrat blitzt mit Klage gegen Guide Michelin ab. rollingpin.de, 2. Januar 2020. Online unter: https://www.rollingpin. de/news-events/marc-veyrat-blitzt-mit-klage-gegen-guide-dmichelin-ab (letzter Abruf: 15.05.2020).

Ruiner, Caroline, Wilkesmann, Maximiliane (2016). *Lehrbuch der Arbeits- und Industriesoziologie.* Paderborn, Stuttgart: UTB Verlag.

Ryan, Richard M., Deci, Edward L. (2000). Self-determination theory and the facilitation of intrinsic motivation, social development and well-being. *American Psychologist 55* (1). S. 68–78.

Schlemmer Atlas (2019). *Schlemmer Atlas 2019. Der Wegweiser zu rund 3 000 Restaurants.* Dortmund: Busche Verlag.

Segnit, Niki (2011). *Der Geschmacksthesaurus. Ideen, Rezepte und Kombinationen für die kreative Küche.* Berlin: Bloomsbury Verlag.

Simmel, Georg (1910/2017). Die Soziologie der Mahlzeit. In: Kashiwagi-Wetzel, Kikuko, Meyer, Anne-Rose (Hrsg.), *Theorien des Essens,* Berlin: Suhrkamp. S. 69–76.

sternefresser.de (2012): Interview mit Manfred Kohnke. Online unter: http://archiv.sternefresser.de/interviews/gaultmillau-interview/ (letzter Abruf: 15.05.2020).

sternefresser.de (2017): »24 Stunden mit Pâtissier Christian Hümbs«. Online unter: http://www.sternefresser.de/interviews/24-stunden-mit-patissier-christian-huembs (letzter Abruf: 15.05.2020).

Strobel y Serra, Jakob (2014): Köchin Douce Steiner. Die junge Milde. faz. net, 22. Juni 2014. Online unter: https://www.faz.net/aktuell/stil/essen-trinken/douce-steiner-ist-deutschlands-beste-koechin-12958920.html (letzter Abruf: 15.05.2020).

Strobel y Serra, Jakob (2017): Baumeister Jan spielt nicht mehr mit Lego. faz.net, 17. November 2017. Online unter: https://www.faz.net/aktuell/stil/essen-trinken/jan-hartwig-ist-deutschlands-elfter-drei-sterne-koch-15295719.html (letzter Abruf: 15.05.2020).

Tönnies, Ferdinand (1979 [1935]). *Gemeinschaft und Gesellschaft. Grundbegriffe der reinen Soziologie.* Darmstadt: Wissenschaftliche Buchgesellschaft.

Trettl, Roland (2015). *Serviert. Die Wahrheit über die besten Köche der Welt.* München: ZS Verlag.

troisetoiles.de (2015): The World's 50 Best Restaurants – auf Wiedersehen! Online unter: https://www.troisetoiles.de/2015/06/03/the-worlds-50-best-restaurants-auf-wiedersehen/ (letzter Abruf: 15.05.2020).

troisetoiles.de (o.J.): Populäre Irrtümer (und Fakten) über Sternerestaurants. Online unter: https://www.troisetoiles.de/michelin/populaere-irrtuemer-ueber-sternerestaurants/ (letzter Abruf: 15.05.2020).

Varta Führer (2019). *Der Varta-Führer.* Ostfildern: Varta-Führer GmbH.

varta-guide.de (2019): Mediadaten. Online unter: https://www.varta-guide.de/wp-content/uploads/2018/10/181015_Mediadaten_2019_Online_neu.pdf (letzter Abruf: 15.05.2020).

Weber, Max (1972 [1921]). *Wirtschaft und Gesellschaft. Grundriss der verstehenden Soziologie.* Tübingen: Mohr.

welt.de (2000): Die Horstein-Liste relativiert die Wertungen. welt.de, 15. Dezember 2000. Online unter: https://www.welt.de/print-welt/article553356/Die-Hornstein-Liste-relativiert-die-Wertungen.html (letzter Abruf: 15.05.2020).

Wilkesmann, Uwe (2016). Teaching matters, too – Different ways of governing a disregarded institution. In: Leisyte, Liudvika, Wilkesmann, Uwe (Hrsg.), *Organizing Academic Work in Higher Education: Teaching, learning, and identities,* New York, London: Routledge. S. 33–54.

Wilkesmann, Uwe (2019). Motivation und Mitgliedschaft. Das Verhältnis von Organisation und Mitglied. In: Apelt, Maja, Bode, Ingo, Hasse, Raimund, Meyer, Uli, von Groddeck, Victoria, Wilkesmann, Maximiliane, Windeler, Arnold (Hrsg.), *Handbuch Organisationssoziologie*, Wiesbaden: Springer VS.

Wilkesmann, Uwe, Wilkesmann, Maximiliane (2018). Wissensmanagement. In: Gessler, Michael, Sebe-Opfermann, Andreas (Hrsg.), *Handlungsfelder des Bildungsmanagements*, Bremen: Universität Bremen. S. 449–474.

www.essen-und-trinken.de (o. J.): Klassische Menüfolge. Online unter: https://www.essen-und-trinken.de/menue/79283-rtkl-klassische-menuefolge (letzter Abruf: 15.05.2020).

zeit.de (2020): Erstmals ein Drei-Sterne-Restaurant in Berlin. ZEIT-Online, 3. März 2020. Online unter: https://www.zeit.de/news/2020-03/03/erstmals-ein-drei-sterne-restaurant-in-berlin (letzter Abruf: 15.05.2020).

Zipprick, Jörg (2011). *In Teufels Küche*. Frankfurt am Main: Eichborn.

ANHANG

EMPFEHLUNGEN ZUM WEITERLESEN

In diesem Kapitel möchten wir Leseempfehlungen zu Büchern geben, die uns begeistert haben und zum Verständnis des Alltags und der Organisation der Spitzengastronomie beitragen.

Verena Lugert (2018): Die Irren mit dem Messer. Mein Leben in den Küchen der Haute Cuisine. München: Knaur Verlag.
Dieser autobiographische Bericht einer Journalistin, die Köchin wird und in Küchen der Spitzengastronomie arbeitete, ist ein *MUSS* für alle, die den anstrengenden Arbeitsalltag von Köchinnen und Köchen näher kennen lernen wollen. In eindrücklichen und zum Teil beklemmenden Schilderungen wird die Lebenswirklichkeit in der Küche dargelegt. Dabei beschreibt die Autorin den Küchenalltag aus einer weiblichen Perspektive, in der auch deutlich wird, warum sich so wenige Frauen in der Spitzengastronomie finden. Neben der Darstellung der besonders körperlich, aber auch psychisch anstrengenden Arbeit wird aber auch die Begeisterung, die intrinsische Motivation für das Kochen und für den perfekten Teller deutlich. Ebenso verstehen die Leserin und der Leser den enormen Zusammenhalt in der Küche besser und erleben alle Widersprüche des Köchinnen-Daseins mit.

M. Wilkesmann und U. Wilkesmann, *Nicht nur eine Frage des guten Geschmacks!*, https://doi.org/10.1007/978-3-658-30545-1

**Eva Gesine Baur (2006): Hamlet am Herd. Das Leben des Eckart Witzig-
mann. Hamburg: Hoffmann und Campe Verlag.**
Das Leben des Jahrhundertkochs Eckart Witzigmann wird von der Autorin kenntnisreich und detailliert erzählt. Wer nicht nur etwas über die
Person Eckart Witzigmann, sondern auch etwas über die großen Schwierigkeiten der Spitzengastronomie in Deutschland in ihren Anfängen erfahren möchte, ist bei diesem Buch genau richtig. Erfolge und Skandale im
Leben Witzigmanns werden nachvollziehbar und verständnisvoll geschildert, aber auch die Verdienste, die er sich um die deutsche Gourmet-Szene
erworben hat. Eine sehr gut recherchierte Biographie.

**Anthony Bourdain (2001): Geständnisse eines Küchenchefs. Was Sie
über Restaurants nie wissen wollten. München: Goldmann Verlag.**
DIE Autobiographie eines Spitzenkochs und ein absoluter Klassiker. Der
berühmte amerikanische Koch erzählt seine Lebensgeschichte mit allen
Höhen und Tiefen, wobei die Tiefen manchmal sehr beklemmend beschrieben werden. Wer etwas über den Drogenkonsum von Köchen erfahren möchte, ebenso wie über das unstete Leben sowie die nächtlichen Rituale, sollte dieses Buch lesen. Die Geschichte eines intensiven Lebens, das
mit einem Selbstmord endet.

**Roland Trettl (2015): Serviert. Die Wahrheit über die besten Köche der
Welt. München: ZS Verlag.**
Der berühmte Fernsehkoch lässt sich in diesem Buch zu vielen Themen
rund um die Sterneküche aus. Es werden Themen von Plagiaten, über Frau-
en in der Küche bis zum No-Show Problem abgehandelt. Dabei werden interessante Innenansichten aus der Küche preisgegeben, die auch unterhaltsam geschrieben sind. Eine gewisse Selbstverliebtheit des Autors lässt
sich an der einen oder anderen Stelle nicht verleugnen.

**Stephanie Bräuer (2018): Frauen an den Herd. Wie Spitzenköchinnen
die Sterne vom Himmel holen. München: Christian Verlag.**
Dieses wunderschön bebilderte und aufwendig gestaltete Buch gibt einen Überblick über die Frauen in der Kochelite. Ausführliche Interviews
mit 24 Spitzenköchinnen stehen neben Rezepten der interviewten Frau-
en. Allerdings hätte sich die Leserin und der Leser etwas mehr Informationen über die Biographie der Köchinnen gewünscht, um die Schwierigkei-

ten der Frauen auf dem Weg in den Sternehimmel noch besser verstehen zu können.

Niki Segnit (2011): Der Geschmacksthesaurus. Ideen, Rezepte und Kombinationen für die kreative Küche. Berlin: Bloomsbury Verlag.
Was die guten Köchinnen und Köche im Kopf haben, nämlich eine Geschmacksbibliothek, die sagt, was mit wem zusammenpasst, ist hier in Buchform niedergeschrieben. Welche Geschmacksaffinitäten existieren? Welchen Geschmack kann ich mit anderen kombinieren? Was heißt dies für einzelne Gerichte? Es gibt damit Antwort z.b. auf die Frage, warum Trüffel und Ei so gut zusammenpassen. Der Geschmacksthesaurus wird in folgenden Oberkategorien gegliedert: geröstet, fleischig, käseartig, erdig, senfartig, schweflig, maritim, Lake und Salz, Grüne und Grasaromen, würzig, waldig, frisch-fruchtig, mild-fruchtig, Zitrusaromen, Strauch und Hecke sowie blumig-fruchtig. Wer das Kochbuch zur Seite legen möchte und selbst kreativ werden will, dem sei der Geschmacksthesaurus ans Herz gelegt.

Karen Page & Andrew Dorenburg (2016): Das Lexikon der Aromen- und Geschmackskombinationen. München: AT Verlag (3. Auflage).
In diesem Buch wird zuerst erklärt, wie die menschlichen Geschmackssinne funktionieren und wie das Erlebnis von Speisen funktioniert. Den größten Teil des Buches stellt eine alphabetisch sortierte Geschmacks- und Aromenverbindung dar. Hier kann jeder nachschlagen, was z.B. zu Trüffel passt, nämlich Eier und Pasta, neben anderen dort geschilderten Kombinationen. So können für jedes Produkt idealtypische Verbindungen und Affinitäten nachgeschlagen werden.

BERECHNUNGEN ZUM KAPITEL »VON WELCHEN FAKTOREN HÄNGT DIE STERNEVERGABE AB?«

Tab. 26   Ordinale Regression: Einflüsse auf die Chance ein, zwei oder drei Sterne zu bekommen

	1 Stern AME	2 Sterne AME	3 Sterne AME
Alter	−,008**	,006**	,002**
Geschlecht (1 = weiblich, 0 = männlich)	,15	−,11	−,04
Status (1 = angestellt oder Hotelkette, 0 = selbstständig)	−,16**	,11**	,04**
Sterneverlust (1 = Stern verloren, 0 = kein Stern verloren)	−,11	,08	,03
Ausbildung (1 = Ausbildung bei Sternekoch, 0 = keine Ausbildung bei Sternekoch)	−,09*	,07*	,03*
N	334	334	334
Nagelkerke	,132		
Cox und Snell	,09		

** = 1 % Signifikanz-Niveau, * = 5 % Signifikanz-Niveau; Quelle: eigene Berechnung

Tab. 27   Logistische Regression: Faktoren, die die Wahrscheinlichkeit beeinflussen, von einem Stern auf zwei oder drei Sterne zu kommen

	AME
Alter	,008**
Geschlecht (1 = weiblich, 0 = männlich)	−,148
Status (1 = angestellt oder Hotelkette, 0 = selbstständig)	,142**
Sterneverlust (1 = Stern verloren, 0 = kein Stern verloren)	,063
Ausbildung (1 = Ausbildung bei Sternekoch, 0 = keine Ausbildung bei Sternekoch)	,089*
N	364
Nagelkerke	,127
Cox und Snell	,08

** = 1 % Signifikanz-Niveau, * = 5 % Signifikanz-Niveau, ' = 10 % Signifikanz-Niveau; Quelle: eigene Berechnung

Printed in the United States
By Bookmasters